LECTURA TEMPRANA
(JARDIN INFANTIL Y PRIMER GRADO)

Primera edición, 1989
Segunda edición, 1992

© MABEL CONDEMARÍN

© EDITORIAL ANDRES BELLO
Av. Ricardo Lyon 946, Santiago de Chile

Inscripción N.º 71.515

Se terminó de imprimir esta tercera edición
de 2.000 ejemplares en el mes de agosto de 1994

IMPRESORES: Editorial Universitaria

IMPRESO EN CHILE / PRINTED IN CHILE

ISBN 956-13-0710-2

MABEL CONDEMARIN

LECTURA TEMPRANA
(JARDIN INFANTIL Y PRIMER GRADO)

Edición revisada y aumentada

 EDITORIAL ANDRES BELLO

Para Sebastián y Javiera Pino Castillo:
dos preescolares

INDICE

XI

PRESENTACION

El propósito general de este libro es dar un panorama teórico y práctico de la iniciación en la lectura, a partir de la edad preescolar.

La justificación teórica del "aprender a leer" es la comprensión de la lectura; es decir, que el niño llegue a ser un destinatario progresivamente válido de la comunicación escrita, con todo el enriquecimiento cognoscitivo, afectivo y social que implica la actividad de leer.

Dada la reconocida importancia de la lectura, ningún educador o padre de familia pone en duda que los niños deben aprender a leer en cantidad y calidad progresiva: las interrogantes se centran en el *cuándo* y en el *cómo*. En sus rasgos generales, este libro pretende aportar antecedentes teórico-prácticos para obtener algunas respuestas aproximativas, basadas principalmente en los resultados de las investigaciones de las últimas dos décadas.

En relación al *cuándo* es evidente que algunos niños pertenecientes a sociedades letradas aprenden a leer en forma natural, sin mediar instrucción formal, ya sea en el hogar o en el jardín infantil. También existen evidencias de niños que han aprendido a leer después de los 8 años, sin detrimento de su interés por la lectura ni de su rendimiento escolar posterior. En el presente libro se destacan los avances de las investigaciones sobre los lectores precoces, no con el fin de obligar a todos los niños a empezar a leer en el jardín infantil, o en el hogar, sino para conocer cómo ellos aprenden a interactuar con el lenguaje escrito en el mundo real, y para aplicar, a nivel práctico, estos hallazgos.

En relación al *cómo*, se parte de la base de que no existe ningún método de enseñanza tan sobresaliente que sea adecuado para el estilo de enseñanza de todos los educadores y útil para todos los niños como para ser, por ende, usado en forma exclusiva.

En el libro se separa la lectura en el jardín infantil y en el primer grado; sin embargo, en el nivel funcional no se establece una división tajante entre aprestamiento para la lectura y lectura inicial. Se propone una transición gradual desde la exposición a los símbolos gráficos hasta la decodificación significativa de los mensajes escritos, progresivamente más complejos. Las habilidades necesarias para ambas etapas serían parte de un mismo continuo; diferirían sólo en la acentuación.

En relación al *cómo*, surgen dos alternativas: enseñanza incidental o informal versus enseñanza directa o sistemática. La primera es válida para los educadores que enseñan ciertas destrezas sólo cuando surge la necesidad de ellas, en conexión con los intereses y actividades de los alumnos. La segunda se refiere a una organización de la enseñanza sobre la base de destrezas, específicamente definidas para ser enseñadas en tiempos establecidos y con procedimientos sistemáticos.

Frente a ambas alternativas el presente libro plantea que la enseñanza directa versus la incidental no tiene por qué significar una dicotomía. El aprendizaje de la lectura es demasiado crucial para dejarlo al azar, a través de un enfoque exclusivamente incidental. La investigación apoya esta conclusión especialmente en los niños con nivel intelectual promedio y bajo el promedio, en los provenientes de hogares desventajados y en los niños disléxicos; con mayor razón en escuelas atiborradas de alumnos y carentes de recursos didácticos. Por otro lado, la enseñanza directa constituye un esfuerzo errado si llega a ser tan formal y prescriptiva que aburra o frustre a los niños pequeños y a los que no posean la habilidad para establecer relaciones y hacer aplicaciones. La enseñanza puede ser directa, sin que eso signifique un aprendizaje mecánico: insistencia en que todos los niños trabajen a un mismo ritmo y en un mismo horario, y carencia de relación afectiva e interacción social.

La extensión dada a la práctica en el presente libro tiene como propósito ayudar al educador con secuencias de actividades que debe tener en mente para aplicarlas cuando sus alumnos las necesiten en esta etapa del aprendizaje lector, con una modalidad de intervención que tenga las ventajas del enfoque incidental.

A partir de estos alcances el libro se presenta estructurado en tres partes: la primera, dedicada a la teoría, analiza los argumentos y contraargumentos frente a la lectura temprana y los resultados de las investigaciones sobre lectores precoces; muestra también una panorámica de tendencias, enfoques metodológicos y currículos, y expone algunas recomendaciones para el enfrentamiento de la lectura en el jardín infantil. En segundo lugar, presenta resultados de estudios comparados frente a la iniciación de la lectura en varios países, y expone métodos, materiales y modelos de lectura. Se analiza el papel de la memoria en el proceso de aprender a leer y se dan recomendaciones frente a la práctica de la lectura y a la selección de lecturas para principiantes. Esta primera parte finaliza con un capítulo dedicado al papel de la familia en el aprendizaje de la lectura.

La segunda parte, dedicada a la práctica, plantea una serie de actividades siempre basadas en los resultados de la investigación, para facilitar al niño el aprendizaje de la lectura a través del maestro como mediador.

La tercera parte desarrolla algunas estrategias de evaluación del aprestamiento y de la lectura en el primer grado.

La obra está dedicada a los educadores, padres de familia, especialistas en audición y lenguaje, sicólogos educacionales, y a toda persona preocupada por el acceso y la supervivencia de la letra en un mundo progresivamente marcado por la imagen.

RECONOCIMIENTOS

Deseo expresar mi reconocimiento y aprecio a las personas que han realizado las investigaciones que sustentan la mayor parte de las consideraciones teóricas y prácticas del presente libro y a aquellas que han autorizado directamente la inclusión de contenidos y resultados. Destaco las autorizaciones de mis coautores Felipe Alliende y Neva Milicic, por su autorización para la descripción de la prueba de comprensión lectora C.L.P.; y las de Olga Berdicewski, Neva Milicic y Eugenia Orellana, por su autorización para incluir las normas de la prueba exploratoria de dislexia, de Condemarín–Blomquist, correspondientes para el primer año básico.

Mi profundo reconocimiento para María Cristina Gronow, del Sistema de Biblioteca de la Universidad Católica de Chile; a Marcela Durán, del Board of Education for the City of North York–Canadá y a Emy Suzuki del Programa de Educación Parvularia de la Universidad Católica, por facilitarme el acceso a numerosos artículos que figuran en la bibliografía. También expreso mi gratitud a CONICYT, quien a través del proyecto 614/87 proporcionó los fondos para adquirir gran parte del material bibliográfico.

Un especial reconocimiento a mis colegas–amigos y a los alumnos del Departamento de Educación Especial del Programa de Grados Académicos de la Universidad Católica, por su apoyo permanente a mi trabajo de divulgación de la lectura.

I. TEORIA

1. LA LECTURA EN LA EDUCACION PREESCOLAR

Los avances dentro del campo de la lectura, gracias a los aportes de la sicolingüística (ciencia resultante de la sicología cognitiva y la lingüística), la teoría del procesamiento de la información y las investigaciones de los especialistas en lectura, entre las que se destacan Durkin (1966–1972), Clark (1976), King y Friesen (1972) y otros, aportan una serie de comprensiones sobre el enfrentamiento de la lectura en la educación preescolar.

Cada año los educadores encuentran un número de niños que entran en las instituciones escolares por primera vez y ya dominan la lectura. Otros aprenden a leer en el jardín infantil, sin mediar enseñanza sistemática. Estos niños constituyen el 5 por ciento de la población escolar; de ahí que la forma mediante la cual ellos aprenden a leer no es generalmente considerada importante para la práctica escolar. De la misma manera, las investigaciones realizadas en lectores precoces no son numerosas; sin embargo, su calidad es óptima y sus resultados son válidos para extraer conclusiones aplicables a la práctica educativa y para avanzar más en la comprensión del proceso del aprendizaje de la lectura.

Con el fin de que el lector arribe a sus propias conclusiones teóricas y prácticas, el presente capítulo analiza los argumentos y contraargumentos sobre la lectura temprana, los resultados de investigaciones y algunos estudios de caso. Se exponen tendencias y enfoques metodológicos y currículos de educación preescolar, para finalizar con algunas recomendaciones basadas en la revisión de investigaciones.

1.1. ARGUMENTOS Y CONTRAARGUMENTOS

Desde 1980 existe una tendencia creciente hacia la inclusión de programas de lectura para preescolares a partir de los 4 años de edad. Estos programas se han originado a partir de los numerosos estudios de la década de los sesenta que demostraron que los preescolares pueden aprender a leer con éxito (Brzinski, 1964; Clark, 1976; Durkin, 1966, 1972; Goetz, 1979; Niedermeyer, 1970; Torrey, 1966).

En USA cinco Estados iniciaron nuevos programas durante 1985-86 y se agregaron dos más en 1986-87. Exceptuando algunos pocos Estados, los programas de lectura para más de 4 años están en una etapa piloto y sometidos a un intenso debate, previo a la prescripción gubernamental de recomendaciones sobre su aplicación.

El enfrentamiento con la lectura, ya sea en el hogar o en el jardín infantil, es un tema que concita más puntos de vista en contra que a favor. Los argumentos que se esgrimen generalmente, se apoyan más en la intuición que en la investigación y la práctica; y muchas afirmaciones tienden a constituirse en mitos que se trasmiten de una a otra generación de educadores y de padres.

Una afirmación común es plantear que *la madurez de un niño, para el aprendizaje en general y para la lectura en particular, no puede acelerarse porque es un proceso natural.* La idea de la "manzana madura en el árbol" tiene su más divulgada expresión en Gessell *(1924, 1934, 1952; ediciones en español 1964, respectivamente),* el cual otorgaba una gran importancia a los factores innatos y a la madurez interna. En este contexto, la educación pasa a constituir el ejercicio de una función ya preformada y existirían serios peligros al acelerarla. Sólo cabría esperar que las funciones "madurasen".

Este planteamiento incluye un concepto vago y global de madurez, que, si fuera válido, echaría por tierra todos los planes y programas de estimulación temprana y afirmaría las bases de que los padres y los educadores no podrían intervenir en el desarrollo infantil. También sólo implicaría privilegiar el potencial genético del niño, excluyendo el hecho evidente de que la expresión de su potencial depende de las circunstancias ambientales. Significa también concebir el desarrollo como un proceso indiferenciado y no lo consideraría como un sistema de funciones sicológicas básicas interrelacionadas, susceptibles de progreso y perfeccionamiento.

Afortunadamente para los niños, los avances en áreas científicas, por ejemplo en la sicología cognitiva, a partir de la década del 60 *(Bruner, 1960, 1968; Bloom, 1965; Hunt, 1961),* han argumentado en contra de la teoría tradicional de la madurez.

La orientación de los trabajos de los sicólogos mencionados se basa en la teoría de Piaget (1952): un niño desarrolla progresivamente sus potencialidades internas cuando más manipula y experimenta. El desarrollo de su inteligencia y de su curiosidad está en función de la cantidad y diversidad de experiencias que realice. Los sicólogos cognitivos, sobre la base de sus propias investigaciones acerca de los efectos de los aprendizajes precoces en el desarrollo humano, han llegado a la conclusión de que las potencialidades de los niños pequeños, especialmente sus capacidades intelectuales, han sido desaprovechadas y postergadas en la enseñanza tradicional y que el porvenir intelectual de un individuo está enormemente influenciado por los aprendizajes que preceden, incluso, a la edad de los cuatro años.

Pines (1969) describe en los siguientes términos sus preocupaciones al respecto: "Se les causa un daño irreparable a millones de niños cuando se les priva de una estimulación intelectual durante los años cruciales que van desde el nacimiento hasta los seis años. ...Si para las clases medias esta carencia supone obtener menos brillantez, para las clases desventajadas es una predestinación al fracaso escolar en la vida adulta."

Una de las hipótesis más válidas de los sicólogos cognitivos, formulada a través de Bruner (1960), es que cualquier contenido puede ser enseñado en forma intelectualmente válida a cualquier niño, a cualquier edad de su desarrollo, si el educador organiza eficazmente su enseñanza, si tiene confianza en el potencial de los niños pequeños y si reconsidera sus contenidos y sus métodos de enseñanza a la luz de los avances científicos.

Las ideas tradicionales sobre la madurez siguen siendo válidas en aspectos físicos como son el levantar la cabeza, gatear, caminar; pero no son válidas cuando se trata de aprendizajes complejos como la lectura, cuya adquisición necesita inmersión en un ambiente letrado.

Otra afirmación común es que *la edad ideal para aprender a leer fluctúa entre los seis y los seis años y medio de edad mental.*

Este extendido planteamiento tiene como base el siguiente antecedente: entre 1928 y 1931, Morphett y Washburne realizaron unos estudios en Winnetka, cuyos resultados han sido repetidos a lo largo de cuatro décadas como dogma de fe entre los educadores, al indicar que los alumnos no podían y no debían aprender a leer hasta que no hubieran alcanzado una edad mental de 6.5 años. El primer estudio se basó en una muestra experimental de 141 alumnos de primer año que habían sido evaluados mediante tests de inteligencia al comienzo del año escolar y en rendimiento en lectura a su término. Los niños habían sido divididos en nueve grupos, de acuerdo a su edad mental.

Para evaluar la capacidad mental se uso el test de Detroit* y la habilidad lectora se midió según el número de "pasos" que cada alumno dominaba en el mes de febrero, en un material denominado materiales de lectura primaria de Winnetka. En relación al reconocimiento de palabras, los ocho educadores de la muestra establecieron criterios de progreso satisfactorio.

En un segundo estudio se utilizó, además del test de Detroit para evaluar la capacidad intelectual, el test Pintner–Cunningham. Los progresos en lectura se midieron a través del test de lectura oral de Gray más la lista de palabras ya mencionada. En su investigación, Morphett y Washburne agruparon a los niños de acuerdo a sus edades mentales y calcularon el porcentaje, dentro de cada grupo, de los alumnos que mostraban progresos satisfactorios en lectura.

El rango de edades más bajo fue de 4.5 a 4.11 meses y el más alto de 8.6 a 9 años. De aproximadamente 100 niños que habían *obtenido una edad mental* de 6.6 años, el 78 por ciento había hecho progresos satisfactorios en lectura general y un 87 por ciento había realizado los mismos progresos en reconocimiento de palabras. Del grupo de 20 niños cuya edad mental caía en el grupo de 6.0 a 6.5 años, un 52 por ciento había hecho progresos satisfactorios en lectura y un 41 por ciento en reconocimiento de palabras. Los niños que se situaban bajo esos rangos en edad mental demostraron menor rendimiento lector que los otros grupos.

---

* Ver Indice de tests, páginas 253 - 254.

Como puede apreciarse, el reducido número de la muestra y el hecho de ligar el progreso en la lectura a los resultados de un material específico no justifican que sus resultados se hayan generalizado hasta el punto de que se adopte en forma generalmente oficial un hecho: que la edad mental de seis años y medio sea el mínimo para pronosticar éxito en el aprendizaje lector.

Es importante destacar que otras investigaciones y experiencias, algunas en el mismo año y otras en años posteriores, demuestran resultados diferentes. Algunos de ellos son los siguientes:

— Davinson (1931) trabajó con niños preescolares distribuidos de la siguiente forma: un grupo de niños muy inteligentes de tres años, otro grupo de niños normales de cuatro años y uno de niños de inteligencia inferior al promedio, de cinco años. Todos los niños de la muestra tenían una edad mental de aproximadamente cuatro años, medida a través del test Stanford—Binet. La autora demostró que con instrucción individual y paciencia, los niños con edad mental de 4 años pueden aprender a leer.

— Downing (1963); Harrison (1964); Southgate (1963) y otros han dado ejemplos de que muchos alumnos de 4 años de edad aprendieron a leer con i/t/a. *(Ver página 72).*

— Diack (1963) describe numerosos casos de niños que a la edad de dos años ya son capaces de reconocer letras y palabras. Doman (1963) desarrolla sus observaciones sobre niños de tres años y medio que son capaces de leer, a pesar de tener daño cerebral; Moore (1963) describe niños entre 2 y medio años y seis que aprenden a leer por medio de una máquina de escribir parlante, creada por él.

— Durkin (1959, 1963, 1966, 1970, 1972–1976), autora largamente citada en este libro, ha realizado una serie de estudios que demuestran que los niños pueden aprender a leer en casa a edades mentales de tres a cinco años.

También es común afirmar que *los alumnos con edades inferiores a los 6 años no pueden realizar las finas discriminaciones visuales y auditivas que requiere la lectura.*

La creencia de que los niños pequeños no pueden realizar discriminaciones visuales finas tiene su base en estudios que en la actualidad son seriamente cuestionados. Por ejemplo, Getman planteó en 1962 que la visión de cerca de la mayoría de los alumnos de jardín infantil es inmadura. Sin embargo, Eames, el mismo año, refutó esa afirmación planteando que, según sus investigaciones, los ojos de los niños de cinco años tienen más capacidades acomodaticias que los de cualquier otra edad subsecuente.

Diack (1963) y Lynn (1963) dan ejemplos de niños de 2 a 5 años que son capaces de hacer finas discriminaciones perceptivo—visuales, después de una pequeña práctica. Southgate (1972) demuestra que niños de menos de cinco años que aún no han comenzado a leer, pueden hacer finas discriminaciones visuales entre palabras de apariencia similar. Por ejemplo, niños de cuatro años eran capaces de discriminar entre palabras como "bota" y "bote" aunque no podían decodificarlas.

Thackray (1965) también confirma en su investigación que los niños británicos, a la edad de cinco años, podían responder satisfactoriamente a tests sencillos de discriminación visual y auditiva cuando se les solicitaba una simple marca en el papel, a manera de respuesta.

Los mismos argumentos pueden ser hechos en relación a la habilidad de los pequeños para realizar discriminaciones auditivas finas. Ninguna educadora duda de que un niño no sea capaz de diferenciar palabras como "vino—fino"; "chal—sal—bata—pata" o "dos—tos".

Otro argumento típico es que *los niños que se inician precozmente en la lectura, es decir, antes de los 6 a 6 años y medio, sufren de efectos negativos en su escolaridad.*

Esta aseveración, mecánicamente repetida por muchos padres y educadores, tampoco tiene asidero en la investigación educacional. La revisión bibliográfica muestra numerosos antecedentes:

— Dos investigaciones longitudinales realizadas por Durkin (1959, 1966) muestran hallazgos interesantes. La primera investigación de la autora fue realizada con 49 niños que ya sabían leer al entrar en primer año escolar. Les evaluó su rendimiento lector a lo largo de seis años de escolaridad. Los resultados de las pruebas de lectura de los niños de la muestra fueron significativamente más altos que los de aquéllos de inteligencia comparable que habían comenzado la lectura en primer año. La autora no comprobó ningún efecto negativo en los alumnos del grupo experimental en aspectos físicos, afectivos y sociales. Los 49 niños estudiados no eran de clases sociales favorecidas; por el contrario, pertenecían a la clase media baja.

Durkin (1966) realizó la segunda investigación en Nueva York durante 1962, 1963 y 1964. De 4.465 niños que ingresaron en primer año básico, el 3,5 por ciento, es decir 147, sabían leer. De este grupo seleccionó una muestra de 30 niños que fueron pareados con un grupo de 30 que no sabían leer pero tenían la misma edad, el mismo nivel intelectual medido por Stanford-Binet, y procedían del mismo medio sociocultural que el grupo experimental. Algunas conclusiones después de un seguimiento de tres años que incluía observaciones sobre el medio familiar, actitud de los padres, comportamiento de los niños y forma en que habían aprendido a leer, fueron las siguientes:

1) El nivel de lectura fue más elevado a lo largo de los tres años en el grupo experimental.

2) Al final del primer año, los niños del grupo experimental obtuvieron resultados superiores en el test de rendimiento de Stanford—Binet, adelanto que se mantuvo a lo largo de los tres años.

3) No se comprobó ningún efecto negativo en el grupo de niños que iniciaron precozmente el aprendizaje de la lectura.

En el estudio de Sutton (1969) también observamos un seguimiento de tres años de duración. Los niños se dividieron en tres grupos: (1) los que aprendieron a leer en el jardín infantil; (2) los que no obtuvieron puntajes en rendimiento en lectura, aunque pertenecían al mismo establecimiento, y (3) los niños que no habían tenido experiencia en jardín infantil. Hacia fines del tercer año, los puntajes más altos en lectura fueron logrados por los niños que habían aprendido a leer en el jardín infantil. Sus puntajes en los tests de inteligencia también fueron más altos.

King y Friesen (1972) compararon su muestra de 31 lectores de jardín infantil con un grupo control y encontraron que las variables más significativas para diferenciar ambos grupos eran la inteligencia, discriminación visual, reconocimiento de letras, reconocimiento de palabras y mayor ritmo para aprender a leer palabras nuevas. Después de un año de instrucción en lectura, el grupo de lectores tempranos seguía poseyendo ciertas características que lo diferenciaban de sus otros compañeros. El resultado del segundo test de lectura oral utilizado para determinar el nivel de lectura correlacionó significativamente con discriminación visual, seguir instrucciones, agrupamiento de sonidos, velocidad de aprendizaje y lectura de palabras. Los test proporcionados a fin de año en lectura oral, vocabulario y comprensión se correlacionaron significativamente con los lectores tempranos.

En esta investigación se destaca el avance que hicieron los lectores tempranos en el mismo test de lectura oral que fue empleado como criterio de medida para identificarlos en el jardín infantil. Cuando el test fue repetido, después de un año de enseñanza de la lectura, la media de los puntajes aumentó de 30.74 a 70.78, con un rango de 44 a 88.

En cambio, la media de los puntajes de los niños que no habían aprendido a leer temprano en el mismo test fue de 12.32, con un rango de 2 a 34.

— Brzinski (1964) realizó un estudio con 4 mil niños pertenecientes a las escuelas públicas de Denver (Colorado). Por el hecho de no haberse realizado una selección, los niños pertenecían a todos los niveles sociales y el nivel intelectual se repartía de acuerdo a la distribución típica. Todos estos niños habían sido iniciados en la lectura en el período preescolar y a su entrada en el primer año fueron repartidos en dos tipos de programas: uno especial, adaptado, que respetaba el adelanto en lectura; y otro que correspondía a clases tradicionales. Se observó el rendimiento lector de estos alumnos en el quinto año, y los resultados fueron los siguientes:

— Se comprobó que aparecían favorecidas las aptitudes de aprendizaje en general y la rapidez de trabajo en todas las asignaturas que dependían de la lengua escrita.

— Los alumnos que aprendieron a leer en el período preescolar, pero que fueron colocados en clases con métodos tradicionales, perdían su adelanto y obtenían resultados similares a los niños que habían empezado a leer en el primer año básico.

— Los alumnos que habían aprendido a leer en el período preescolar y se habían beneficiado con programas adaptados para ellos a lo largo de su escolaridad, obtuvieron resultados significativamente más altos en las pruebas de lectura, vocabulario y comprensión que los niños que habían empezado el aprendizaje de la lectura en el primer año escolar.

1.2. LA LECTURA TEMPRANA: RESULTADOS DE INVESTIGACIONES

En general, las investigaciones sobre niños que leen antes de recibir instrucción formal han dado especial importancia a las características de los pequeños lectores y de su ambiente.

Por ejemplo, Durkin (1966) escogió una muestra de 30 niños extraídos de una población escolar de 4.465 niños que ingresaban al primer año. Los niños de la muestra tenían niveles de lectura en un rango de 1.5 a 4.6 cuando ingresaron al primer grado. Eran completamente heterogéneos en cuanto al cuociente intelectual y ambiente hogareño, pero compartían un número de rasgos de personalidad y patrones conductuales: eran curiosos, conscientes, persistentes en la consecución de propósitos y tenían confianza en sí mismos. Poseían también buena memoria y habilidad para concentrarse. La investigadora no informó, específicamente, cómo los niños habían aprendido a leer: describió los factores que aparentemente habían contribuido a la lectura temprana en aquellos niños. Entre los rasgos comunes destacaba el hecho de estar expuestos a una variedad de libros y de lectura oral, de parte de los adultos o de sus hermanos mayores. Estos no sólo les proporcionaban modelos: también les demostraban que la lectura valía la pena. Una variable importante fue el hecho de que los mayores estaban dispuestos a responder las preguntas de los pequeños acerca de la lectura. Decididamente, la inteligencia no fue el factor fundamental. En vez de eso las actitudes, la personalidad, la exposición al material de lectura y el escuchar lectura oral fueron los factores más importantes.

Además de los estudios de Durkin se destacan los de Torrey (1969), King y Friesen (1972), Backman (1983) y otros, algunas de cuyas conclusiones se describen a continuación:

En relación al *desarrollo físico,* estimado a través del caminar, hablar o controlar esfínteres, los lectores precoces no se diferencian de sus iguales. Clark y Durkin encontraron que los padres entrevistados descubrieron similares características físicas, tanto en sus hijos lectores como no lectores.

King y Friesen (1972) encontraron pequeñas diferencias, no significativas, entre los dos grupos, en relación a las edades en que habían comenzado a caminar y a hablar. Había un número considerablemente más grande de zurdería manual entre los lectores tempranos. Las actividades sedentarias, tales como los trabajos manuales y los juegos tranquilos, favorecían a los lectores de jardín infantil.

En relación a la *capacidad intelectual,* medida a través del CI, los puntajes de los lectores precoces tienden a mostrar una media superior al promedio. Backman (1983) comparó un grupo de lectores precoces con otro grupo de no lectores, similares en cuanto a edad, sexo, habilidades y vida

13

familiar y con un tercer grupo de niños que había aprendido a leer dentro del contexto escolar. Como grupo, los lectores precoces obtuvieron mayor puntaje verbal, manual *(performance)* y total que los no lectores $(T^2 = 14.62; F(3,21) = 4.49, p < 05)$ y que los que habían aprendido a leer en la situación escolar normal $(T^2 = 14.11; F(3.21) = 4.29, p < 05)$. Los tests univariados sobre cada escala indicaron separadamente que los lectores precoces daban puntajes significativamente más altos que los otros dos grupos, en cada caso. La media del CI total de los lectores precoces fue de 129,79 (rango = 112—149), mientras que la de los no lectores y lectores mayores fue de 118.24 (rango = 104—129) y 120,29 (rango = 100—142), respectivamente. La inteligencia fue medida a través del WISC (Wechsler, 1949).

King y Friesen (1972) encontraron que el grupo de los lectores tempranos era más inteligente, con un CI promedio de 111.11 y un rango de puntaje de 91 a 132. El grupo de no—lectores tenía un promedio de CI de 1.79, con un rango de 62 a 120.

A menudo se informa que los lectores precoces son poseedores de excelentes habilidades de memoria y de discriminación de estímulos visuales. Por otra parte, los estudios de Durkin y Clark (1976) informan que muchos lectores precoces aprenden a leer a pesar de que sus puntajes están en el promedio o caen bajo el promedio, en tests perceptivo—visuales y de destrezas visomotoras. Evans y Smith (1976) también confirman este hecho. Es interesante destacar que las habilidades avanzadas para copiar estímulos visuales no muestran correlación con la lectura precoz (Krippener, 1963, Clark, 1976). Esto comprobaría la estimación de que las habilidades que incluyen un componente motor se correlacionan mejor con la escritura manuscrita que con la lectura. Las bajas correlaciones entre el rendimiento en el test gestáltico visomotor de Bender y la predicción de éxito en el aprendizaje de la lectura también apoyan esta afirmación. Naturalmente esta carencia de correlación no excluye el hecho de que el interés por la escritura a menudo preceda a la lectura o cause un interés por leer.

Las investigaciones relacionadas con *las habilidades auditivas* de los lectores precoces no son numerosas. Hay algunos indicios de que ellos obtienen puntajes sobre el promedio en la mayoría de los subtests del test de habilidades sicolingüísticas de Illinois (I.T.P.A.), que involucran input auditivo—lingüístico (Clark, 1976; Evans y Smith, 1976). También suelen no presentar errores en la discriminación auditiva, medida a través del test de Wepman (Clark, 1976). Es importante destacar que estos estudios no han comparado directamente el rendimiento del grupo de lectores precoces con un grupo control.

En relación a *las habilidades sicolingüísticas*, el estudio de Backman (1983) demuestra que la lectura temprana no se explica porque los niños sean precoces en discriminar y percibir fonemas dentro de las palabras o en agrupar sílabas, aunque tales destrezas sean un lógico prerrequisito para sonorizar y articular palabras nuevas. A nivel tentativo, la autora plantea que la habilidad para manipular los sonidos en un orden temporal puede relacionarse más estrechamente con la lectura precoz. Deja en claro que es improbable que tal habilidad constituya un prerrequisito para la lectura,

14

pero constituye un facilitador y/o una consecuencia del aprendizaje de la lectura.

Característica común de los lectores precoces es *un gran interés por identificar letras, números y palabras* (Lass, 1982). King y Friesen (1972) realizaron un estudio comparativo de trece variables, entre lectores de kindergarten y un grupo seleccionado al azar de no lectores en el mismo rango de edad mental y cronológica. Encontraron que las destrezas relacionadas con la lectura, tales como el reconocimiento de palabras y el mejor ritmo de aprendizaje de nuevas palabras, diferenciaban mejor a los lectores preescolares y constituían los mejores indicadores de rendimiento en la lectura temprana. Durkin informa que el interés de los lectores precoces por la lectura se manifiesta a través de preguntas tales como: "¿qué dice aquí?" "¿dónde dice eso?"

Las habilidades lógicas de los lectores precoces, dentro del marco teórico piagetiano, han sido evaluadas por Briggs y Elkind (1972) comparando a preescolares lectores con un grupo control de no–lectores precoces. Su hipótesis era la siguiente: si las habilidades lógicas son una condición necesaria para el aprendizaje de la lectura, los lectores precoces deberían ser superiores a los no lectores en las operaciones concretas. Briggs y Elkind encontraron que los lectores precoces, independientemente de sus niveles intelectuales, tendían a dar resultados significativamente más altos que los del grupo control, en medidas de regulaciones perceptuales y operaciones concretas.

Característica común de los lectores precoces es su *inmersión en un ambiente letrado.* Durkin (1966) demuestra un fácil acceso en los hogares investigados a una amplia variedad de materiales de lectura, especialmente cuentos, como también revistas, periódicos, enciclopedias, diccionarios. Clark, (1976) agrega que la disponibilidad de libros también incluye el uso intensivo de bibliotecas locales. El rango de los materiales escritos no aparece confinado a los libros e incluye todo tipo de impresos como calendarios, anuncios de TV, información sobre el tiempo, instrucciones de juegos, rótulos de conservas, paquetes y cajas.

King y Friesen (1972) comentan que casi todos los niños de su muestra tienen acceso fácil a material de lectura. Algunos de los padres estudiados poseen extensas colecciones de libros para niños.

Estos distintos tipos de material impreso, que sumergen al niño en un ambiente letrado, estimulan el aprendizaje de la lectura como un componente importante para tratar de comprender su ambiente. Cabe destacar que en ninguna investigación figura el caso de un lector precoz que haya surgido de un ambiente de ruralidad o marginalidad en el que la comunicación sea exclusivamente oral.

El *leerles en forma regular a los niños* es un factor ambiental que se menciona frecuentemente en precoces (Baghban, 1984), Durkin (1966), Moffet y Wagner (1976) informan sobre un estudio realizado en Escocia en el cual se estimulaba a los padres a que les leyeran regularmente libros a sus hijos. Los niños de la muestra tuvieron más éxito en el aprendizaje de la lectura que los que no habían participado en el proyecto. Los primeros trabajos de Durkin (1966) demostraron que los niños que habían comenzado a leer temprano, sin instrucción formal, tenían experiencias de narraciones leídas por sus padres. Margareth Clark (1976) investigó la experiencia temprana de los niños que ya leían con fluidez cuando ingresaron al colegio. En ningún caso la lectura había sido enseñada formalmente, pero todos los niños tenían experiencias regulares con narraciones que les habían sido leídas por sus padres.

Los autores describen como un método muy frecuente de aprendizaje natural de la lectura, el sentar a los niños sobre la falda o al lado del lector. Ellos van pareando las palabras orales con su equivalente escrito, mientras escuchan el cuento leído. Además de la identificación de las palabras, el escuchar la lectura de cuentos facilita la captación del esquema general o estructura de la narración que estimula el desarrollo de ciertas operaciones mentales que controlan la comprensión y la memoria (Mandler y Johnson, 1977; Condemarín, 1984). A partir, aproximadamente, de los 2 y medio años de edad, los niños van almacenando en su memoria de largo término tanto las palabras impresas como los esquemas narrativos, característicos del lenguaje escrito.

Las observaciones de Durkin también muestran que los lectores precoces "juegan al colegio" frecuentemente con sus hermanos mayores. En los hogares, además del material impreso, hay numerosos *elementos típicos de la vida escolar:* lápices, papel, pizarrón, juegos, acuarela, libros para ser coloreados o recortados. Este ambiente facilitador del contacto con el lápiz y el papel (Teale, 1978) permite que los niños desarrollen una secuencia que va desde hacer garabatos o arabescos, a dibujar y copiar letras y a formular preguntas sobre ortografía. Las observaciones de Clay (1977) llevan a la conclusión de que cuando al niño se le estimulan el descubrimiento y la escritura creativa, dichos estímulos desempeñan un papel significativo en la lectura temprana. Plessas y Oakes (1964) y Clark (1976) también informan en sus investigaciones sobre el interés de los lectores precoces por copiar y escribir.

Es importante destacar que tanto las investigaciones sistemáticas, ya citadas, como los estudios de caso (Baghban, 1984, Lass, 1982), coinciden en relatar que en ninguno de los hogares los padres habían realizado esfuerzos deliberados o sistemáticos para enseñarles a leer a sus hijos. King y Friesen (1972) informan que la mayoría de los lectores tempranos de su muestra de investigación habían recibido algún tipo de ayuda informal en el aprendizaje de la lectura por parte de miembros de la familia, pero no habían recibido instrucción formal en lectura en el jardín infantil.

Los lectores precoces *provienen de diferentes medios socioculturales* y son hijos de padres que poseen variados grados de educación.

En la investigación de King y Friesen (1972), el factor más destacado dentro del entorno familiar fue el nivel ocupacional de los padres. Las madres de los lectores precoces mostraron un nivel de educación significativamente más alto que el de las madres de los no—lectores. El índice socioeconómico fue más alto y el promedio del tamaño de la familia fue más pequeño para los lectores que para el grupo de no—lectores.

La característica más común de los hogares de los lectores precoces es una *atmósfera cálida y aceptante* en la cual el niño es valorado como individuo. Plessas y Oakes (1964), Durkin (1966) y Clark (1976) encontraron que uno o más miembros de la familia eran lectores ávidos y habituales. Durkin (1976) y Clark (1976) destacan el hecho de que los padres y los miembros mayores aceptan y acceden a las peticiones y responden a las acciones de los niños; contestan preguntas acerca de las palabras impresas que los niños ven en los libros, revistas y periódicos de manera informal en una interacción casual. Durkin destaca que los padres de su muestra parecían personas que disfrutaban de estar con sus hijos, que les proporcionaban variadas experiencias que luego comentaban; también contestaban preguntas y las estimulaban.

A pesar de que la mayoría de los investigadores plantea que los lectores precoces provienen de distintos ambientes socioeconómicos, Manning y Manning (1984) consideran que hay escasez de información en relación a nivel socioeconómico bajo. A partir de esta base realizaron un estudio para identificar las diferencias entre los lectores y no lectores de ese nivel. Examinaron sus patrones demográficos y familiares y realizaron comparaciones.

El estudio consistió en una muestra de 10 lectores precoces de jardín infantil, pareados por edad, sexo y raza, con niños de la misma clase que no eran lectores. Para identificar a los alumnos que leían a su ingreso en el jardín infantil utilizaron un Inventario que evaluaba sus niveles formales de lectura, e incluyeron en el estudio a los niños que se situaban en un primer nivel de lectura o más arriba. La información acerca del desarrollo de cada niño se obtuvo a través de una entrevista estructurada con los padres. Las preguntas se relacionaban con el tipo de actividades que el niño desempeñaba, con su uso del tiempo y su conducta en el juego. Los Manning encontraron que los siguientes rasgos se asociaban a los lectores precoces de nivel socioeconómico bajo:

(1)   prefieren los juegos tranquilos;

(2)   prefieren jugar con niños mayores;

(3)   disfrutan jugando solos;

(4)   asisten a establecimientos preescolares estructurados;

(5)   prefieren los programas de TV educativos más que los dibujos animados;

(6)   ven TV menos horas a la semana;

(7)   hojean libros en las librerías con sus padres;

(8)   tienen padres que leen por placer;

(9)   los padres consideran que deben ayudar a sus hijos en la lectura;

(10) sus padres tienen una escolaridad levemente más alta que los padres de no—lectores.

Se observa así que los rasgos son similares a los observados en los lectores precoces de niveles socioeconómicos más altos.

1.2.1. ESTUDIOS DE CASOS

La mayoría de las teorías sobre el lenguaje infantil se han desarrollado sobre la base del estudio de casos. En contraste, la investigación sobre lectura precoz presenta pocos ejemplos de tal modalidad, pero cabe destacar que ellos son suficientemente esclarecedores.

Torrey (1973) proporciona una descripción detallada de la manera como un niño aprendió a leer por sí mismo. Nuevamente los factores más importantes son la disponibilidad de libros y la oportunidad de que los mayores les respondan sus preguntas. Sobre la base de su estudio, Torrey concluye que la clave para aprender a leer es permitir al niño hacer preguntas y responderle adecuadamente; plantea que la "lectura es aprendida, no enseñada" (p. 157).

Huey ya en 1908 no sólo discute la posibilidad del aprendizaje hogareño sino que encuentra que esa "lectura natural" produce mejores resultados que los métodos institucionalizados con materiales entregados por la escuela. Le parece también que las actitudes de los lectores precoces frente a los libros son muy positivas. El autor cita a un pequeño niño que aprendió a leer pidiéndoles a sus padres que le leyeran, una y otra vez, una misma lectura, hasta que él pudo "leerla" por sí mismo. Tal como lo afirman otros autores, Huey plantea que la imitación de leer y la audición repetida de una historia favorita conducen al niño a construir un vocabulario de palabras escritas que él reconoce a primera vista (vocabulario visual). La gran mayoría de los niños tiene para él interés en aprender a leer, y ve en este "aprendizaje natural" una valiosa sugerencia para ser utilizada en la enseñanza. Plantea, en relación a los lectores precoces, que éstos desarrollan la lectura del mismo modo como aprenden a hablar, sin ninguna instrucción ni método previamente propuesto, y que, generalmente, son lectores mejores y más naturales.

En el estudio de casos es fundamental la relación afectiva entre el observador y el sujeto, por lo cual los investigadores que son simultáneamente padres están en una situación privilegiada: pueden conceptualizar las observaciones directas en su ambiente natural, dentro de un marco comprensivo. Bisex (1980) presenta un estudio de caso que ella realizó con su propio niño: manifestó que su metodología constituye un intento de entender a otra persona a través de una subjetividad ilustrada. Cuando el observador sólo es padre o madre, no puede categorizar sus observaciones en el lenguaje específico del campo de la lectura; por otra parte, el investigador no puede estudiar holísticamente el comportamiento del sujeto si no está sumergido en su realidad cotidiana.

Se describe, a continuación, un estudio de caso de una investigadora que es simultáneamente madre. Por el hecho de que no existe consenso entre los especialistas sobre la naturaleza del fenómeno de la adquisición del lenguaje, el proceso lector o el proceso de la escritura, la investigadora interpreta la colección de hechos observados a la luz de sus propios marcos conceptuales.

1.2.1.1. *El caso de Jed*

Bonnie Lass (1982) describe la toma de conciencia del lenguaje escrito y el aprendizaje de lectura de su hijo Jed, desde el nacimiento hasta los dos años, a través del registro de su conducta lectora. Lass anotó sus observaciones dos veces a la semana durante los primeros seis meses; posteriormente las registró con más frecuencia, a causa del rápido ritmo en que aparecían sus conductas. La autora no pretende generalizar sus observaciones sino describir, mostrar ciertos hechos sobre Jed y su ambiente hogareño que son típicos de un hogar de profesionales de clase media norteamericanos. Plantea que aunque ella sabe enseñar a leer, no le proporcionó a su hijo ningún tipo de instrucción formal en el sentido de "hacerle clases". Para la autora, la enseñanza formal o "hacer una clase" de lectura, conlleva plantearse objetivos, realizar una cuidadosa selección de materiales y ejemplos, más un conjunto de procedimientos secuenciados de lo simple a lo complejo y la evaluación del aprendizaje. En su interacción con Jed la enseñanza sólo era incidental; él tenía a su disposición libros, papel, distintos tipos de lápices, letras plásticas, programas de televisión educativa. A Jed se le respondían sus preguntas sobre nombres de letras, números y palabras; se le leía cuando estaba dispuesto a escuchar. Todas estas técnicas eran similares a las empleadas por los amigos de Lass que también tenían niños de edades similares a Jed, pero que no eran educadores ni especialistas en lectura.

Aunque a Jed no se le administraron pruebas de nivel intelectual, todos los indicadores de desarrollo: sentarse, gatear, caminar y hablar fueron realizados a las edades típicas. Confiesa Lass que un aspecto atípico era el halo de entusiasmo que ella y su esposo exhibían ante el niño frente a sus conductas lectoras; es decir, el efecto de halo significaba para Jed una retroalimentación positiva cuando él, por ejemplo, identificaba una letra o una palabra. Tampoco ambos padres podían evitar mostrar sus "gracias" a los abuelos y parientes. Indudablemente, Jed se daba cuenta de que su habilidad era muy valorada.

Lass agrupa sus observaciones en el diario de vida de Jed en las siguientes categorías: (1) intereses y habilidades frente a los materiales impresos; (2) interés en y habilidades con las palabras escritas; (3) interés en los libros como objetos de juego; (4) gozo con los contenidos de los libros, juegos con el lenguaje oral; y (6) interés por la escritura.

(1) *Intereses y habilidades frente a los materiales impresos:* El primer interés de Jed frente a los materiales impresos se manifestó a las dos semanas de su nacimiento mirando fijamente las letras de las poleras de sus padres. A pesar de ser un niño muy inquieto, podía tranquilizarse mirándolas. A partir de su nacimiento mostraba una clara preferencia por figuras o impresos estructurados, más que por el fondo de color. A los dos meses y medio movía sus ojos de izquierda a derecha mientras escrutaba las letras. Después de este interés inicial pasó más o menos un año antes que reapareciera. Jed comenzó a mirar TV a los 13 meses (*Plaza Sésamo*), y a los 17 meses comenzó a señalar letras y a todas les decía "B" o "D". Cuando él

mostraba una letra del alfabeto y le decía "B" o "D", la madre u otro adulto le decía, por ejemplo: "No, esa es una "G". Pronto él comenzó a preguntar: "¿cuál es ésta? ". Alrededor de los dos años, Jed podía identificar todas las letras mayúsculas y la mayoría de las minúsculas. Confundía las B cuando las veía en forma tridimensional; pero, curiosamente, no las confundía en su forma minúscula bidimensional.

También aprendió los dígitos. A los dos años conocía hasta el número 20 a través de los ejemplos de las canciones repetitivas del programa Plaza Sésamo y de las respuestas de los adultos.

Cuando Jed tenía un año ocho meses, manifestó más interés que hasta entonces por las letras y números. Caminaba habitualmente con sus padres por una calle bombardeada de letras y signos, nombres y números de locales comerciales y listas de precios. Cuando Jed comenzó a identificar logos condujo a su familia a comer papas fritas con más frecuencia que la que ellos deseaban. En el verano, al viajar a la playa, la familia entretenía a Jed con las letras, los números y los signos camineros, como una forma de mantenerlo tranquilo y entretenido.

(2) *Intereses y habilidades frente a las palabras escritas:* el nombre de Jed estaba escrito en muchos objetos de su ambiente: regalos de nacimiento hechos a mano con su nombre bordado, poleras, libros ("Este libro pertenece a Jed"). Sus padres imprimieron su nombre en una ventana de su automóvil y en las puertas de la ducha del baño. Pronto Jed podía identificar, secuencialmente, cada una de las letras de su nombre. Cuando Jed las mostraba, sus padres le decían el nombre de la letra. Luego divertía a sus padres porque cuando se le preguntaba: "¿cuál es tu nombre? ", Jed respondía: "J–E–D" (jota–e–de). Esto se mantuvo hasta los 22 meses; entonces reemplazó el deletreo por la palabra total.

Durante la transición de "J–E–D" a "Jed", el niño comenzó a identificar un pequeño número de palabras completas. En algunos casos, utilizaba el deletreo de la palabra como una clave para identificarla; en otros, utilizaba el contexto dentro del cual se encontraban las palabras (logos, las señales de tránsito o títulos de cuentos). Varios días antes de su segundo cumpleaños comenzó a leer fuera de su contexto palabras como nieve, papas fritas, perro.

También a los dos años, Jed demostró que podía leer algunas palabras en silencio; esto se evidenciaba en que era capaz de realizar las pantomimas de correr, saltar y besar, cuando veía impresas las palabras.

(3) *Interés en los libros como objetos de juego:* junto con los juguetes típicos de los niños de clase media profesional, los padres de Jed ponían a su alcance una gran cantidad de libros lavables o irrompibles que Jed tiraba, estrujaba o mordía. Sus favoritos eran un libro de género hecho a mano con botones y cierre relámpago y libros que tenían figuras que surgían al abrir las páginas.

Jed descubrió pronto el agrado de dar vueltas las páginas a través del juego y de la imitación; primero comenzó con los libros de cartón y luego con libros de espirales. Durante el primer año, aprendió a voltear las páginas cuando el lector se lo pedía. Pronto se dio cuenta de que se producía un silencio cuando la página se terminaba y entonces él la daba vuelta sin que se lo pidieran. Seguramente porque tenía ese modelo, siempre daba vueltas las páginas en la dirección correcta.

Tal como ocurría con sus otros juguetes, utilizaba los libros para facilitar su contacto con los adultos. Aquellos servían como un foco de interacción y como un pretexto para la proximidad. Pronto aprendió que cuando él pedía "Léeme", era muy difícil decirle que no.

Entre los 13 y los 15 meses, comenzó a coleccionar y a apilar libros de un mismo formato. Dos colecciones de *Los libros de oro* y trece volúmenes complementarios del *Programa Calle Sésamo* eran agrupados por tamaño, color, tipo de letras o personajes.

(4) *Gozo con los contenidos de los libros:* Jed siempre tenía libros favoritos y partes favoritas. Por qué un libro o una parte llamaban su atención no siempre estaba claro para sus padres. Por ejemplo, a los seis meses Jed prefería un libro de género probablemente por sus cualidades táctiles. La página que mantenía por mayor tiempo su atención era una página doble que tenía un tren, con unos grandes botones que semejaban ruedas. A la misma edad también disfrutaba con el ABC del Dr. Seuss, por razones que sus padres no se explicaban.

Cuando le comenzaron a gustar las letras y los números, elegía libros con alfabetos o con números. Su interés por los libros aumentó cuando descubrió que podía jugar con palabras.

Dado que desde el año y medio comenzó a demostrar interés por las rimas, sus padres le compraron las rimas de Mamá Gansa. Se podía presumir que le gustaba la cualidad sonora de las rimas, ya que no tenía experiencias paralelas con el significado de palabras, como carnicero—panadero.

A los 22 meses le encantaban los libros con argumentos e ilustraciones simples y realistas, y sólo pedía que le leyeran cuentos que relataban historias sobre niños; por ejemplo: *Un día con nieve*, de Keats, y *Un silbato para Guillermito*. Preguntaba por los nombres de los personajes y miraba detenidamente ciertas páginas, sobre todo las que mostraban experiencias que él ya había tenido en su vida real, como por ejemplo, cuando el personaje Pedro se probaba el sombrero del papá o se escondía debajo de un cartón.

Para celebrar su segundo cumpleaños, los padres de Jed lo llevaron a ver la película "El zorro y el sabueso" y le compraron un libro con un disco sobre su contenido. Tal como otros niños, revivía su gozosa experiencia con la película al escuchar el disco o al leérsele el libro.

(5) *Juegos con el lenguaje oral:* tal como lo hacía con los libros, utilizaba los nombres y las letras de los números para interactuar con las personas. Aprendió la secuencia del alfabeto y de los números a partir de los discos con canciones sobre el alfabeto y los números del Programa Calle Sésamo. Jugaba a ir contando o recitando el alfabeto cuando subía los peldaños de la escalera. Alrededor de los 22 meses ya no mezclaba secuencias de letras y números; los números adquirieron su función

específica. Antes de esa edad a veces señalaba secuencialmente sus dedos recitando el alfabeto. También se entretenía dejando un intervalo incompleto entre letras o números para que otros se lo completaran. Los padres también hacían lo mismo, y Jed completaba la letra o el número omitido. El mismo sistema lo aplicaba con las rimas y canciones que iba cantando toda la familia cuando realizaban largos viajes en automóvil.

(6) *Interés por la escritura:* alrededor de los 14 meses no utilizaba los lápices o las tizas que estaban a su alcance; pero se interesaba mucho en ver a sus padres dibujar, pintar, colorear o imprimir. Jed gozaba con un juego de dictado en el cual él decía una letra o un número y uno de sus padres lo escribía.

A los 20 meses comenzó a hacer unos garabatos sobre las letras que sus padres habían dibujado en su pizarra y a hacer con sus dedos o con lápices una raya que él llamaba "i—punto", probablemente para distinguirlas de la I mayúscula de su esquema de letra. Un espacio con arena que Jed tenía para jugar le servía para hacer los trazos con los dedos. También jugaba a dictar letras, y hacía que sus padres le trazaran la figura de la "i". Jugaba a formar letras con palitos. A las rosquillas ("donats") y a la parte interna de los tubos Jed les decía "O", manejando la analogía con la misma naturalidad con que le decía "sombrero" a una taza de té puesta sobre su cabeza.

1.3. CURRICULOS DE EDUCACION PREESCOLAR

A partir de la década del 60 se desarrolló una serie de currículos de educación preescolar, cualitativamente diferentes al currículo tradicional basado en unidades. En la base de estos esfuerzos estaban las formulaciones teóricas de los sicólogos cognitivos como Piaget, Bloom, Bruner y Hunt, ya descritas, y las investigaciones sobre los niños provenientes de ambientes desventajados desde el punto de vista socioeconómico. El desafío que implicó para la educación norteamericana el lanzamiento del Sputnik soviético (1955), estimuló su puesta en marcha.

En los Estados Unidos se produjo el primer intento de formular un currículo compensatorio: el Head Start. Este programa consistió en la asignación de fondos federales para realizar una educación compensatoria destinada a los preescolares desfavorecidos desde el punto de vista socioeconómico, lo cual condujo a organizar rápidamente dos tipos de programas, dentro de un contexto escolar generalmente tradicional. En un tipo de programa el acento se ponía en el desarrollo del lenguaje; en el otro, en aumentar la puntuación de los tests de inteligencia.

Las evaluaciones preliminares demostraron que tras la aplicación de los programas se obtenían ganancias significativas en los puntajes de inteligencia, eficiencia en el manejo del lenguaje y aprestamiento para la lectura. Los programas preescolares que mostraron mayores ventajas fueron los que estaban formulados en torno a actividades cognitivas estructuradas (Stanley, 1972).

Sin embargo, los esfuerzos desplegados en el Head Start no se dirigieron a coordinar los programas preescolares con los de los primeros años, ni tampoco a aumentar los conocimientos de los educadores sobre cómo y por qué aprenden los preescolares o sobre los desarrollos teóricos de los currículos. Tampoco se coordinó la labor del educador con la participación de los padres.

Las evaluaciones que se realizaron más tarde sobre los niños que habían seguido algunos de los programas del Head Start en las escuelas públicas, demostraron que los adelantos tendían a "borrarse" o desaparecer durante los primeros grados.

Sin embargo, en la mayoría de los estudios no se destacó el hecho de que si los progresos de los alumnos no se mantuvieron al integrarse a los programas de las clases primarias tradicionales, eso no significaba que la estimulación temprana del potencial de aprendizaje de los niños no valiera la pena. Sólo cabía extrapolar y concluir que las escuelas públicas no eran capaces de mantener el ritmo de progreso creciente de los alumnos que habían participado en programas preescolares. Es decir, el divulgado fracaso de Head Start para mantener los avances logrados por los alumnos en la educación preescolar, a lo largo de la educación primaria, debió interpretarse como el fracaso de los colegios para capitalizar las habilidades que los alumnos ya habían desarrollado.

Como respuesta a este desafío, se estableció una serie de currículos modelos para apoyar los sistemas escolares en el desarrollo de alternativas a sus programas regulares que facilitaran los avances de los alumnos que habían seguido el Head Start. Se comenzó a apoyar a las familias, dentro de su ambiente familiar, con sicólogos y educadores. También se analizaron, críticamente, los instrumentos de medición utilizados para evaluar a los preescolares y a sus programas. La crítica en general apuntaba a que, si bien existían excelentes tests estandarizados para medir aptitudes, los tests de rendimiento se limitaban a reflejar el currículo escolar regular. Se sentía la carencia de medidas de capacidades tales como independencia, curiosidad, iniciativa, confianza en sí mismo, autoestima.

Collins (1985) plantea cuatro principales teorías que apoyan distintos tipos de currículos. La primera teoría se centra alrededor del concepto de cuáles criterios biológicos rigen en el momento de comenzar a leer. Esta teoría evolutiva o maduracional afirma que los niños deberían funcionar a un nivel operacional concreto antes de comenzar la instrucción lectora. Los preescolares inmaduros expuestos a una experiencia instruccional sufrirían un atraso maduracional irreversible en lectura. Los desarrollistas argumentan que tales preescolares sobreusarían áreas cerebrales compensatorias para completar las tareas lectoras. Estos programas preescolares se elaborarían sobre las bases de estrategias que más adelante podrían atrasar los desarrollos de destrezas de lectura.

Cuando la práctica se apoya en la teoría desarrollista los preescolares son enseñados a aprender palabras por su "gestalt" o estructura total. Ellos establecen asociaciones entre los símbolos y los significados y discriminan una palabra de otra a través de sus diferencias de configuración. Se enfatiza la novedad de cada palabra impresa.

Los niños aprenderían a crear sus propios sistemas para asociar las 20.000 palabras que ellos hablan a su símbolo impreso. Este proceso podría ser apoyado por instrucción fónica pero sin utilizar los libros de lectura inicial tradicionales porque ellos contendrían muy pocas palabras. También, los preescolares podrían ser enseñados a expandir sus estrategias lectoras combinando sus sistemas de desciframiento recientemente desarrollados con las configuraciones de las palabras, en forma progresivamente más rápida.

El segundo campo de inquisición implica una teoría ascendente o de "abajo hacia arriba" que sirve de base a enfoques en destrezas de prelectura en los cuales la lectura es enseñada como un conjunto de destrezas de un nivel progresivamente más alto. Los niños son requeridos a trabajar con un esfuerzo consciente y deliberado en cuanto la lectura es presentada como algo más difícil de aprender que el hablar. La instrucción comienza con la enseñanza de las letras, luego con las palabras. Ellos también crean oraciones, en cuanto la lectura es presentada como una actividad de obtención del significado.

La tercera teoría es rotulada descendente o de "arriba hacia abajo" u "holística". Ella plantea que la instrucción preescolar ayuda a los estudiantes a satisfacer su curiosidad y a realizar adivinaciones informadas en relación al significado del lenguaje impreso o escrito que le rodea. Se hipotetiza que si los estudiantes son enseñados a verificar sus adivinaciones o anticipaciones ellos experimentarán menos fracasos lectores en los años posteriores.

La actividad es modelada y se ensambla con actividades de hablar, escuchar y escribir que sirven de apoyo al proceso de aprender a leer. Narraciones sobre experiencias de lenguaje, banco de palabras, experiencias de escritura creativa, enfoques de modelos de lenguaje, libros de lecturas predecibles y experiencias de libros compartidos (Holdaway, 1979) son utilizadas para desarrollar en los preescolares un vocabulario inicial de lectura. Las claves contextuales y sintácticas son utilizadas para enseñar significados de palabras. Se enseñan los rasgos grafémicos de las palabras después que los niños han aprendido un extenso vocabulario de palabras que son reconocidas a primera vista.

La teoría del "andamiaje" o interactiva es similar a la anterior en relación a su filosofía. La principal diferencia es que los programas holísticos se centran en torno a la clase completa estructurada con un horario regular, mientras que la interactiva afirma que la lectura sólo debe desenvolverse cuando ciertos aspectos de la capacidad para leer y escribir han sido firmemente construidos por el niño. El ambiente preescolar se estructura de manera tal que el alumno tenga curiosidad y haga preguntas en relación a los materiales impresos, siempre cambiantes, dispuestos en la sala de clases.

La instrucción interactiva es iniciada por el alumno cuando él requiere información sobre los materiales impresos en forma individual y espontánea. El maestro responde cada requerimiento de manera detallada. Por ejemplo: esta letra que tú me estás mostrando es la letra P. Es el nombre del primer sonido de la palabra "pan". El maestro entonces "coloca el andamio", para un segundo encuentro con la lectura dando una actividad específica de descripción o haciendo preguntas que estimulen a un mayor interés en el lenguaje impreso. Tipos de actividades de descripción específica son por ejemplo: escribir una carta a los familiares, leer una guía de TV para seleccionar un programa, o hacer una lista de materiales para una próxima actividad. Cada intercambio subsecuente es diseñado para dar al niño el mayor apoyo posible con el fin de que esas primeras exposiciones a la lectura sean exitosas. Los investigadores interactivos no recomiendan un programa de decodificación estructurado.

¿Cuál enfoque es el mejor? Un extenso número de estudios documentan los efectos positivos que la asistencia a la educación preescolar tiene sobre los posteriores logros cognitivos de los alumnos (Brown, 1978; Osterlind, 1980—81; Turner y Deford, 1970). Sin embargo, han sido vanos los intentos para identificar si la instrucción en lectura en el preescolar ha contribuido a esos beneficios.

La data actual sugiere que hay un factor confiable que predice si el niño preescolar avanza significativamente: es el grado en el cual el educador está comprometido al currículo, independientemente de su teoría o contenido. Esto es, los mejores programas de lectura preescolar son aquellos en los cuales se ha permitido a los maestros utilizar el programa que ellos consideran el mejor.

A continuación se describen algunos currículos de educación preescolar que incluyen la lectura en sus contenidos: tales como el currículo cognitivo de Weikart et al., el de Bereiter y Engelmann, el de Montessori y el de D. Durkin. También se incluye, a manera de contraste, el currículo tradicional, basado en unidades. El capítulo finaliza con una revisión de estudios comparativos sobre tipos de currículos y sobre modelos de enseñanza directa o incidental aplicados en ellos.

1.3.1. EL CURRICULO COGNITIVO DE WEIKART

Este tipo de currículo de educación preescolar surge en los últimos años de la década del 60 a partir de programas desarrollados en el Ypsilanti Perry Prechool Proyect de la Fundación de Investigación Educacional High/Scope (Weikart, 1972; Hohmann et al., 1978). Este enfoque es considerado por sus autores como un "marco de referencia abierto", y se basa, teóricamente, en la teoría de Piaget, la cual plantea que el desarrollo mental ocurre a través de la activa exploración y manipulación que el niño realiza en su ambiente y a través de su interacción con las acciones, con el lenguaje de los otros niños de su edad y con los adultos (Mc Clelland et al., 1970; Weikart et al., 1971).

A partir del marco de referencia dado por el currículo se estimula a los niños para que inicien y regulen su propio trabajo. Las estrategias de enseñanza se diseñan con el fin de proporcionar a los niños las bases experienciales que les permitan lograr metas de desarrollo cognitivo. Estas estrategias excluyen los aprendizajes basados en la memoria mecánica.

En el currículo cognitivo se identifican las "experiencias claves", a través de las cuales pueden emerger las habilidades mentales, que deberían ser ampliadas y reforzadas más que aceleradas, en forma directa. Las experiencias claves incluyen:

Aprendizaje activo: implica, básicamente, la exploración directa con todos los sentidos; descubrir relaciones a través de experiencias concretas; el cuidado de sí mismo; la elección de los materiales, de las actividades y los propósitos.

Planear y evaluar: estas experiencias claves conducen a que los niños estructuren verbalmente un plan; identifiquen los pasos que se deben realizar para efectuarlo; comparen las realizaciones con el plan original, etc.

Uso del lenguaje: las estrategias utilizadas estimulan a los niños a realizar experiencias significativas con los adultos y con los compañeros; a describir objetos, sucesos y relaciones; a expresar los sentimientos en palabras; a ver escrito su lenguaje hablado; a leerlo y releerlo, a escuchar cuentos, a contarlos, etc.

Representación: implica reconocer objetos mediante los sonidos, el tacto, el gusto y el olfato; imitar acciones; relacionar cuadros, fotografías y modelos con sus referentes reales (acciones o cosas); dibujar y pintar; efectuar dramatizaciones, etc.

Clasificación: estas experiencias claves son proporcionadas para que los alumnos investiguen y rotulen las cualidades o atributos de las cosas; perciban y describan las semejanzas y las diferencias entre las cosas, formas, acciones, fenómenos etc.

Seriación: los niños son estimulados a comparar las cosas y sus atributos; a ordenarlas según una o más dimensiones determinadas; y a describir las relaciones pareando un conjunto ordenado con otro, etc.

Concepto de número: implica comparar números y cantidad, explorar la correspondencia una a una, enumerar objetos, como también contarlos de memoria, etc.

Relaciones temporales: se estimula la descripción verbal de hechos pasados; anticipar verbalmente hechos futuros y realizar una preparación apropiada para que ocurran; describir la secuencia de los sucesos; planear y completar los proyectos; utilizar unidades convencionales de tiempo; observar los cambios de estaciones, etc.

Relaciones espaciales: implica ordenar y reordenar las cosas en el espacio; observar las cosas y los lugares a partir de distintos puntos de vista espaciales; describir las relaciones mutuas entre las cosas; interpretar representaciones de las relaciones espaciales en dibujos y láminas, etc.

El currículo cognitivo, tal como lo describen Mc Clelland et al. (1970) y Weikart et al. (1971), divide el día en ocho períodos:

(1) *Tiempo de planeamiento* (20 minutos): los niños, con el apoyo de los adultos, establecen sus objetivos o metas diarias.

(2) *Tiempo de trabajo* (40 minutos): los niños realizan sus actividades en sus áreas de acción.

(3) *Tiempo grupal* (10 minutos): los niños se autoevalúan y discuten el trabajo realizado grupalmente; las actividades que inician los educadores se centran en metas cognitivas.

(4) *Limpieza* (15 minutos): en la medida en que los niños limpian y ordenan sus áreas de trabajo, los educadores les ayudan a clasificar y ordenar sus materiales.

(5) *Colación* (25 minutos): mientras los niños comen un sandwich o toman un jugo de fruta, los educadores trabajan, informalmente, con grupos pequeños, en ciertos objetivos predeterminados.

(6) *Tiempo de actividad* (15 minutos): los educadores inician actividades de grupo dentro del aula (música, juegos de mesa) o en el patio (correr, jugar, utilizar columpios), etc.

(7) *Hora del círculo* (15 minutos): los educadores estimulan una revisión de las actividades realizadas durante el día y ocupan parte de este tiempo en leer cuentos a los niños.

(8) *Despedida* (10 minutos): los educadores repasan los conceptos relacionados con las experiencias que se han tenido durante el día, mientras se prepara el regreso a casa.

Con el fin de realizar estas experiencias claves, el currículo cognitivo proporciona procedimientos para ordenar y equipar la sala de clases, establecer una rutina consistente y estimular la comunicación entre los niños. También da procedimientos para ayudar a los niños a planear, realizar y revisar sus propias actividades. Todas las experiencias claves tienen sentido. Por ejemplo, los ocho períodos diarios proporcionan a los niños experiencias concretas con las relaciones temporales y con los conceptos temporales básicos.

La sala de clases se organiza en cuatro áreas o rincones: área motora gruesa (con bloques, escaleras, carretillas); área motora fina (puzzles, plasticina, agujas y lanas, tijeras); área de la casa (muñecas, disfraces, cocina); área de arte (acuarela, pinceles, lápices de colores).

1.3.2. EL CURRICULO DE BEREITER Y ENGELMANN

C. Bereiter y S. Engelmann plantean (1966–1977) las bases teóricas para su modelo de currículo basado en el desarrollo del lenguaje y a través de la enseñanza directa (ver página 53), a partir del libro: *La enseñanza en los niños desaventajados en la educación preescolar* (ver también: Engelmann y Bruner, 1969; Engelmann, Osborn y Engelmann, 1969). El programa consiste en una estrategia compensatoria dedicada a los niños desfavorecidos de 2 a 5 años, en la cual los esfuerzos se concentran en la adquisición de destrezas específicas preacadémicas, especialmente las habilidades lingüísticas básicas, la lectura y las matemáticas. Sus finalidades más importantes son 1) mejorar la confianza en sí mismo y la autoimagen de los niños a través de proporcionarles oportunidades para el buen rendimiento, dentro de una atmósfera de amistosa competencia; y 2) producir estudiantes bien adaptados socialmente a través de modelarles conductas sociales dentro de la sala de clases, sobre la base de contingencias reforzantes y positivas.

Básicamente el currículo consiste en una serie de ejercicios en los cuales los educadores modelan el lenguaje correcto y estimulan la producción lingüística imitativa por parte de los niños. En este currículo, la manipulación de materiales concretos y el aprendizaje autoiniciado no juegan un papel significativo.

En cada área de contenido las actividades de aprendizaje se presentan a los niños en una secuencia programada y las metas se establecen en forma de conductas explícitas. Sólo cuando un niño domina una destreza específica se le enseña una más compleja, en un nivel inmediatamente superior. Sobre la base de un modelo conductual, los educadores se apoyan en el refuerzo positivo para modelar las conductas deseadas y lograr los objetivos. Los refuerzos utilizados son primarios y gradualmente son reemplazados por refuerzos verbales y sociales.

Bereiter y Engelmann dividen el día preescolar en seis períodos:

1) Un tiempo dedicado a la actividad libre, es decir, no estructurado (20 minutos), durante el cual los niños juegan con materiales de su propia elección (cubos, puzzles, juego de mesa, etc.).

2) Un tiempo (15 minutos) dedicado a aprender y a cantar canciones bajo la dirección de los educadores.

3) Un tiempo estructurado, dedicado a tres áreas de contenidos (20 minutos para cada una, en total una hora): lenguaje, lectura y aritmética. La actividad se realiza con grupos pequeños.

4) Un tiempo semiestructurado (20 minutos), durante el cual los niños realizan diversas actividades relacionadas con la situación escolar, tales como pintar, cortar, trabajar con plasticina, realizar juegos grupales, etc.

5) Un tiempo (15 minutos) dedicado a tomar una colación y a descansar.

6) Un tiempo (10 minutos) dedicado a escuchar cuentos y narraciones leídos por el educador y a responder preguntas.

Las actividades realizadas durante el "tiempo estructurado" se formulan sobre la base de tres áreas de contenidos: lenguaje, lectura y aritmética.

Lenguaje: los autores plantean en su enfoque teórico que los niños desventajados socioeconómicamente poseen un desarrollo inadecuado del lenguaje. Estos niños serían capaces de comunicar y entender deseos y órdenes, pero menos hábiles para utilizar el lenguaje como un medio de comunicar información cuando se les compara con sus iguales de clase media. Ellos tenderían a hablar utilizando más frases que oraciones completas y a usar como unidades singulares del habla palabras y frases que no pueden ser segmentadas y recombinadas, en nuevas construcciones lingüísticas. Estos códigos verbales, poco flexibles, restringirían severamente la habilidad del niño para enfrentar las exigencias académicas escolares, las cuales se mediatizan mayoritariamente a través de las modalidades lingüísticas de hablar, escuchar, leer y escribir.

A partir de esta base teórica el programa de lenguaje se focaliza sobre la base de los componentes del lenguaje hablado estándar. Un objetivo primario es que los niños aprendan las "propiedades de sustitución del lenguaje", es decir, que el lenguaje esté integrado por componentes discretos que pueden ser relacionados, reordenados e intercambiados, de acuerdo a ciertas reglas.

Las actividades específicas están centradas en nombrar, denominar, rotular, aprender palabras como unidades básicas, negaciones, palabras compuestas, contrarios, proposiciones, pronombres, plurales, condicionales, formas verbales, y en hablar empleando oraciones completas.

Lectura: al igual que el programa de lenguaje hablado, se enfrenta la lectura en forma sistemática y analítica, poniendo énfasis en las destrezas fónicas que permiten que se pronuncien las palabras escritas. Se enseña a los niños a producir los fonemas del lenguaje estándar y a reconocerlos en el lenguaje escrito.

Aritmética: esta área de contenido también se trata como un fenómeno lingüístico, en el cual las unidades básicas son los números; las reglas de ordenación y el cómputo son vistos como una gramática. La enseñanza se centra inicialmente en la memoria mecánica de números; luego se identifican los numerales escritos y las reglas para establecer relaciones entre los números (ordenación y cómputo). Se espera que al finalizar la etapa preescolar, los niños hayan adquirido las destrezas básicas de restar y sumar. Este componente también enfatiza la noción de "igualdad", a través de parear tarjetas de diferentes cuadros.

Las actividades de instrucción son apoyadas por manuales y materiales preparados por los autores del currículo (Engelmann, Osborn y Engelmann, 1969).

1.3.3.   EL CURRICULO MONTESSORI

En relación a la lectura y la escritura, la Dra. Montessori no escribió, paso a paso, un procedimiento debido a que respetaba la creatividad personal de sus seguidores. Sin embargo pueden establecerse ciertas líneas orientadoras, tal como son descritas por Lilliard (Cfr.: 1978). En este enfoque la lectura y la escritura son vistas como un convenio entre las personas, a través del cual se superan las limitaciones del tiempo y del espacio, se experimentan las emociones humanas, el conocimiento histórico y se prolonga un legado intergeneracional.

Este convenio o acuerdo debe ser explorado a través de cuatro áreas:

los ejercicios de la vida diaria, los materiales sensoriales, el desarrollo del lenguaje y el desarrollo motor.

Los ejercicios de la vida diaria: la preparación para esta exploración comienza con los ejercicios de la vida diaria, a través de los cuales el niño desarrolla la fluidez y el control de los movimientos y la coordinación ojo—mano. Estas actividades se refieren a: verter granos o agua de un pequeño recipiente a otro, cortar verduras, amarrar, abotonar, raspar, pulir, martillar, traer y llevar objetos. Estos ejercicios involucran coordinar movimientos precisos de la mano y del cuerpo, controlados por la visión. La realización de estas actividades naturales también supone la captación de un ritmo o secuencia de la ejecución, así como el compromiso del yo en una tarea disciplinada y concentrada.

Los materiales sensoriales: las capacidades perceptivas, la discriminación visual y auditiva, así como las habilidades para comparar y clasificar son reforzadas a través de los materiales sensoriales integrados por *la torre rosada, el gabinete geométrico, los cilindros sólidos, los cilindros de sonido, las figuras metálicas insertables, los juegos de correlación, las tabletas de color y las campanas, entre otros.*
La ligereza de tacto se desarrolla a través de *los tableros de tacto* que están formados por tiras alternadas de lija y madera lisa que también estimulan, simultáneamente, el movimiento de izquierda a derecha. Las figuras incluidas en el *gabinete geométrico,* que consta de figuras insertables, adiestran al ojo para apreciar la exactitud de la forma y los músculos de la mano y de los dedos para seguir el contorno de una figura.
El movimiento de pinza entre el índice y el pulgar, necesario para tomar el lápiz, es desarrollado a través del manejo de las pequeñas perillas utilizadas para levantar las piezas de los *cilindros sólidos* y de las *figuras metálicas insertables.* Esta destreza también se desarrolla a través del manejo de los rompecabezas de mapas.

El desarrollo del lenguaje: desde su nacimiento debe insertarse al niño en el lenguaje hablado y en el escrito como un hecho natural dentro de la vida social de la familia. Montessori recomienda que el niño, en la etapa que ella denomina "mente absorbente", debe observar que las personas que le rodean leen libros y revistas y él mismo debe estar rodeado de letreros y comunicaciones escritas. De esta manera el niño desarrolla un conocimiento natural de distintas formas de comunicación en su ambiente.
También recomienda que no se designe a los objetos con palabras "comodines" como "algo", "cuestión" o "cosa", sino que se les denomine con su rótulo específico: no basta decir "animal" sino "gato", "canario" o "paloma".
Dentro de la sala de clases, el programa de lenguaje incluye la actividad de leerles a los niños una amplia variedad de temas sobre la vida de otras personas, otros lugares, el mundo de la naturaleza. Posteriormente se les introduce en el mundo de la fantasía, los mitos y los cuentos de hadas.

La comunicación oral se estimula a través de la conversación libre y espontánea. Desde este punto de vista el lenguaje oral se integra, naturalmente, a la vida grupal y no se le relega sólo a períodos fijos o artificiales, tal como se plantea en algunos programas tradicionales. El desarrollo del vocabulario se realiza a través de la exacta denominación de los objetos y las acciones dentro del medio ambiente y a través de juegos. Se destacan los *juegos de correlación*, que se hacen a través de tarjetas con los más variados temas: pinturas famosas, lugares, animales prehistóricos, músicos, artistas, alimentos, herramientas, vestuario, plantas, formas geométricas, etc. Estos mismos materiales también son utilizados en juegos clasificatorios.

El desarrollo motor: el desarrollo motor es estimulado a través de los actos de llevar, traer y usar los materiales dentro de la sala de clases y mediante actividades como llevar varillas de diferentes largos entre la mesa de trabajo y el estante o anaquel. También se realiza el ejercicio de caminar sobre la línea, que implica múltiples variaciones de la marcha, como por ejemplo: llevar un recipiente con agua, caminar con distintas velocidades, tomar conciencia de las direcciones y de los lados derecho e izquierdo en el propio cuerpo, etc.

Actividades más directamente relacionadas con el lenguaje escrito

La estimulación de las cuatro áreas descritas constituye una preparación, un aprestamiento para la lectura y escritura. A continuación la educadora introduce actividades más directamente relacionadas con el lenguaje escrito.

En la línea de la autoexpresión y la comunicación el niño es estimulado a escribir antes que a leer. Antes de utilizar los instrumentos para escribir, el niño fue expuesto, en la etapa preparatoria, a situaciones— estímulo que le desarrollaron la ligereza del tacto.

En una aproximación más directa, se familiariza al niño con la forma o movimiento de las letras que quiere emplear, como también con el sonido que representan. Se le estimula a que describa verbalmente los movimientos de las letras y a que se mantenga dentro del límite o espacio disponible para escribir. Algunos pasos descriptivos son los siguientes:

— El aprendizaje de los fónicos o conocimiento de los sonidos específicos que representan las letras también es planteado como un medio para que el niño escriba su correspondiente símbolo. Después de articular palabras que comiencen con "a", como árbol—amigo, la educadora aisla el sonido e invita al niño a encontrar otras palabras que comiencen o terminen con "a". Después lo invita a ver y tocar el sonido y le presenta la letra en papel de lija. De la misma manera procede con el sonido "mmmmmm" o "ddddd".

— La educadora traza primero la letra con el dedo índice de la mano dominante, pronunciando simultáneamente el sonido (no el nombre) de la letra. Luego invita al niño, con entusiasmo, a hacer lo mismo diciéndole: "tú también puedes tocar la letra. Ahora ya sabes cómo es el sonido "nnnn". El niño memoriza así, kinestésicamente, la forma de la letra que un día escribirá y realiza trazados de la letra en el aire, con los ojos cerrados o vendados. Estos ejercicios se realizan con niños de tres años, aproximadamente. Las letras de lija se presentan en la modalidad cursiva o ligada, porque permite la fluidez del movimiento de la mano.

— Posteriormente, una vez que el niño domina unas ocho a diez letras, se le introduce al *alfabeto movible*. Este es una caja dividida en compartimientos individuales que contienen las letras del alfabeto en cartón. Al igual que las letras de lija, las vocales son presentadas en color rojo y las consonantes en color azul. La educadora dice una palabra de tres letras, como por ejemplo "sol". Simultáneamente, levanta cada letra del alfabeto movible, a medida que va pronunciando cada fonema, y coloca cada letra sobre una superficie, en una progresión derecha—izquierda. En ese momento el niño, espontáneamente, intenta componer pequeños cuentos con el alfabeto movible, y comienza a solicitar a la educadora algunas palabras que él no puede deletrear fónicamente. Ella se las proporciona sin darle información ortográfica; tampoco le corrige las palabras que no están correctas. Sólo pretende estimular al niño a que se comunique por escrito.

— En esta etapa se enriquece el vocabulario escrito. Se utilizan con este fin las tarjetas con ilustraciones empleadas en la etapa preparatoria para estimular el vocabulario oral y las habilidades clasificatorias. Ahora son presentadas con su denominación escrita. El niño juega a correlacionar las ilustraciones con sus correspondientes rótulos. La educadora siempre escribe las denominaciones en presencia de los niños. También se elaboran letreros para todos los objetos visibles de la sala de clases.

— Aproximadamente seis meses después de la introducción del alfabeto movible, el niño comienza a descubrir que puede formar una palabra como un todo. El confirma con la educadora que escribió "perro" o "gato" como un todo y no sólo como "g—a—t—o". Ocasionalmente, el niño necesita apoyo para "leer" la palabra que ha formado como una entidad.

— Cuando la educadora constata que el niño es capaz de releer las palabras que ha formado con el alfabeto movible, le presenta *el juego de los objetos fónicos*. Este juego implica una pequeña caja con objetos que se representan con tres letras como pan, sol, pie, sal, luz, etc. La educadora escribe una palabra sobre un trozo de papel y le pide al niño: "¿Puedes pasarme esto?". El niño le pasa el objeto y lo correlaciona con la palabra escrita, al mismo tiempo que lo pronuncia.

— Cuando el niño maneja una cantidad consistente de correlaciones entre objetos y sus respectivos rótulos escritos, se le presentan grupos consonánticos conjuntamente con lo que Montessori denomina "palabras complicadas". Los grupos consonánticos corresponden a la ch—gr—pl, etc., y la educadora los presenta explicándole que "algunas letras al ir juntas hacen un sonido diferente...". Se presentan dos cajitas más pequeñas con alfabetos movibles: una amarilla y la otra verde. La educadora presenta, por ejemplo, la "br" o "bl", y le pregunta sobre palabras que comiencen con ese sonido. Exploran juntos el alfabeto y utilizan vocales y consonantes para formar palabras con el grupo consonántico al inicio, en el medio o al final: brazo, sombrero, cobre, etc. Se incita a utilizar el diccionario para confirmar si en esta exploración se ha formado una palabra verdadera. También se preparan tarjetas, rótulos y pequeños folletos que contengan los grupos consonánticos en estudio.

— Las "palabras complicadas" corresponden a palabras irregulares en relación a la correspondencia sonido—letra (fonema—grafema); por ejemplo, en "circo" la c tiene dos sonidos, y lo mismo ocurre con la g de "gigante". Las palabras como "queque" o "amiguito" poseen una "u" que carece de sonido. Las "palabras complicadas" son más numerosas en el inglés que en el español, por ser éste un idioma con alta correspondencia entre el fonema y el grafema. Las "palabras complicadas" son escritas en tarjetas y clasificadas en sobres rotulados para su identificación; por ejemplo, en el sobre "gue—gui" irán palabras como "laguito", "merengue", "guitarra", etc.

— En esta etapa se presentan tarjetas con ilustraciones clasificadas (mamíferos, aves, formas geométricas, etc.) y también tarjetas con definiciones. Una definición como "muro de contención de las aguas" es correlacionada con la ilustración de un dique. En un comienzo, todas las definiciones tienen un punto de partida concreto. Por ejemplo, los conceptos geográficos como itsmo, península, golfo o isla han sido previamente presentados y trabajados con arcilla o greda. El niño modela una península, la rodea de agua, la dibuja; después la identifica en las tarjetas ilustradas, y, finalmente, encuentra su definición escrita en el juego de las *tarjetas con definiciones*. Estas experiencias son realizadas por niños entre cinco y siete años.

Estudio formal del lenguaje escrito

Sólo a partir de esta etapa se explicitan las palabras "lectura" y "escritura" y se introduce al niño progresivamente en el estudio de las funciones de las palabras, en su construcción general, en el uso de afijos (prefijos y sufijos), plurales y singulares y en las reglas de la puntuación.

Este tipo de exploración, referido al estudio del lenguaje, se realiza mediante la utilización de un equipo a través del cual se muestran las funciones de las palabras. Tradicionalmente se usa una granja modelo; pero también se suele emplear una escuela, una fábrica, un hospital, una tienda o un pueblo. Algunos procedimientos utilizados son los siguientes:

— Cada uno de los objetos del modelo elegido se rotula y se utiliza como clave para que el niño capte las distintas funciones de las palabras. Por ejemplo, la educadora le pide al niño: "pásame unas sillas"; si el niño le pasa una silla, ella insiste: "Te dije: pásame unas sillas". Así presenta los artículos "un" – "una" – "el" – "las" o "unas" sin enseñar al niño el metalenguaje; es decir, sin decirle "estos son los artículos". De la misma manera presenta los adjetivos al decir, por ejemplo: "pásame la silla café".

Posteriormente, los niños asocian las funciones de las palabras con símbolos. Por ejemplo, un triángulo negro es colocado sobre un sustantivo y uno azul más pequeño sobre el adjetivo.

– Las funciones de las palabras también se exploran mediante juegos; por ejemplo, las formas singulares y plurales se enseñan con *las cajas de objetos,* y *el juego de detectives* ejercita acciones, adjetivos, artículos, etc., a través de instrucciones progresivamente más complejas. Esas instrucciones también se ejercitan mediante *el juego de órdenes,* en el cual el niño lee silenciosamente las instrucciones y las ejecuta. Por ejemplo: "Salta" o "Trae el triángulo azul".

– A lo largo de estas exploraciones el niño practica la lectura en forma independiente y completa, es decir, practica lo que Montessori denomina "lectura total". Esta práctica le proporciona al niño la base y el interés necesarios para enfrentar el estudio formal del lenguaje.

– Una vez que el niño lee en forma independiente, se considera que ha alcanzado el nivel "junior", en el cual se está listo para estudiar la nomenclatura de la gramática. Se presentan los nombres de las partes de la oración mediante una caja de madera dividida en compartimientos rotulados con los nombres "sustantivos", "conjunciones", "verbos", etc. También se inicia al niño en el análisis lógico, utilizando un disco rojo con una flecha negra sobre la cual están impresas las preguntas: "¿Qué es?", "¿Quién es?". Otra flecha negra indica "¿Qué?", "¿Quién?", y apunta hacia otro disco donde se ha colocado el objeto directo. Esta inmersión en la gramática se realiza con el fin de facilitar la escritura de composiciones de distinta temática, de índole tanto creativa como formal progresivamente más complejas.

El método Montessori ha sido criticado. Se dice que sus seguidores tienden a ritualizar los materiales, lo cual implica un costo alto de implementación. Independientemente, cabe destacar la influencia de Montessori en la renovación de la rígida pedagogía de la década del veinte y sus planteamientos pioneros, entre otros el énfasis en el desarrollo cognoscitivo, en el entrenamiento sensoperceptivo, en el respeto a los intereses y motivaciones del niño y en el aprendizaje natural de la escritura y de la lectura, en un contexto de estimulación de todas las modalidades del lenguaje.

1.3.4. EL CURRICULO DE ARTES DEL LENGUAJE DE DURKIN

Durkin (1970) describe el rendimiento de 36 niños de clase media, de edades entre 3.5. a 4.10, años que participaron en un currículo de artes del

34

lenguaje de dos años de duración en un curso de preprimero (transición). Las metas y los procedimientos del currículo estaban basados en los estudios previos sobre niños que han aprendido a leer en el hogar. Los participantes fueron 20 niños y 16 niñas divididos en dos cursos. El C.I. promedio del grupo en Stanford—Binet, fue de 113.6 con una desviación estándar de 12.5

Los datos obtenidos de sus estudios sobre los hogares de los lectores precoces (1959—1960) hicieron que su currículo fuera formulado sobre las siguientes bases:

1) Muchos de los preescolares participantes se habían interesado en la escritura antes de mostrar interés en la lectura. Así su habilidad para leer, por lo menos en parte, era un producto secundario de su habilidad para escribir y deletrear. Por este motivo el currículo escolar se enfocaba más hacia las artes del lenguaje y no sólo a la lectura. Por ejemplo, en el primer año se ponía tanta atención a la escritura como a la lectura y, en el hecho, la instrucción planeada empezaba primero con la escritura. Al principio, los niños, tal como los estudios previos lo sugerían, parecían estar más interesados en la escritura, y, una vez que comenzaban a escribir, hacían preguntas en relación a la ortografía de las palabras (¿con qué letra se escribe...?)

2) Los estudios previos habían revelado que los contenidos que interesaban a los que estaban aprendiendo a leer tenían relación con temas que se relacionaban estrechamente con ellos mismos. El típico primer libro de lectura, por ejemplo, tenía poca importancia en los primeros logros. Así en el programa no se utilizó ningún texto comercial hasta los últimos dos meses del segundo año de trabajo. En vez de eso se desarrollaron todas las artes del lenguaje, utilizando los contenidos de interés para los niños o los temas que eran conocidos por ellos. En la lectura, por ejemplo, el vocabulario utilizado estuvo generalmente compuesto por las palabras que relacionaban a los niños con lo que ocurría en la escuela, el hogar o la comunidad. Sin embargo, a medida que pasaba el tiempo, se iban incorporando otras palabras (él, soy, donde, etc.) que se hacían necesarias para la lectura de oraciones.

3) La mayoría de las veces, la identificación total de la palabra, más que el aprendizaje de fónicos aislados, había sido utilizado en los hogares de los lectores preescolares. Cuando se ponía atención a la relación letra—sonido se hacía como una forma de ayudarlos en la escritura y la ortografía. Los padres que daban este tipo de ayuda informaban que habían comprado libros sobre enseñanza de los fónicos, debido a que ellos sabían muy poco sobre el tema. En el primer año de aplicación del programa se utilizó un enfoque de palabras completas para desarrollar un vocabulario de lectura. Sin embargo, cada vez que los alumnos aprendían a escribir una letra se les destacaba la importancia de conocer cómo lograr que una letra les permitiera escribir palabras. Las palabras comenzaban con la letra seleccionada y ese mismo sonido podía ser escrito en el pizarrón y ser identificado por la educadora. En la medida que avanzaban en el primer año la mayoría de los niños era capaz de sugerir palabras correctas, una vez que la educadora nombraba unas pocas letras o sonidos.

4)   Los lectores preescolares en los dos primeros estudios estaban interesados en letras y numerales tal como ellos aparecían en su ambiente. Así, se les enseñaron nombres de letras tanto minúsculas como mayúsculas en relación con los nombres de los niños, títulos de cuentos, rótulos de alimentos, signos y nombres de calles, etc. Para enseñar los nombres de los numerales y los conceptos se utilizaban las edades de los niños, cumpleaños, direcciones, números de teléfono, número de hermanos, páginas de libros, calendarios, etc.

5)   Los padres de los lectores precoces les leían frecuentemente y se daban tiempo para conversar con ellos y responder sus preguntas. A los niños, en el programa, se les leía diariamente. Además, cada mañana comenzaba con un período de conversación. Para esto la clase se dividía en dos grupos, de manera que un pequeño número de niños pudiera conversar con un adulto, ya fuera la educadora o su asistente.

1.3.4.1.   Objetivos del currículo y procedimientos de evaluación

Una meta fue enseñar a los niños a escribir, a partir del primer año de aplicación del currículo. Los logros eran evaluados a través de muestras periódicas del trabajo de los niños.

Otra meta era la identificación de letras, números y palabras. En los dos primeros estudios realizados por Durkin (1959 y 1966) ninguno de los padres fue consciente del exacto número de letras y números conocidos por sus niños antes de la entrada al colegio. Por este motivo, las metas se establecieron arbitrariamente. Por ejemplo, se decidió que a los dos años de aplicación del programa, los alumnos deberían conocer el nombre de todas las letras, tanto mayúsculas como minúsculas. Por esta razón los procedimientos de evaluación para ambos años, incluían un test que presentaba todas las letras en ambas formas.

Aunque la identificación de números fue una meta específica del programa, también se enseñaron conceptos numéricos: 0 a 20 en primer año, y 21 a 50 en el segundo. Por ende, el test de identificación de números cumplió ambos propósitos cada año. Aunque los niños eran capaces de solucionar problemas simples de suma y resta, esta habilidad no fue un objetivo preestablecido.

El fijar metas en relación a la cantidad de palabras (vocabulario de lectura) no fue tarea fácil, debido a que la filosofía del programa planteaba que los niños atendieran las palabras que surgían de su ambiente natural: nombres de las calles, de alimentos, etc. Se optó por llevar un registro de las palabras elegidas por los niños a partir de aquellas que estaban permanentemente expuestas, y de las palabras elegidas por la educadora durante los períodos dedicados a la lectura. A las primeras se las denominó "palabras de exposición" y a las segundas "palabras prácticas". Se evaluaron estas últimas.

Las listas tuvieron una extensión variable. Al final del primer año una clase reunió 52 palabras y otra 55. Al final del segundo año, las listas variaron entre 110–118, 150 y 173. Había cuatro listas porque los alumnos se habían dividido en cuatro grupos de instrucción lectora. En la evaluación, las palabras se imprimían con tipo grande, al azar, en hojas de papel y se les pedía a los niños que las identificaran individualmente.

La cantidad de instrucción fónica no estaba definida específicamente en los datos de las investigaciones previas. Se decidió destacar en el primer año la idea de que las letras conllevan sonidos, en relación con las lecciones de escritura. Al final del primer año, los educadores formulaban sus juicios sobre los niños que mostraban habilidad en discriminación auditiva o no la tenían. A su vez, estos juicios podían ser utilizados para tomar decisiones sobre los niños que deberían recibir instrucción fónica al comienzo del segundo año.

Se tomó una decisión: la instrucción debería incluir el uso periódico de un manual durante el segundo año, con el fin de proporcionar una organización y una secuencia en la enseñanza y también porque, al igual que los padres, los educadores no eran expertos en el manejo de los fónicos.

El plan de evaluación de los fónicos incluyó un test: debería ser pasado al final del segundo año, cuando se evaluaba el conocimiento de los niños de cualquier sonido que hubiera sido presentado hasta entonces. Se evaluaron 22 sonidos. Se solicitaba que los niños dijeran el sonido de la letra al mirarla impresa.

1.3.4.2. *Tiempo dedicado*

A mediados del primer año de aplicación del currículo de Durkin, el horario fue el siguiente:

08:45 - 09:00   Conversación en grupo.

09:00 - 09:30   Hora de cuento, música, atención a la fecha, el tiempo, etc.

09:30 - 09:50   Período dedicado a aprendizaje académico para un grupo. Libre elección para otro grupo.

10:00 - 10:10   Rotación de los grupos en relación a la actividad anterior.

10:10 - 10:40   Juegos, colación.

10:40 - 11:10   Arte.

11:10 - 11:15   Preparación para regresar a los hogares.

Durante el segundo año el horario fue el siguiente:

08:30 - 08:45   Conversación en grupo.

08:45 - 09:00   Tomar la asistencia; atención a la fecha, al tiempo y a intereses corrientes.

09:00 - 09:20   Período dedicado al aprendizaje académico para un grupo. Libre elección para otro grupo.

09:20 - 09:40	Rotación de los grupos en relación a la actividad anterior.
09:40 - 10:00	Música.
10:00 - 10:30	Juego, colación.
10:30 - 11:00	Arte.
11:00 - 11:15	Hora del cuento.
11:15 - 11:20	Preparación para regresar a los hogares.

Durante el primer año el período dedicado al aprendizaje académico tuvo los siguientes objetivos programáticos: 1) lectura, 2) escritura; 3) identificación de letras; y 4) identificación de números y desarrollo de conceptos numéricos. A partir del quinto día los educadores podía elegir libremente entre los cuatro objetivos. Su decisión dependía de los contenidos que necesitaban una atención extra o que eran de especial interés para los niños.

Durante el segundo año del programa, los períodos académicos pusieron atención a: 1) lectura; 2) identificación de letras y aprendizaje de los fónicos, y 3) identificación de numerales y matemática inicial. Tanto la lectura como los fónicos recibieron atención dos veces cada semana.

En el comienzo del programa, durante el año académico, se reunía a los niños simplemente en términos de número. A medida que el año progresaba y se hacían aparentes las diferencias en habilidades y rendimientos, éstos pasaban a constituir las bases para componer los grupos. Las habilidades y los logros de los niños también constituían pautas para el educador sobre lo que debía enseñar y cómo debía hacerlo. La misma práctica fue seguida en el segundo año.

Durante los dos años cada educador trabajó con un grupo académico mientras su asistente supervisaba el período de libre elección del otro grupo en una segunda sala. En un comienzo las preferencias se dividieron entre las actividades de juego: por ejemplo, cubos, muñecas, camiones, platos, teléfonos, etc. A medida que transcurría el año, las elecciones posibles se alteraban para incluir actividades más tranquilas como escritura sobre pizarras pequeñas, puzzles, jugar con tarjetas de secuencias, tarjetas de conceptos, lotería (bingo). En diferentes momentos se desplegaban colores, números, letras y palabras. Las actividades más tranquilas continuaban durante el segundo año. En esta etapa, el ayudante también asumía el papel de tutor, cuando los niños eran más capaces de elegir y de trabajar independientemente. Apoyaba a los niños que no habían asistido en un período anterior, a los que se sentían confusos ante un nuevo aprendizaje o a los que requerían de aprendizaje adicional.

Junto con los períodos académicos y de libre elección, el tiempo dedicado al arte también formaba parte de lo académico. Un día a la semana se dedicaba "al arte por el arte", pero en los otros cuatro días se ponía atención a una de las metas académicas. Por ejemplo, se utilizaba un proyecto artístico destinado a verbalizar las razones para aprender a escribir el nombre propio; si los niños hacían un cuadro de su hogar, el proyecto servía para aprender a escribir su dirección. Otras veces, un dibujo se relacionaba con una escena de un cuento o con una experiencia compartida por el grupo. En otras ocasiones los objetos de los cuadros eran rotulados con tarjetas con los nombres "gato", etc. Otras veces los vasos de papel o el color violeta les servía para recordar el sonido de la letra v. Cuando los niños mezclaban dos colores para obtener un tercero, esta experiencia se mostraba en la pizarra con palabras como "azul", "amarillo" y "verde".

A los alumnos participantes se les tomaron exámenes de habilidad lectora y de aritmética al final del primer y segundo año del programa. Las evaluaciones del segundo año demostraron que los niños podían identificar un promedio de 123.8 palabras. En un examen de 52 preguntas que requerían identificación de todas las letras del alfabeto, mayúsculas y minúsculas, obtuvieron una nota promedio de 49.7. El promedio de identificación de números (0–50) fue de 47.1. Un examen fónico, que requería identificar el sonido de 22 letras, dio un promedio de 15.2. Al correlacionarse los promedios de las distintas habilidades con el nivel intelectual, los coeficientes de correlación de los varones fueron considerablemente más elevados que los de las niñas. De hecho, el nivel de inteligencia de las niñas relativamente indicó que no predecía su habilidad lectora. Al considerarse el coeficiente promedio, los coeficientes de correlación, tanto de varones como de niñas, fueron muy bajos y no estadísticamente significativos.

1.3.5. EL CURRICULO BASADO EN UNIDADES

El currículo basado en unidades está modelado a partir de los programas tradicionales aplicados en jardines infantiles. El término "basado en unidades" se refiere al uso de contenidos por parte del educador de temas como las celebraciones, los animales, el circo, las estaciones, etc.

Este tipo de currículo no tiene una base teórica extensa y está extraído de la orientación general de los jardines infantiles que se centra en el niño, especialmente en su desarrollo emocional y social. Su orientación ha sido revisada por Sears y Dowley (1963) y Swift (1964). Generalmente los educadores realizan a diario su programa a partir de su propia intuición y sobre la base de algunas asunciones teóricas sobre el desarrollo del niño. Normalmente, los educadores confían en su criterio para determinar las necesidades de los niños, y como resultado el programa se centra en éstos. La descripción que viene a continuación está basada en Mc Clelland et al. (1970).

El día del preescolar se divide en cinco períodos:

1)   Círculo y música (45 minutos). Los educadores trabajan con todos los niños (generalmente sentados en círculo): Se presentan materiales relacionados con la unidad que se está desarrollando; se les leen cuentos; cantan canciones; los niños trabajan con títeres, cuentan, aprenden las partes del cuerpo y los nombres de los compañeros.

2) Descubrimiento y limpieza (60 minutos). Los niños juegan libremente en una de cuatro áreas de actividades: cuidado de la casa, motricidad gruesa, motricidad fina y área de arte.

3) Grupo (15 minutos). Los educadores leen cuentos o inician a los niños en actividades relativamente tranquilas: pintar, recortar, dibujar. Los niños, por su parte, juegan, amasan galletas o realizan otras actividades tranquilas.

4) Juegos al aire libre (15 minutos). Los niños realizan juegos al aire libre cuando el clima lo permite.

5) Despedida (15 minutos). Los niños se preparan para regresar a sus hogares.

Dentro del contexto de esta rutina, los educadores tratan de aumentar en los niños los rangos de atención. También procuran que interactúen positivamente con sus iguales, adquieran buenos modales, desarrollen una positiva imagen de sí mismos y obtengan los conceptos y el lenguaje necesarios para proseguir su vida escolar.

1.4. TENDENCIAS Y ENFOQUES METODOLOGICOS

La tendencia natural frente a la enseñanza—aprendizaje de la lectura en el kindergarten, ilustrada con la experiencia de Reinhard (Forester, 1977) y el enfoque experiencias de lenguaje ejemplificado por el Centro de Lectura Orgánica de Goetz (1979), tipifican dos perspectivas metodológicas interesantes.

1.4.1. LA TENDENCIA NATURAL

A partir de la revisión de la literatura sobre los lectores precoces y de la investigación en las salas de clases sobre las relaciones entre aprender a leer y aprender a hablar, surge un conjunto de rasgos comunes que caracterizan la denominación de "lectura natural".

Los planteamientos surgidos sobre la base de los hallazgos comunes, sugieren que las estrategias naturales de aprendizaje utilizadas por los niños que aprenden a leer en el hogar pueden ser igualmente efectivas en el ámbito escolar. Sus características más destacadas son las siguientes:

— Habría un paralelismo entre aprender a leer y aprender a hablar. Si los niños aprenden a hablar sin una instrucción formal acerca de las reglas gramaticales, es posible que los lectores iniciales también aprendan el lenguaje escrito sin hacer referencia al aprendizaje de reglas. Es decir, si se da oportunidad para desarrollar naturalmente la lectura ésta no se aprendería como un conjunto de reglas, sino como un lenguaje expresivo y significativo, sobre la base de un modelaje, en el que un buen lector hace una demostración de lectura fluida. Sería un proceso muy semejante al que ocurre cuando un niño aprende a hablar, teniendo como modelos a sus padres y demás familiares en el ámbito hogareño, en donde las mismas palabras familiares y las mismas acciones ocurren una y otra vez.

— En la lectura, los cuentos conocidos o las frases pueden ser repetidos tan a menudo como el niño desee escucharlos. No hay restricción para el vocabulario del material de la lectura. El lenguaje escrito que se le presenta al niño debe ser tan rico y variado como el lenguaje oral que lo rodea. El contexto y la familiaridad con los cuentos, las rimas o los juegos verbales, guían al lector a lo largo de las líneas y de las páginas impresas. Si aparecen dudas acerca de las palabras o significados, el mismo niño plantea las preguntas. El aprendizaje de la lectura se realiza a partir de las bases de los patrones del lenguaje que son familiares al niño y que él reconoce en el texto.

— Cada niño deriva las reglas para la lectura: usa el contexto y los patrones del lenguaje como guía y reconoce el valor del sonido de las consonantes iniciales; las palabras que pertenecen a su vocabulario visual le ayudan en sus esfuerzos.

La experiencia de Margareth Reinhard, tipifica el enfoque natural frente al aprendizaje de la lectura.

1.4.1.1. La experiencia de Margareth Reinhard

En la clase de primer grado de la señora Reinhard (Forester, 1977) los niños escuchan cuentos, narraciones y leen rimas familiares a partir de grandes carteles pegados en la pared. Escuchan y dicen las oraciones y las historias que ellos mismos dictan y escuchan grabaciones de cuentos mientras los siguen con sus ojos a lo largo de las líneas impresas. Ellos leen para otros y graban su lectura oral. Rápidamente aprenden lo que significa leer y lo útil y placentero que puede ser.

No se dan lecciones "sobre" la lectura. Tal como aprender a hablar, el aprendizaje de la lectura es una parte integral de la vida diaria y se logra a través del uso, en situaciones significativas, de lectura de rótulos, seguir instrucciones, escuchar una historia.

Por el hecho de que el aprendizaje de la lectura, al igual que otros desarrollos, va de lo más grueso a lo más fino, no hay exigencias de leer textos, palabra por palabra, ni de precisión ortográfica, durante los esfuerzos iniciales por escribir. Se confía en que los niños desarrollan sus destrezas gradualmente a través de hacer preguntas y reparar en las diferencias entre su rendimiento y el de los otros, o entre ellos y el del educador.

El logro es un proceso de gradual desarrollo en el cual el niño utiliza sus propias estructuras, lingüísticas al comienzo; pero aprende a imitar modelos adultos, cada vez con más precisión. Es el mismo proceso que se pone en movimiento cuando un niño aprende a hablar.

Una vez que los niños aprenden a escribir, nuevamente son ellos los que hacen las preguntas. En este punto, el educador proporciona información sobre la correspondencia letra—sonido o sobre la ortografía, sólo cuando tal información es requerida y necesaria para los alumnos.

Por el hecho de que los niños son los que hacen las preguntas y esperan las respuestas, ellos retienen su natural curiosidad y muestran la seriedad de propósitos que Durkin encontró como característica de los lectores precoces. También demuestran persistencia y capacidad de concentración; lo más importante es que los niños desarrollan una actitud altamente positiva hacia el aprendizaje y la lectura. Su sala de clases es un lugar activo y los visitantes quedan impresionados por el alto nivel de actividades con propósitos claramente definidos que realizan los niños que trabajan en forma independiente, solos o en grupos. La educadora se ocupa en proporcionar respuestas a las preguntas, escuchar la lectura oral de los niños y mantener un registro de cada uno, con el fin de monitorear su progreso y guiar su búsqueda de desafíos.

Durante el año académico observado por Forester, todos los niños aprendieron a leer y pasaron de grado. Incluso los más lentos tuvieron éxito. Los niños leían con fluidez y expresión. Escribían no sólo oraciones y palabras, sino párrafos completos, y obtenían placer y orgullo de su trabajo. Mediante la aplicación en la sala de clases de las condiciones observadas en el aprendizaje natural dentro del hogar, la señora Reinhard fue capaz de fomentar el aprendizaje natural en clases. Los resultados de su trabajo llamaron la atención de los educadores y los padres de Victoria (Canadá).   .

1.4.2.   EL ENFOQUE EXPERIENCIAS DE LENGUAJE

El enfoque experiencias de lenguaje concibe la lectura como parte del proceso total de desarrollo del lenguaje. Reconoce la estrecha relación de la lectura con los procesos de hablar, escuchar y escribir. Este enfoque considera la lectura como un proceso de activa búsqueda del significado. Se presume que el significado no se encuentra en la palabra impresa sino en la habilidad del lector para responder al texto sobre la base de su experiencia personal.

Los proponentes de este enfoque postulan que en la lectura el niño no puede manejar ideas o lenguaje más avanzados que aquellos que él pueda manejar al hablar o escribir. Consideran que los libros sólo constituyen instrumentos. Aprender a leer es interpretado como el desarrollo del pensamiento y la expresión en el lenguaje. No hacen distinción entre el aprendizaje de la lectura y el de otras modalidades del lenguaje como hablar, escuchar y escribir.

Como pauta general de enseñanza esta posición teórica sugiere que los pequeños lectores deben adquirir, simultáneamente, destrezas cognitivas específicas y orientaciones, igualmente específicas, hacia el acto de leer.

A partir del primer día, el niño es estimulado para que comparta sus ideas y experiencias a través de la expresión oral o de dibujos.

Mientras un niño trabaja con greda, pinta, realiza experimentos científicos o mira un libro, el educador le ayuda a sintetizar sus ideas y descubrimientos. El niño habla o dicta y el educador escribe sus ideas. Resulta así un "registro de experiencia" que comparte con los demás compañeros. Durante la escritura del registro de experiencia, el profesor discute la elección de las palabras, los sonidos de letras, el uso de signos de expresión o pausa y aspectos ortográficos.

Después de varias semanas de experiencia en la composición de los registros del habla, se forman pequeños grupos dentro de la sala, organizados sobre las siguientes bases: facilidad de lenguaje, madurez social, intereses y compatibilidad emocional. Los pequeños grupos aprenden a leer sus propias historias, preparan ilustraciones, practican con tarjetas de palabras, usan diccionarios de cuadros.

Tan pronto como el niño manifiesta su deseo de escribir sus propias historias o cuentos, es inmediatamente estimulado y ayudado. Ese momento marca la iniciación de la instrucción en lectura y escritura. El educador proporciona a los alumnos materiales auxiliares tales como: lista de palabras útiles, diccionarios de cuadros, rótulos sobre los objetos de la sala de clases, listas de palabras sobre determinados tópicos, etc., con el fin de ayudar al niño a ampliar su vocabulario de lectura y escritura. Los registros de experiencia y las ilustraciones que realiza el niño, son compilados por el educador en forma de un libro elemental. Además se crean otros libros sobre la base de colecciones de ciencias naturales, sociales u otros contenidos aportados por diferentes alumnos.

Grabe y Grabe (1985) plantean que los alumnos obtienen experiencias de primera mano con la lectura y la escritura al aprender a leer las historias que ellos mismos han dictado, y que su conocimiento se extiende aprendiendo a leer los registros de experiencias de sus amigos. Cuando los niños realizan registros de experiencias colectivas acentúan la importancia del grupo en el aporte de las ideas; y, a su vez, cada uno pone más dedicación e interés en sus narraciones personales si sabe que el grupo las leerá.

Estos mismos autores recomiendan el uso del microcomputador, equipado con un programa de procesamiento de palabras, una impresora y un monitor que permita trabajar esta actividad en forma directa y flexible. El educador imprime la historia que los niños le dictan, y puede realizar, fácilmente, las modificaciones que ellos deciden efectuar cuando quieren darle otra dirección al escrito o incluir información extra. Algunas veces un grupo puede elaborar una historia con un comienzo simple y finalizarla de distintas maneras. O bien, se puede tener el esquema de una narración y completarla con distintas versiones.

La impresora genera copias del producto final que pueden servir para múltiples funciones útiles: ayuda a la motivación al imprimir copias personales que el niño puede mostrar a sus familiares o amigos; agrega ilustraciones u otras ideas a sus escritos; los alumnos pueden ir archivando las copias y elaborar sus propios libros, lo cual les sirve para conocer mejor las partes que componen un texto. En general, constituye un refuerzo casi mágico el proceso de contar una historia que el educador hace entrar en una máquina, la cual a su vez le entrega una parte de un libro que puede ser compuesto y leído una y otra vez.

La instrucción fónica se desarrolla sobre la base de "decir y mirar", con lo cual el niño aprende, gradualmente, a representar por letras los sonidos que él desea registrar en el papel. La generalización de las reglas surge por espontaneidad del mismo niño. No establecen una secuencia rígida en las destrezas de reconocimiento de palabras. Para los que proponen este método, la enseñanza de los fónicos y del análisis estructural es dada en la medida en que surge la necesidad en el niño.

Este enfoque difiere considerablemente de un educador a otro. Las críticas que corrientemente se le hacen, apuntan a que:

1) Se otorga la misma importancia al vocabulario que el niño emplea al leer, hablar, escuchar y escribir, sin considerar los estudios que muestran que no existe tal equiparidad, y que, en cada una de esas actividades, el niño emplea vocabularios que difieren en extensión y cantidad. Los niños, generalmente, no emplean al hablar la cantidad de vocabulario que pueden entender en forma auditiva. Al basar el vocabulario de lectura sólo en el vocabulario oral del niño, se limita aquél considerablemente.

2) La creencia de que es superior el aprendizaje incidental de las destrezas de reconocimiento de palabras, a medida que surge la necesidad en el niño, no corresponde a las decenas de investigaciones educacionales que prueban la superioridad de la presentación planeada y dirigida. *(Ver página 53)*.

3) El enfoque lenguaje-experiencia sólo sería defendible en los primeros estadios de la lectura. Si la propia experiencia escrita del niño y su correlato verbal constituyen su fuente principal de lectura más allá de los primeros años, se limitará excesivamente la lectura del niño como fuente de extensión y enriquecimiento de las experiencias, del vocabulario y de los conceptos.

4) Tal como en la enseñanza individualizada, surgen dificultades de organización y se demanda excesivo trabajo al profesor. Se encuentran aplicaciones del enfoque experiencias de lenguaje en el programa de lenguaje de Durkin *(ver pág. 40)* y en el centro de lectura orgánica de Goetz.

A continuación se describe este último.

1.4.2.1. *Centro de lectura orgánica*

Goetz (1979) informa sobre los resultados positivos de su experiencia, basada en una versión modificada de los programas de lectura denominados "orgánicos", aplicados por Ashton-Warner en niños mayores en Nueva Zelanda (1963). En estos programas los niños participan libremente y aprenden a leer las palabras que surgen de propias experiencias. Cada niño selecciona un vocabulario básico, de tal manera que las palabras pasan a serle "orgánicas" naturales.

En la experiencia descrita por Goetz, participaban libremente niños de tres y cuatro años de edad. Su centro estaba situado en una esquina tranquila de la sala y contaba con una mesa con dos pequeñas sillas, una máquina de escribir con un tipo de tamaño grande, un paquete de tarjetas de 3 por 5, lápices, un sobre para cada niño y un cuadernillo para que el educador anotara sus observaciones. Los niños acudían libremente al área, pero sólo se atendía a uno cada vez. El procedimiento involucraba los siguientes pasos:

1) Primero se le pregunta al niño: ¿qué palabra te gustaría aprender hoy a leer?

2) El educador mecanografía la palabra dada por el niño en la mitad de la tarjeta.

3) Ambos leen juntos la palabra en voz alta; el niño la va subrayando de izquierda a derecha mientras la pronuncia y lee.

4) Se le pregunta al niño: ¿qué puedes decirme sobre esta palabra? A continuación se le ayuda, si es necesario, a hacer una oración.

5) El educador mecanografía la oración en la mitad de la tarjeta y deja cuatro espacios entre palabra y palabra.

6) El educador y el niño leen la oración, mientras el niño va marcando las palabras de izquierda a derecha. Se destaca el punto final para ayudar al niño a entender su significado como señal de que ha completado un pensamiento.

7) Se le pide al niño que paree la palabra de la primera tarjeta con la palabra que aparece en la oración.

8) Una vez que las junta, las palabras son leídas y luego enmarcadas con las manos del niño.

9) A continuación el educador le hace preguntas abiertas relacionadas con la oración para ayudarle a desarrollar el razonamiento, tanto analítico como inferencial.

10) Se le solicita al niño que haga un dibujo, en el anverso o en el reverso de cada tarjeta, para que recuerde el significado de la palabra.

11) Las tarjetas se guardan en un sobre, y cada vez que el niño acude al centro se revisan antes de pasar a otra palabra.

12) Cuando el niño domina cuatro palabras se le ayuda a elaborar una pequeña historia que las incluya. Esta historia es mecanografiada, y el educador la lee en voz alta junto con el niño, subrayándola como siempre de izquierda a derecha.

13) El niño, si lo desea, lleva sus tarjetas a su hogar cada fin de semana para mostrar sus habilidades a sus padres.

Aunque el método es básicamente del tipo lenguaje-experiencia y está basado en la elaboración de un vocabulario visual, se estimula a los niños (y la gran mayoría puede hacerlo) a aprender fonemas seleccionados a partir de sus palabras orgánicas, y también a juntar los fonemas para formar nuevas palabras.

1.5. ESTUDIOS COMPARATIVOS

Los estudios comparativos sobre los efectos de los currículos en la educación preescolar, durante el desarrollo cognitivo, muestran resultados interesantes. Lo mismo es válido para los estudios sobre la aplicación de los modelos de enseñanza directa o incidental que los sustentan.

1.5.1. TIPOS DE CURRICULOS

Un primer grupo de estudios comparativos sobre currículos preescolares se inició en los comienzos de la década del 69. En estos estudios se preguntaba si la educación preescolar afectaba el desarrollo cognitivo de los niños, en especial de los niños con desventajas socioeconómicas. (El lector interesado puede remitirse a Beller, 1973). El proyecto preescolar de Ypsilanti había dejado en evidencia que los niños que asistían al preescolar mostraban ganancias significativas en los tests de rendimiento estandarizados y que tenían mejor éxito escolar, en relación con los niños del grupo control, en el nivel del octavo año de escolaridad.

Un segundo grupo de investigaciones, que se inició en los finales de la década del 60, se abocó al estudio del efecto de los distintos programas curriculares sobre los niños. Cabe destacar los estudios de Karnes (1969) y el proyecto de demostración de currículos preescolar de Ypsilanti (Ypsilanti Preschool Curriculum Demostration Project = Y.P.C.D.P.). (Weikart et al, 1978).

1.5.1.1. *La investigación de Karnes*

El estudio de Karnes et al (1969-1973) comparó cinco currículos preescolares, aplicados en grupos homogéneos de niños de población urbana. Las variables que se mantenían constantes se referían a: edad cronológica (4 años), sexo (50% niños y 50% niñas), raza (67% negros y 33% blancos), nivel socioeconómico (todos los alumnos de la muestra pertenecían a población desfavorecida en relación a renta y condiciones de vida), y cuociente intelectual (se consideraron tres grupos sobre 100, de 90 a 99 y de 70 a 89).

Los cinco currículos que se compararon eran los siguientes:

— Un currículo estructurado por Bereiter y Engelmann (1965, 1966, 1967) para niños desfavorecidos de 2 a 5 años, en el cual los esfuerzos se concentran básicamente en desarrollar todas las capacidades lingüísticas fundamentales, y en el cual la lectura se considera una adquisición de base instrumental.

46

- Un programa de educación preescolar del tipo tradicional, basado en unidades.
- Un programa de educación preescolar comunitario similar al anterior.
- Un programa basado en el método Montessori; y
- Un programa estructurado por Karnes, autor del estudio, de tipo cognitivo, en el cual se otorga un lugar importante al desarrollo del lenguaje, a la verbalización y a los procesos mentales involucrados en el procesamiento de la información.

Las evaluaciones fueron realizadas durante los finales del primer y segundo año de educación preescolar y al final del primer año de educación general básica. Estuvieron a cargo de sicólogos escolares que no conocían en qué tipo de currículo había participado cada niño.

Al final del primer año la evaluación se abocó al desarrollo mental y del lenguaje. El desarrollo cognitivo, referido a cuociente intelectual, fue medido con el test Stanford-Binet. Los programas de Bereiter y Engelmann y el de Karnes, caracterizados ambos por ser muy estructurados, mostraron una ganancia de 14 puntos al final del primer año, en relación al puntaje promedio en la entrada al preescolar. El 92% de los niños del programa de Karnes y el 74% del programa de Bereiter y Engelmann alcanzaron un nivel superior a la media. Los otros tres grupos también realizaron adelantos, pero más limitados: entre un 15 y un 24% de niños mostraron retroceso.

En relación a los resultados de este estudio, pueden señalarse los siguientes:

- El desarrollo del lenguaje, medido a través del I.T.P.A. de expresión verbal, mostró que el lenguaje era el aspecto más deficitario del total de los alumnos de la muestra. Al final del primer año los niños del grupo de Karnes habían superado sus deficiencias, y los de Bereiter y Engelmann casi las habían superado. Los del grupo preescolar de tipo tradicional manifestaron progresos; en cambio, los grupos preescolares de tipo comunitario y el programa Montessori permanecieron estacionarios.

Al final del segundo año la evaluación también abarcó el desarrollo cognitivo y el lenguaje. En relación al primero, el grupo de Bereiter y Engelmann obtuvo resultados superiores a los demás (6 puntos), mientras que los demás grupos mantuvieron los adelantos mostrados en el primer año, sin realizar nuevos progresos.

- En cuanto al desarrollo del lenguaje, también el grupo de Bereiter y Engelmann mostró progresos regulares en su desarrollo. Cabe destacar que este grupo, con fines experimentales, se desempeñaba en una aula especial, mientras que los grupos de tipo tradicional, el programa comunitario y el Montessori continuaban en el sistema escolar público. Por su parte, el grupo de Karnes seguía una aula normal, con un período de instrucción especial diaria. El grupo Montessori y el programa preescolar comunitario mostraron menores cambios; el grupo

47

Montessori, eso sí, exhibió un adelanto. Los resultados del grupo de Karnes señalaron una clara regresión. Cabe destacar que este grupo había seguido un programa especial en el aprendizaje de lectura y cálculo, sin conceder importancia a la expresión verbal.

— En la evaluación de ciertos aprendizajes específicos, el grupo de Karnes obtuvo los resultados más elevados en lectura; este mismo grupo y el de Bereiter y Engelmann obtuvieron más altos resultados en matemáticas.

La evaluación, al final del tercer año, que equivalía al quinto año de trabajo experimental, se realizó con todos los niños de la muestra, ya incorporados a clases tradicionales normales de las escuelas públicas. Se comprobó que todos los grupos decayeron en forma sensible.

— En relación a ciertas mediciones no estandarizadas, Karnes encontró niveles de motivación más altos en su programa y en el de Bereiter y Engelmann; la autora sugiere que el énfasis puesto en el esfuerzo positivo en ambos programas fue beneficioso para que los alumnos desarrollaran actitudes positivas hacia la escuela. También se constató que la capacidad de invención era consistentemente baja entre los alumnos del programa de Bereiter y Engelmann y que también era baja la curiosidad entre los niños que asistían al programa tradicional en los primeros grados de la escuela elemental. En relación al desarrollo socioemocional, Karnes concluye que su programa da como resultado ganancias sociales iguales o mayores que las alcanzadas por los niños del programa tradicional, pese a que la meta más importante de este último era la adquisición de destrezas sociales.

1.5.1.2.   *El proyecto de demostración curricular de Ypsilanti*

El proyecto de demostración curricular de Ipsilanti (Y.P.C.D.P.) fue diseñado para comparar la efectividad, bajo condiciones experimentales cuidadosamente controladas, de tres currículos frente a la educación compensatoria ya descritos en este capítulo: el de Bereiter y Engelmann, el de Weikar y colaboradores (1978) y el currículo tradicional, basado en unidades.

El proyecto se basó en un primer estudio longitudinal de 15 años de duración que ya había explorado el potencial de la educación temprana en el desarrollo de los niños a largo plazo: el proyecto preescolar de Ypsilanti (Proyecto Perry) que operó en el sistema escolar público de Ypsilanti, Michigan, entre 1962 y 1967. El principal objetivo de este primer estudio fue determinar si un programa preescolar, cognitivamente orientado, podía ayudar a que una muestra de 123 niños, desaventajados económicamente, tuvieran mejor rendimiento en la escuela, con una consiguiente reducción de la delincuencia juvenil y la deserción escolar. Los hallazgos encontrados en el seguimiento indicaron que 1) los niños del grupo experimental mostraban ganancias significativas en los tests estandarizados de rendimiento, en relación con los del grupo control en los octavos grados, nueve años después de haber finalizado el programa; y 2) los niños del grupo experimental mostraban significativamente menos probabilidades de repetir cursos y de asistir a clases de educación especial que los niños del grupo control. A partir de estas bases, el Y.P.C.D.P. se estableció con el fin de responder a la siguiente interrogante: si la educación preescolar es un medio efectivo para ayudar a que los niños desaventajados tengan una escolaridad exitosa, entonces, ¿cuál es el sistema de educación preescolar más efectivo? Con esta interrogante el proyecto se diseñó sobre la base de comparar tres programas: el currículo cognitivo de Weikar, el currículo basado en el desarrollo del lenguaje, de Bereiter y Engelmann, y el currículo basado en unidades, es decir, un programa tradicional.

El estudio implicó una muestra de 41 niños de Ypsilanti, Michigan, divididos entre los tres programas. Los niños tenían entre tres y cuatro años de edad, pertenecían a familias de bajo nivel socioeconómico y estaban identificados como alumnos de alto riesgo académico. Los puntajes del Stanford-Binet, evaluados previamente a su entrada al preescolar, eran bajos con una media de 81 puntos. Los párvulos de la muestra integraron el proyecto en dos etapas: una comenzó en 1967 y otra en 1968. Cada niño ingresó en el preescolar a los tres años de edad, y permaneció en el programa durante dos años.

Todos los niños de la muestra, independientemente del programa, estaban sometidos a los mismos parámetros administrativos: debían asistir durante medio día al establecimiento, cinco veces a la semana por un período de dos años. Un equipo de educadores, apoyados por un ayudante adulto y un auxiliar estudiante, era responsable de cada aula. Los tres equipos de enseñanza eran supervisados y tenían diarias sesiones de planeamiento y evaluación. Además, los educadores realizaban visitas a los hogares cada dos semanas. Cada visita duraba una hora, durante la cual las madres eran estimuladas a ayudar a sus hijos a aprender en el hogar, utilizando métodos coherentes con los programas preescolares a que ellos estaban sometidos.

El resultado de cada programa fue evaluado con medidas del desarrollo cognitivo y lingüístico. La habilidad cognitiva fue evaluada a través del Stanford-Binet, el test de Arthur, el WISC y el test de Vocabulario de Peabody. El desarrollo lingüístico fue evaluado durante el preescolar y el kindergarten con los subtests de I.T.P.A. (test de habilidades sicolingüísticas de Illinois). El rendimiento académico fue medido con el C.A.T. (test de rendimiento de California en los grados 1 y 2) y el M.A.T. (test de rendimiento *"Metropolitan"* para el grado 4). Los educadores completaron pautas de apreciación de conductas lectoras durante el preescolar y los dos primeros grados. Los padres fueron entrevistados cuando los niños estaban en cuarto grado. Entre los datos se recolectaron las notas de los alumnos y su lugar en la educación especial durante su escolaridad en estudio.

Se utilizaron tres métodos de observación para verificar la implementación de los tres modelos de programa. En primer lugar, las conductas en la sala de clases fueron observadas sistemáticamente mediante la utilización del PROSE (Registro de Experiencias Escolares) (Medley et al, 1968). En segundo lugar, las aulas fueron observadas por doce consultantes, expertos en desarrollo del niño y educación temprana. En tercer lugar, los educadores describieron el ambiente hogareño y registraron sus actividades en un informe sobre visitas familiares.

Los educadores que participaron en el proyecto representaban más bien modelos de currículo que estilos personales de enseñanza. Esto se ponía en evidencia en el hecho de que dentro de un mismo programa las observaciones sobre la puesta en marcha por los educadores eran más similares entre sí que aquellas realizadas por educadores de diferentes programas.

Los resultados durante la etapa preescolar y la posterior, fueron los siguientes:

– Al finalizar el primer año de la aplicación del programa, los tres grupos experimentales combinados tenían un puntaje promedio en el test de Stanford-Binet de 104; es decir, habían obtenido una ganancia promedio de 23 puntos en relación a su nivel de entrada. Hacia el fin del segundo año, la ganancia promedio descendió a 17 puntos; pero todavía era, estadísticamente, mayor que los puntajes de aptitudes combinados antes de la entrada en el preescolar. Es decir, el estudio demostraba una significativa ganancia promedio en el desarrollo cognitivo de los niños en el primer año de preescolar, medido por Stanford-Binet.

– Durante el segundo año preescolar, los puntajes del Stanford-Binet correspondientes al grupo del programa de lenguaje, no descendieron tanto como los otros dos. Dieron como resultado un puntaje relativo más alto que los otros dos programas. Los puntajes del test de vocabulario de los niños del programa de lenguaje de Bereiter y Engelmann también fueron significativamente más altos que el del programa basado en unidades. En general emergieron pocas diferencias en el desarrollo lingüístico de los niños durante el segundo año de aplicación del proyecto, excepto el hecho de que el grupo perteneciente al currículo basado en unidades mostraba puntajes más bajos que los niños de los otros dos currículos en algunos subtests del ITPA.

Pese a las diferencias de niveles de habilidad y de estatus socioeconómico, los niños se beneficiaron igualmente en los tres currículos, en relación a su desarrollo cognitivo.

Las mediciones efectuadas cinco años después de que los alumnos habían ingresado a la enseñanza primaria regular demostraron que los puntajes cognitivos se mantenían significativamente más altos. Los puntajes del Stanford-Binet, al fin de la etapa preescolar, tenían un promedio de 98 puntos; los puntajes del WISC, al final del cuarto grado, alcanzaban un promedio de 96 puntos. La ganancia de 15 puntos, a partir de la entrada en el preescolar hasta el cuarto grado, mostraba no sólo una significancia estadística, también representaba un aumento expresivo en el potencial académico de los alumnos.

Durante el cuarto grado, aproximadamente uno de cada cinco de los alumnos que participaban en el estudio asistía a clases de educación especial; la misma proporción se daba en relación a los que repetían cursos.

Si se compara este resultado con el del grupo que no asistió a los programas preescolares, se comprueba que la probabilidad de asistir a reeducación o de repetir era menor en un 50%.

Parecería entonces que los niños del grupo experimental tenían un mayor éxito escolar.

— Los puntajes de los tests de rendimiento demostraron que los niños del proyecto de demostración curricular, que habían recibido visitas de los educadores en sus hogares, rendían significativamente en forma más alta que aquellos alumnos, dentro del mismo estudio, que no habían sido visitados en sus hogares por los educadores. Como tests de rendimiento se utilizaron el C.A.T. (Test de Rendimiento de California), en el primer grado, y el M.A.T. (Test de Rendimiento Metropolitan), en el cuarto grado.

— Las medidas de desarrollo cognitivo casi no mostraron diferencias significativas entre los tres programas, durante los primeros cinco años de la escuela primaria. Sólo emergió una diferencia significativa: en el cuarto grado los alumnos del programa cognitivo obtuvieron puntajes más altos que los del programa basado en unidades en la escala de comprensión del WISC.

Aunque ninguna otra medida de aptitudes mostró diferencias grupales significativas, el programa de lenguaje tendió a dar los puntajes más altos en el Binet y en el WISC; y el programa basado en unidades, los puntajes más bajos.

— Los alumnos de los tres programas no mostraron diferencias significativas en relación a repetición de grado o colocación en educación especial o a los puntajes de desarrollo lingüístico o rendimiento académico. Sin embargo, hubo una tendencia a que los niños del programa cognitivo dieran los puntajes más altos y los del programa de lenguaje los más bajos en el I.T.P.A., C.A.T. y M.A.T.

— Las estimaciones realizadas por los educadores sobre las conductas de los alumnos, y las respuestas de los padres a las entrevistas, en el nivel de cuarto grado, no mostraron diferencias consistentes o significativas dentro de los programas. Posiblemente con instrumentos más sensitivos podrían haber aparecido diferencias.

— Los niños que ingresaron en la enseñanza preescolar con distintos niveles de habilidad o provenientes de diferentes estatus socioeconómicos, se beneficiaron igualmente de los tres programas en cuanto a mantener el desarrollo cognitivo a lo largo de su escolaridad.

1.5.1.3. *Similaridades*

Al comparar ambos estudios se aprecia que el proyecto de Merle B. Karnes y sus asociados muestra varias semejanzas con el Y.P.C.D.P. Por ejemplo:

ambos incluyen un currículo tradicional y el currículo de Bereiter y Engelmann; ambos incluyen en su muestra a niños desaventajados, desde el punto de vista socioeconómico, y descritos como de "alto riesgo" de fracaso escolar. Desde un punto de vista geográfico, las áreas de Urbana-Champain y Ann Arbor-Ypsilanti, tenían características similares en cuanto a industria, educación y población general.

Ambos estudios establecen comparaciones curriculares de largo término, y los investigadores responsables de la marcha total del estudio son también parte del proyecto Karnes y Weikar.

En relación a los resultados de desarrollo cognitivo también hay semejanzas. Karnes (1973) informa que el currículo cognitivo estructurado (del autor), el currículo tradicional y el de Bereiter y Engelmann obtienen ganancias de 13 y 14 puntos al fin del preescolar, medidas a través de los puntajes de aptitudes del Stanford-Binet. De los cinco currículos iniciales, Karnes y sus asociados sólo realizan un seguimiento de tres años hasta el tercer grado. En él, los puntajes de aptitudes medidas a través del Stanford-Binet muestran una ganancia de seis puntos en relación a las mediciones de entrada. Este puntaje es aproximadamente el mismo que el obtenido por el Y.P.C.D.P.

En relación al rendimiento en lectura, los datos de Karnes indicaron que su currículo cognitivo estructurado era leve, pero significativamente más alto que el currículo del programa tradicional (basado en unidades) y que el currículo de Bereiter y Engelmann.

Los resultados de estos estudios permiten llegar a algunas conclusiones interesantes:

De la investigación de Karnes y sus colaboradores se desprende que:

— Si los niños que han tenido una adecuada instrucción en la etapa preescolar son sumergidos posteriormente en una "educación tradicional", pierden su adelanto o bien permanecen en un estado estacionario.

— Sin una estimulación apropiada y sin currículo adaptado, los niños no pueden mantener su adelanto.

— Los currículos más estructurados son los que favorecen los mejores resultados en los niños desfavorecidos.

— Ciertos currículos especiales permiten que los niños desarrollen ampliamente sus potencialidades; estos mismos niños pierden sus adelantos si no se les sigue proporcionando un currículo adaptado a sus necesidades.

El estudio de Karnes es coherente con los seguimientos realizados tras la aplicación de los programas preescolares del Head Start.

A partir de los resultados del proyecto de Ypsilanti se concluye lo siguiente:

— Los programas de enseñanza preescolar, cuando son aplicados con efectividad, producen influencias importantes y sostenidas en los niños desaventajados en cuanto a las aptitudes y rendimiento medidos a través de tests estandarizados.

— Un programa preescolar efectivo debe poseer un currículo especialmente diseñado, un sistema directivo que incluya métodos de formación y perfeccionamiento de los educadores; materiales para el equipo de trabajo; un equipo modelo que establezca las relaciones entre los participantes y entre sus actividades; y procedimientos de control de la calidad que asegure que el currículo, enseñanza y equipo modelo estén suficientemente implementados.

— Cualquiera de los tres modelos del programa incluidos en el estudio, si es aplicado con efectividad, puede producir una influencia a largo plazo.

— Estos modelos pueden producir experiencias diferentes a los niños, a sus padres y al equipo de trabajo.

1.5.2. ENSEÑANZA DIRECTA E INCIDENTAL

Generalmente se plantean puntos de vista controvertidos frente a la interrogante de cuál modelo de enseñanza es mejor para los niños: el formal versus el incidental o informal. Por un lado, hay investigadores preocupados, principalmente, por el desarrollo cognitivo y lingüístico de los niños pequeños que aportan programas de prelectura, altamente estructurados, en los que algunas destrezas específicas son enseñadas directa y sistemáticamente. Por otro lado, ciertos educadores se preocupan por el desarrollo social y emocional de los pequeños y promueven un enfoque incidental frente a los programas. En este enfoque las destrezas de prelectura se integran con otras actividades y se las enseña en cuanto son requeridas por el niño, a cuyo desarrollo general se da la más alta prioridad.

Se revisan a continuación algunos estudios (cfr.: King, 1978) en torno a la efectividad relativa de los enfoques formales o directos versus incidentales, con el fin de que el lector infiera sus propias conclusiones:

— Schoephoerster y otros (1966) investigaron dos enfoques frente a la enseñanza de destrezas de la prelectura en varios kindergarten: un programa informal no estructurado en comparación con otro estructurado y con horario establecido. Las tareas instruccionales que los educadores consideraban importantes se relacionaban con símbolos verbales, discriminación auditiva de fonemas, discriminación visual de grafemas, correspondencia fonema-grafema, y el uso de contextos hablados como una clave para la identificación de las palabras.

El grupo control fue integrado por los educadores que manifestaban preferencias por los programas informales de lectura y utilizaban algunas actividades y materiales de su propio diseño y algunas ideas adaptadas de los manuales de profesores que utilizaban el grupo formal. (Esto último, lamentablemente, contribuyó a que se confundieran los resultados).

En el grupo control también los educadores estimulaban el desarrollo de las destrezas cuando surgían oportunidades, durante las otras actividades.

Los educadores que integraban el grupo formal de ejercicios de prelectura usaron un programa elaborado por una editorial, el cual incluía un libro de trabajo para el alumno y una guía para el educador. Por el hecho de que los niños del grupo formal no estaban listos simultáneamente ni avanzaban al mismo ritmo, fueron agrupados en tres niveles de potencialidad académica.

A fin de año se proporcionó a ambos grupos un inventario de destrezas básicas para la lectura inicial (McKee y otros, 1962). El grupo que recibió instrucción formal rindió significativamente mejor que el grupo control. Mientras los puntajes indicaron una consistente tendencia más alta hacia todos los niveles de habilidades dentro del grupo formal, estos puntajes sólo mostraban diferencias significativas para el grupo de promedio más bajo. Los autores concluyeron que los alumnos de todos los niveles de habilidades sacaban mayor provecho de una instrucción formal, especialmente los que manifestaban habilidades más bajas.

- Un estudio conducido por Karnes (1968) comparó un enfoque incidental con un programa altamente estructurado de desarrollo cognitivo y de lenguaje. Demostró que los alumnos que habían recibido instrucción directa eran superiores en aprestamiento para la lectura y los números, en comparación con los alumnos de programas desarrollados en las guarderías infantiles tradicionales. También encontraron evidencia positiva similar en la adaptación social a las actividades escolares.

- Gran parte de la preocupación por la prelectura ha sido promovida por la necesidad de proporcionar más oportunidades de aprendizaje adecuado a los niños desaventajados social y económicamente, sobre todo con el fin de ayudar a solucionar los déficits de aprendizaje comunes entre estos niños. En un estudio longitudinal sobre niños en desventaja, realizado por Di Lorenzo (1968), todos recibieron una enseñanza que enfatizaba el desarrollo del lenguaje y la cognición. Dado que los métodos de instrucción lectora eran variados entre los grupos, los investigadores constataron que los grupos que recibieron instrucción directa en destrezas lectoras, dentro de actividades cognitivas estructuradas, fueron los que obtuvieron las mayores ventajas.

- En contraste, Prendergast (1969) comparó tres grupos de niños de clase alta y media en un programa Montessori no estructurado, un programa Montessori estructurado y un grupo de niños que no asistía a jardín infantil. Después de siete meses no hubo diferencias significativas entre los grupos, lo cual parecía indicar que los niños de cuatro años de los hogares de clase media desarrollaban ciertas destrezas de prelectura, con experiencia o sin ella, en jardín infantil.

- Stanchfield (1971) incluyó en su estudio a niños de todos los niveles sociales, para investigar la efectividad de la enseñanza de las destrezas de prelectura en un orden secuencial evolutivo. Se enfatizaron seis destrezas: comprensión auditiva (escuchar), discriminación auditiva, discriminación visual, lenguaje oral, desarrollo perceptivo-motor y correspondencia sonido-símbolo. El programa experimental utilizó planes de lecciones elaborados, más una variedad de materiales, y se efectuaron reuniones semanales con los educadores. El grupo control siguió un currículo regular donde las destrezas lectoras eran enseñadas incidentalmente. Diecisiete pares de escuelas proporcionaron una muestra representativa de niños de diferentes ambientes y variado rendimiento académico. Los puntajes del test aplicado (test de aprestamiento para la lectura de Murphy-Durrell) mostraron diferencias significativas que favorecían a los programas secuenciales estructurados.

— Kelley y Chen (1967) investigaron cuál tipo de instrucción, la formal o la incidental, incrementaba más la competencia lectora en el jardín infantil y cuál de las dos disponía más favorablemente a los niños hacia las actividades de lectura y hacia la escuela. Se demostró que aquellos que recibieron instrucción formal sobrepasaron a los otros en competencia lectora; las actitudes hacia la lectura se correlacionaron con la inteligencia general y con los niveles de aprestamiento.

— Algunas destrezas de prelectura se han identificado como relacionadas con el éxito en el aprendizaje de la lectura (King, 1978). Al respecto se realizaron dos estudios. En el primero se hizo una comparación entre la efectividad de la enseñanza incidental versus la directa sobre el desarrollo de destrezas de prelectura. En el segundo estudio se comparó un programa que enfatizaba la enseñanza de símbolos verbales con otro que incluía una variedad de estímulos.

Los sujetos eran niños de cinco años de edad que asistían al jardín infantil por medio día. Cada educadora tenía dos clases: una en la mañana y otra en la tarde. Por lo tanto, cada educadora podía atender tanto al grupo experimental como al grupo control, para minimizar el efecto de la variable educador. El primer estudio duró seis meses; el segundo, utilizando el mismo diseño, duró ocho meses y se realizó el año siguiente. Para cada caso se proporcionaron a los educadores cantidades equivalentes de materiales, aunque difería la naturaleza de ellos. Para el grupo de instrucción directa se identificaron veinte áreas de destrezas con las consiguientes sugerencias de actividades. Muchos materiales eran diseñados por el educador, pero a cada clase se le proporcionaron conjuntos de tarjetas, franelógrafos y pizarras magnéticas.

En el primer estudio con niños de nivel socioeconómico medio, el grupo experimental recibió diariamente cincuenta minutos de enseñanza directa, con énfasis en los símbolos verbales. El grupo control siguió el programa tradicional con instrucción incidental. La evaluación realizada a través del test de Murphy-Durrell, demostró que era superior el grupo con instrucción directa.

El segundo estudio con niños de niveles socioeconómicos alto, medio y bajo, comparó dos tipos de instrucción directa: una que enfatizaba los símbolos verbales y una segunda que incluía muchos símbolos no verbales. Por ejemplo, en los grupos no verbales los niños aprendían a discriminar los colores, formas y tamaños. El grupo verbal discriminaba entre letras y palabras. Aunque la enseñanza era directa y con un horario establecido, todas las actividades se conducían informalmente y con espíritu de juego.

Se estimulaba a los educadores a individualizar lo más posible a sus alumnos. Los niños con bajo rendimiento podían discriminar entre dos estímulos diferentes. A los alumnos de rendimiento promedio se les pedía que discriminaran entre tres o cuatro estímulos similares o distintos. Nuevamente los resultados para el aprestamiento fueron significativos; favorecieron al grupo cuyas actividades habían sido orientadas verbalmente.

En ambos estudios, las hipótesis eran evaluadas sin que los participantes lo supieran. Sin embargo, los padres y los educadores reaccionaban más positivamente frente a los programas verbales. Los niños que participaban en estos programas se destacaban por su participación entusiasta y por aptitudes positivas frente a las actividades.

En otro estudio extenso (O'Donnell y Raymond, 1972) los alumnos de jardín infantil y los educadores fueron asignados al azar a dos grupos: uno para un programa conceptual y de lenguaje, y otro para un enfoque de lectura con métodos basales.

Las clases sólo tuvieron una variación que consistía en dar sólo 20 minutos diarios de instrucción directa. Los niños de las clases con programas basales recibieron instrucción en prelectura que incluía actividades grupales diarias, seguidas de ejercicios individuales en su mesa de trabajo. El enfoque conceptual y de lenguaje consistió en varias experiencias informales diseñadas para desarrollar conceptos y lenguajes. Estos niños estudiaron conceptos simples de economía, geografía y ciencia, en distintos niveles de dificultad. Los educadores presentaron sistemáticamente, aunque de manera informal, veintidós conceptos de lectura a los niños que podían aprehenderlos; los niños con menores niveles de habilidad eran expuestos a menos conceptos.

Después de un período de seis meses, los alumnos fueron evaluados en discriminación visual y auditiva, conocimiento de nombres de letras, aprestamiento para la lectura y adaptación al colegio. Al comparar el rendimiento de ambos grupos, los sujetos de las clases del programa conceptual y de lenguaje obtuvieron ventajas significativas en los puntajes de aprestamiento general para el aprendizaje. Esta diferencia fue más alta entre los alumnos de inteligencia bajo el promedio. No se encontraron diferencias observables en la adaptación de los niños al colegio.

Los investigadores no consideraron la importancia de otros factores de prelectura, como conocimiento de la forma de las letras y sus nombres, percepción visual y auditiva, ampliación y profundización de experiencias, coordinación motora, habilidad para seguir instrucciones y escuchar. Sin embargo, el estudio sugiere que los alumnos desarrollan más experiencias que les dan oportunidades para usar el lenguaje en situaciones libres de exigencias normativas. Este hallazgo está en conflicto con los de los otros estudios descritos en este párrafo, los cuales indican que la instrucción directa en jardín infantil facilita las destrezas de aprestamiento para la lectura.

1.6.   ALCANCES Y RECOMENDACIONES

Algunos especialistas en.lectura han comprobado que los lectores tempranos no muestran, a la altura de los 11 años, mayor desarrollo en sus habilidades lectoras que los que han comenzado más tarde.

A modo de ejemplo se pueden señalar las conclusiones del estudio de Brzinski (1972) ya citado, en relación a los lectores tempranos que habían sido colocados en clases con currículo tradicional. Estos resultados hacen que muchos educadores piensen que no vale la pena desplegar esfuerzos en estimular y enseñar a leer en una etapa temprana. Tal argumento parecería pueril si se refiriera al aprendizaje de la natación, por ejemplo. Si un niño es capaz de nadar antes de los cinco años tiene mayor protección y realmente lo pasa muy bien. Ningún padre postergaría su aprendizaje porque no se le aseguraría que su hijo será mejor nadador que el promedio durante su preadolescencia.

Este argumento también conlleva la idea de que cada estadio de desarrollo sólo es importante en cuanto genera otro. Indudablemente, el producto final en la educación es importante; pero eso no implica que cada etapa en sí misma también no lo sea.

Cuando a un niño se le permite leer y se estimula a hacerlo en forma natural y voluntaria, así como a escribir de acuerdo a su ritmo de desarrollo, la lectura tiene para él innumerables ventajas dentro de la etapa en que está viviendo, ventajas que probablemente se proyectarán al futuro. Algunas de ellas son las siguientes:

— La lectura y la escritura proporcionan a los niños un medio adicional de expresión. Ellos gozan cuando son poseedores de un instrumento independiente de su voz o expresión corporal que permite expresar su amor, su rabia o sus preocupaciones.

— La mayoría de los niños desea aprender a leer y sus padres también gozan cuando lo hacen. Cuando los niños son capaces de leer, desarrollan una positiva percepción de su valor como persona y de sus habilidades para alcanzar una meta. Como el autoconcepto también incluye la percepción de cómo se es visto por los otros, el hecho de causar alegría y admiración a sus padres y a sus educadores ayuda al niño a la formación de un concepto positivo sobre sí mismo.

— La lectura y la escritura, además de proporcionar un modo de expresión, también significan un medio adicional de comunicación. El niño no sólo puede comunicarse con un autor, sino también leer cartas o enviar notas directas a sus parientes u otras personas. Los padres tienen mucho que contar si recuerdan las notas entregadas directamente por sus hijos, o deslizadas bajo la puerta de su dormitorio, en las cuales solicitan algo para el día siguiente. También son recuerdos emotivos los gratos momentos que ambos pasaron al leer un periódico o una revista, hacer comentarios deportivos o consultar los programas de televisión.

Algunas recomendaciones basadas en la investigación y en la práctica educativa para enfrentar la lectura en el kindergarten pueden sintetizarse en los siguientes planteamientos:

– Los educadores necesitan estar informados sobre el proceso lector y preparados para proporcionar actividades que sean interesantes para los niños que aprendieron espontáneamente a leer y para los que desean hacerlo. Los educadores, en general, no reciben en su formación instrucción en lectura; muchos creen que es dañino enseñar a leer en el kindergarten, y otros piensan que si se enseña se debe copiar la enseñanza formal de la lectura en el primer año.

Es muy posible que el rechazo de muchos educadores y padres hacia el desarrollo de la lectura en el kindergarten se deba a que se asocia a un libro único, horario rígido, "tareas para la casa"; en fin, a un programa idéntico al que generalmente se aplica en primer año básico. La lectura en el kindergarten no debe ser una versión similar o simplificada de los programas de primer grado de la enseñanza básica, con un silabario y cuadernos de trabajo. La mayoría de los investigadores se opone a una instrucción grupal masiva, rígida y formal (Clark, 1976; Durkin, 1972; Hymes, 1970; Ollila, 1972).

– Es importante que los educadores identifiquen en el kindergarten a los niños que están aprendiendo tempranamente a leer o que ya saben hacerlo. La información obtenida en el estudio de King y Friesen (1972) sugiere que los educadores, generalmente, subestiman los progresos de esos alumnos; probablemente, porque la enseñanza de la lectura no aparece dentro de sus programas de trabajo. Los educadores que identifican a los lectores tempranos deben estar alertas con el fin de proporcionarles un tipo de estimulación y de enseñanza que se apoye en las habilidades que ya poseen, aprovechando sus ventajas. Es decir, deben proporcionarles programas de desarrollo bien articulados, flexibles y progresivos con el fin de darles la mayor cantidad de estimulación. Un niño que posee habilidades de lectura y/o escritura expuesto a un programa tradicional que la excluya, generalmente se aburrirá y se frustrará progresivamente.

– El hecho de que un porcentaje de niños lea en forma más temprana que otro no implica asumir que la enseñanza lectora debe ser adelantada para todos los niños. Sin embargo, pueden enseñarse algunas áreas de destrezas y habilidades que significativamente se relacionan con el éxito en la lectura. Estas destrezas incluyen discriminación visual, reconocimiento de palabras, escuchar y seguir instrucciones y discriminación auditiva, incluyendo los fónicos.

– Es importante que los educadores conozcan las posiciones a favor y en contra de la implantación de programas de lectura en la educación preescolar. Esto permite reconocer nuevas direcciones y detectar prejuicios.

En el presente, los que argumentan en˘contra de la instrucción lectora en el preescolar insisten en que es dañina por las razones siguientes: (Cf. Collins, 1986).

a) la imaginería mental no puede ser usada en la lectura por cuanto ella no aparece sino hasta la edad de 7 años;

b)   aún no ha sido desarrollado el mejor programa preescolar;

c)   algunos preescolares carecen del "tempo" cognitivo para deco-dificar palabras;

d)   los preescolares podrían entrar a un estado de "confusión cognitiva" cuando ellos no entienden el propósito de la lectura;

e)   no constituye un tiempo eficiente;

f)   podrían interferir con el crecimiento cognitivo normal del niño al forzarlo a un conjunto de procesos de pensamiento complejos demasiado pronto.

Los que apoyan la instrucción lectora en el preescolar esperan los siguientes beneficios:

a)   los niños responderán a la instrucción lectora con más provecho durante la etapa preescolar porque el cerebro tiene más plasticidad;

b)   las actividades de lectura correctiva podrían partir más temprano aumentando así la probabilidad de compensar los déficits causales;

c)   los niños podrían ser detectados más temprano en relación a sus problemas físicos relacionados con la lectura;

d)   la instrucción podría compensar las experiencias hogareñas limi-tadas en relación a la lectura;

f)   el desarrollo intelectual podría ser mejorado;

g)   el rango de atención podría ser incrementado en cuanto la TV refuerza los ritmos breves de atención;

h)   las palabras escritas podrían entrar en el registro mental de tal manera que la subsecuente enseñanza de la decodificación tendría una base que la facilitaría;

i)   el conocimiento básico vicario o de segunda mano del niño aumentaría y este conocimiento podría llegar a ser de gran valor para comprender historias en vez de dedicar el tiempo sólo a experiencias de primera mano, dentro de un ambiente limitado;

j)   la conciencia del lenguaje escrito, el desarrollo de la capacidad de lectura y escritura y la aprehensión de la estructura de las narraciones tradicionales podrían ser desarrollados en forma previa a la instrucción lectora intensiva.

—   Muchos investigadores recomiendan, para enfrentar la lectura en la educación preescolar, un enfoque basado en la comunicación, especial-mente en la línea del lenguaje-experiencia.Durkin(1972),Goetz (1979), Strickland (1982), entre otros, plantean que la instrucción temprana debería basarse en la estimulación de todas las modalidades del lenguaje; hablar, escuchar, leer y escribir tendrían la misma importancia. Durkin puntualiza que este tipo de programa abre muchas-avenidas a la lectura y permite que niños con distintas habilidades se adecuen a él. En la línea del enfoque sicolingüístico, Yetta Goodman (1985) y Clark (1976), entre otros, sugieren estimular las destrezas de anticipación, discriminación, automonitoreo y autocorrección. También se recomienda el uso de centros de interés (Goetz, 1979).

— Dado que muchos niños son atraídos hacia la lectura a través de la escritura, muchas autoridades sugieren que los educadores deben proporcionar variadas oportunidades para que el niño escriba (Jaggar y Smith-Burkc, 1985).

— Es importante efectuar una distinción entre aprestamiento para el aprendizaje escolar y el aprestamiento para la lectura.
El aprestamiento implica un concepto holístico y está determinado por un patrón complejo de factores intelectuales, motivacionales y experienciales que pueden variar de una etapa a otra y de una situación a otra. Las prácticas de aprestamiento para el aprendizaje, en general, también denominadas "madurez para el aprendizaje" (Condemarín; Chadwick y Milicic, 1986) se basan en la estimulación de destrezas, habilidades y funciones básicas amplias y generales referidas a la percepción, visual y auditiva, memoria, sicomotricidad, lenguaje y pensamiento, entre otras. El aprestamiento para la lectura, por otra parte, delimita el concepto al campo de la enseñanza de la lectura e involucra la práctica de habilidades específicas de la lectura, como, por ejemplo, la discriminación visual de letras del alfabeto. La investigación en esta área ha establecido, claramente, la superioridad de la enseñanza de destrezas y habilidades específicas para la lectura, en comparación con la enseñanza de destrezas generales a todo aprendizaje, y en la preparación para que los alumnos aprendan a leer con éxito (Hall, 1976). Las actividades de aprestamiento para la lectura también se denominan actividades de prelectura y pueden incluir desde reconocer el propio nombre impreso hasta escuchar al educador leer un cuento o un poema. Para algunos autores (Harris y Sipay, 1979), el aprestamiento para la lectura implicaría un primer nivel de lectura.
Las etapas de aprestamiento para la lectura y lectura inicial, se dividen sólo en el nivel formal. En la práctica, debe realizarse una transición gradual, progresivamente más compleja, que se traduzca en actividades variadas y flexibles. Una experiencia de reconocimiento de palabras para un niño, puede significar una actividad de aprestamiento para otro. De la misma manera, un mismo material puede satisfacer diferentes propósitos.

— El planteamiento de que un niño realmente se beneficia con un programa de aprestamiento para la lectura es apoyada por múltiples investigaciones, como las de Sister María Nila (1953); Allen (1959), Blakely y Scandle (1961); Ploghoft (1959), muchas de las cuales han demostrado que algunos programas de enseñanza, destinados a desarrollar el aprestamiento para la lectura, han coadyuvado al desarrollo de otras funciones madurativas. Hildreth (1950); Durrell y Murphy (1953) demostraron que la ejercitación específica de la discriminación visual y auditiva mejora su rendimiento.

- Los experimentos de Sister Mary Nila (1953) mostraron importantes resultados en favor de un programa de aprestamiento en dos estudios, en los que se compararon grupos experimentales con grupos control. Aquellos que recibieron entrenamiento antes de la instrucción formal mostraron mayor rendimiento en lectura al fin del primer grado. La mayoría de los estudios revisados por Spache (1970) demuestran que los programas específicos de aprestamiento estimulan la discriminación auditiva, la discriminación visual y la adaptación social. Los estudios también demuestran que la carencia de un programa de desarrollo de aprestamiento para la lectura puede no ser dañina, pero impide detectar o prevenir las dificultades en su aprendizaje para un buen número de niños.

- En relación al aprestamiento para la lectura, la ejercitación en la discriminación visual de letras y formas de palabras es superior a la ejercitación de figuras de objetos, animales o figuras geométricas (Santa, 1975, Wingert, 1969). La mayoría de los preescolares y los alumnos de jardín infantil pueden discriminar entre cuadros y figuras geométricas, de manera que ese tipo de actividades carece de significado para el lenguaje escrito (Paradis, 1974).

- En cuanto a la discriminación auditiva, las actividades relacionadas con el aprestamiento para la lectura, no deben limitarse a la simple identificación y discriminación de sonidos naturales o artificiales: deben continuarse en la discriminación de palabras que comienzan con el mismo sonido de distinta duración o bien que riman o no riman entre ·sí. Se recomienda enseñar los fónicos a los niños pequeños, como una continuación natural de la estimulación de la discriminación auditiva de sonidos (Condemarín, Milicic y Chadwick, 1985); o bien como respuesta a las necesidades de los niños de "hacer sonar" determinadas letras o palabras.

- En relación al lenguaje, el estudio longitudinal de Loban (1963) sobre el lenguaje de los niños de kindergarten hasta el grado 12 plantea que "la competencia en el lenguaje hablado parece ser la base necesaria para la competencia en la lectura y la escritura" (p. 88). Todas las experiencias que contribuyan a la estimulación del habla van a contribuir al desarrollo del lenguaje oral. Los programas de aprestamiento para la lectura también deberían proporcionar actividades que permitieran a los niños predecir la identidad de las palabras desconocidas, mediante el uso de la información dada por el contexto oral (Blachowicz, 1977; Condemarín y Milicic, 1988). En la medida en que el educador cuenta o lee una historia, puede suprimir algunas palabras que los niños adivinan. Esta actividad estimula a los niños a considerar el significado, la información previa de la historia y la estructura de la oración, todo lo cual es importante para implementar las destrezas lectoras.

- Otra destreza importante para la lectura es la habilidad para escuchar. Ollila (1981) aporta cuatro sugerencias que deben ser desarrolladas, transferibles a la lectura: entender y recordar hechos; localizar sucesos en una secuencia; seguir instrucciones; interpretar y evaluar ideas en las historias. Estas cuatro destrezas propias de escuchar también constituyen destrezas importantes de lectura.

— Algunos expertos (Downing, 1970; Ehri, 1975) recomiendan la necesidad de enseñar a los preescolares conceptos tales como "letra", "palabra", "oración". Estos conceptos, obvios para los adultos, no lo son siempre para los niños. Lo mismo es válido en cuanto a la conciencia de las palabras como unidades separadas en el lenguaje. Esta toma de conciencia lingüística o metalingüística debe ser estimulada, progresivamente, en la medida en que el niño avanza en sus destrezas lectoras. Debe hacerse en lo posible de la manera más natural, sin abrumar al niño con metalenguajes.

— Los educadores deben proporcionar oportunidades variadas y flexibles para el aprendizaje. Una experiencia de lectura para un niño puede significar una actividad de aprestamiento para otro. Un mismo tipo de material puede satisfacer diferentes propósitos. Las técnicas utilizadas, así como los materiales, deben ser interesantes y valiosos. Durkin (1972) plantea al respecto que si el educador de un kindergarten no está dispuesto o no es capaz de ofrecer oportunidades interesantes para que el niño aprenda a leer, más le vale dejar de lado la lectura y continuar, simplemente, aplicando programas tradicionales.

Si los niños que aprenden a leer alrededor o antes de los cinco no presentan habilidades lectoras más avanzadas que si hubieran aprendido dos años más tarde, ello puede, perfectamente, significar que sus educadores no han sabido cómo ayudarles a desarrollar y utilizar plenamente sus destrezas lectoras. Algunas prácticas comunes frente a los lectores que han aprendido precozmente a leer, pueden resultar negativas. Por ejemplo, algunos educadores consideran la lectura y la escritura como un todo monolítico evidenciado en la denominación "lectoescritura". Esta falta de diferenciación se traduce en exigirle al niño que ya sabe leer el mismo nivel de habilidad en la escritura manuscrita. Puede ser que un niño de cinco años lea, fluidamente, un cuento breve y legible: pero se fatigará y se demorará, enormemente, si intenta escribir una oración o un párrafo. La escritura manuscrita requiere un desarrollo de la motricidad digital y de una disociación de los movimientos del brazo, muñeca y dedos, compatibles con una mayor edad cronológica, que se traducen en un mayor desarrollo muscular y resistencia a la fatiga.

Por otra parte, es un factor limitante para un niño pequeño que los adultos consideren que si lee precozmente también podrá captar contenidos abstractos y complejos. Si se le proporcionan textos con un nivel de legibilidad lingüística y conceptual que no correspondan a sus intereses y desarrollo cognitivo, naturalmente ello redundará en un rechazo al acto de leer. Lo mismo es válido si se le abruma con la memorización de metalenguajes gramaticales, literarios u otros (trisílabas, acentuación, esdrújula; sujeto y predicado, etc.).

- Thelma Zirkelbach (1984) aporta los siguientes planteamientos a la pregunta sobre enseñar a leer a los preescolares:

La respuesta es un NO enfático si la lectura preescolar implica:

- trabajar exclusivamente en textos comerciales;
- decodificar palabras aisladas sin enfatizar sus significados;
- insistir en que cada uno de los niños debe trabajar en un mismo nivel y a una misma hora;
- rotular a los niños que no leen antes del primer año como fracasados, disléxicos o con problemas de aprendizaje.

La respuesta es SI cuando:

- se les lee a los niños en forma regular;
- se les ayuda a crear registros de experiencias;
- se les proporcionan en abundancia materiales de lectura interesantes y legibles;
- se les proporcionan materiales y actividades de lectura y escritura en cuanto ellos los requieran;
- se les hace participar en experiencias que aumenten su vocabulario, que estimulen su pensamiento y que los capaciten para desarrollarse como individuos;
- se les estimula cada vez que ellos muestran el menor interés en el lenguaje escrito;
- se les permite ser libres para leer cuando quieren y cuando ellos están listos para hacerlo.

2. LA LECTURA EN EL PRIMER GRADO

Generalmente, existe consenso en que los niños aprenden a leer, es decir, automatizan los mecanismos de la lectura básica, hacia fines del primer grado, y a continuación siguen progresando en sus habilidades lectoras.

Las discrepancias surgen, sin embargo, en el cómo lograr la automatización, especialmente porque los niños llegan a primer grado con distintos niveles de desarrollo frente a la lectura. Los que provienen de un ambiente letrado, ya sea del hogar o del kindergarten, generalmente ya poseen un vocabulario visual básico, conocen letras del alfabeto, identifican algunos fonemas, pueden ver diferencias y semejanzas entre letras y palabras. Otros ya han aprendido naturalmente a leer, y por último, hay un porcentaje que enfrenta la situación escolar sin experiencia previa con el lenguaje escrito, especialmente los que provienen de ambientes rurales en que predomina la comunicación oral.

Así, con el propósito de aportar algunas respuestas, este capítulo presenta el enfrentamiento con la lectura en algunos países, describe brevemente las tendencias metodológicas más en boga en la presente década, y modelos de lectura que las sustentan. Se analiza el papel de la memoria en el aprendizaje inicial de la lectura y se destaca la importancia de la práctica y de la selección de los materiales de lectura.

2.1. ESTUDIOS COMPARADOS

Los estudios comparados sobre el aprendizaje de la lectura en una muestra de cinco países: Suiza, Japón, los Estados Unidos y Canadá, Inglaterra y México (Cfr. Ollila, 1981) ponen en evidencia que existen diferencias de criterios sobre "cómo" enseñar a leer y "cuándo" empezar a hacerlo. Hay similaridades en cuanto a la importancia que se le otorga al tema.

En *Suiza*, una tradición firmemente establecida plantea que a los niños no debe enseñárseles a leer en la etapa preescolar. Los educadores responden a las preguntas de los niños, pero rara vez estructuran una situación de enseñanza. Los niños aprenden a leer en la escuela primaria alrededor de los 7 años de edad. El tamaño de las clases, según informa Eve

Malmquist (1981), no excede de 20 niños, y se estudia su reducción con el fin de dar más atención individualizada. Los niños con problemas de aprendizaje son atendidos por maestros especializados en educación especial, en clases o técnicas remediales.

Generalmente se utilizan métodos basales que emplean enfoques tanto analíticos como sintéticos, pero ninguno se aplica en forma pura, sino más bien en combinación, predominando el énfasis en el aprendizaje de los fónicos desde la partida. En la presente década, algunos métodos alternativos como el enfoque lenguaje-experiencia y distintas clases de procedimientos lingüísticos han llamado la atención de los educadores, los cuales los usan como suplementos de los métodos tradicionales.

En *Japón* (Sakamoto, 1981) la mayoría de los niños aprende el *hiragana* en sus hogares alrededor de los 4 años, y sus habilidades lectoras están considerablemente desarrolladas antes de los 6 años, edad oficial para la entrada en la escuela.

El *hiragana,* uno de los tres sistemas de escritura utilizados en el Japón, es un conjunto de símbolos fonéticos. En este sistema, cada símbolo es monosilábico, no conlleva significado en sí mismo y posee una sola pronunciación con pocas excepciones; estas regularidades facilitan el aprendizaje. El número de símbolos básicos del hiragana es de 46. Con estos símbolos y otras marcas que aportan valores fonéticos adicionales, se puede hacer un total de 71 letras que permiten escribir cualquier palabra o cualquier oración. Por ejemplo, el nombre Sakamoto tiene cuatro sonidos y es escrito con cuatro letras *hiragana*.

Los padres consideran que la lectura de sus hijos es uno de los factores más importantes para su escolaridad. Sin embargo, los informes del Instituto Nacional de Investigaciones sobre Lenguaje del Japón (1972) revelan que los padres no enseñan a leer en forma sistemática, sino que proporcionan a sus hijos libros con letras *hiragana,* textos con láminas, les leen regularmente y responden sus preguntas sobre el lenguaje escrito. La TV también juega un papel importante.

Otro sistema es el *kanji.* Sus caracteres son ideográficos, y provienen, originalmente, de la China. Por el hecho de ser ideográfico, cada *kanji* tiene un significado propio. Los caracteres son, por consiguiente, muy numerosos. Actualmente están limitados a 1.850 caracteres, para el uso cotidiano. El Ministerio de Educación exige que 996 caracteres *kanji* sean aprendidos durante los seis años de educación primaria y los restantes en los tres años posteriores.

En el idioma japonés estándar existe una combinación de *kanji* e *hiragana*: del 25 al 35% de los caracteres está escrito en *kanji* y el resto en *hiragana.*

Existe la creencia generalizada de que los niños comienzan a leer *kanji* cuando han completado el aprendizaje del *hiragana,* y que el primero, por ende, sería difícil para los preescolares. Sin embargo, la evidencia experimental y la observación práctica contradicen esa creencia (Sakamoto, 1972).

En los *Estados Unidos* y en *Canadá* (Ollila y Nurss, 1981) la enseñanza de la lectura inicial, a partir de la década del 60, refleja los resultados de la investigación y los desarrollos tecnológicos posteriores al desafío planteado por el lanzamiento del Sputnik.

En relación a la edad, los niños entran en la enseñanza primaria a los 6 años, pero la mayoría de los sistemas escolares ofrece un programa de kindergarten durante medio día diario, a los niños de 5 años de edad.

La aceptación de que los niños pueden aprender a leer antes del primer grado surge especialmente de las evidencias de los estudios de Durkin (1966-1970), simultáneas con un surgimiento por el interés de la educación en el kindergarten y en el pre-kindergarten. Se popularizaron las clases con el método Montessori, los libros y manuales de aprestamiento, los juegos didácticos y la introducción de la enseñanza de los fónicos, nombres de las letras y pareo de sonidos y letras. En algunos colegios se aplican en el kindergarten programas similares al del primer grado; en otros se desarrollan programas de experiencias de lenguaje.

Otro factor determinante en el descenso de la edad para comenzar a leer lo constituye el nuevo concepto sobre aprestamiento, que implica plantear el aprendizaje de la lectura en el kindergarten y el primer grado, como un continuo a lo largo del cual los niños desarrollan sus destrezas de prelectura y lectura, de acuerdo a su ritmo personal. Aunque algunas escuelas mantienen un período de aprestamiento fijo en el kindergarten, muchas han adoptado una noción flexible de un continuo de destrezas de desarrollo desde el kindergarten hasta los primeros años escolares.

Comúnmente, a partir de la década del 70, se utilizan programas basales que incluyen enseñanza de los fónicos. Los programas basados en un modelo de destrezas son a menudo suplementados por programas lenguaje-experiencia en los cuales el niño dicta o escribe sus historias; o por programas individualizados en los cuales los niños autoseleccionan sus lecturas. También se evidencia un creciente interés en la participación de los padres.

Antes de las dos últimas décadas, el método más comúnmente usado en la enseñanza de la lectura era el "basal", que consistía en manuales de aprestamiento, pre-primero, primero y un "lector −1" para el primer grado, (En Chile el método de lectura "Adelante" de la década del 60-70 fue elaborado sobre el modelo de los métodos basales). Cada uno de los libros va acompañado de láminas, cuadernos de trabajo para el alumno y tarjetas "flash" para el reconocimiento de palabras. Generalmente el método se basaba en un vocabulario controlado, que se toma de las palabras que usaban con mayor frecuencia los niños de 5 años en su lenguaje oral.

El control del vocabulario se basaba en que cada nivel de lectura poseía un "corpus" de palabras fijo, en distintas combinaciones. Como muchas palabras no poseían una regularidad fonémica, se enseñaban con el método de "mirar y decir" y con repeticiones frecuentes y sistemáticas. Las destrezas· de reconocimiento de palabras, especialmente los fónicos, se presentaban muy lentamente.

Los métodos basales han sido largamente criticados por representar sólo a la raza blanca, dar una imagen femenina desvalorizada, presentar historias monótonas sobre niños de clase media urbana con "aureola", que limpian la casa y sacan a pasear al perro diariamente. También se ha criticado el control del vocabulario, el empleo de un lenguaje no natural y la dependencia de las ilustraciones para la comprensión.

Los libros para uso del niño venían acompañados de un manual para el maestro, en el que se le orientaba en la presentación de las nuevas palabras, la motivación para leer, la lectura silenciosa guiada, la presentación de preguntas de comprensión después de cada página, la lectura oral "en seguidilla", durante la cual cada alumno esperaba leer a partir del punto en que quedó el lector anterior, la práctica en destrezas de lectura, las instrucciones para completar el cuaderno de trabajo o los ejercicios en el pizarrón.

Este enfoque tradicional del método basal, que en muchos países hispanoparlantes se sigue aplicando, ha sufrido modificaciones. Todavía los libros proporcionan un sistema secuencial y comprensivo; pero las historias actuales presentan niños de variadas razas, idéntica valoración de los papeles femeninos y masculinos, una variedad de clases socioeconómicas, tanto de áreas rurales como urbanas, y una variedad de patrones familiares. El control de vocabulario ha dejado de ser rígido; las historias son más entretenidas con elementos de suspenso, fantasía y humor; el vocabulario y las estructuras gramaticales son más naturales y la enseñanza de los fónicos se introduce más temprano. Acompaña a las series basales una gran cantidad de materiales complementarios como casetes, libros de cuentos, fichas, cruci- gramas, juegos, hojas de trabajo y láminas.

En Inglaterra (Southgate, 1981) hay un primer estadio infantil de educación obligatoria entre los cuatro años, ocho meses y los siete años. Las promociones sólo se basan en la edad cronológica y no en el rendimiento educacional. Un rasgo importante en la educación inglesa es la flexibilidad del sistema educacional: la organización de la sala de clases, el contenido del currículo, el tipo de las actividades y las metodologías varían de una escuela a otra, y dependen, básicamente, del director.

La enseñanza formal de la lectura y de la escritura no comienza con la entrada de los niños en el colegio, y no es común que los maestros sigan programas formales de desarrollo de la lectura, por ejemplo de discrimina- ción auditiva o visual. Típicamente hay un enfoque generalizado e informal de desarrollo de las destrezas del lenguaje como medio de comunicación; primero a través del hablar y escuchar y luego a través de la introducción de pequeños ítemes de lectura y escritura.

Durante los primeros meses, los maestros les leen historias a los niños y comparten libros atractivos y bien ilustrados en pequeños grupos. Los niños sacan libros de la biblioteca de la sala de clases y observan sus láminas y sus palabras impresas. Conocen los rótulos de los objetos en un contexto natural y aprenden a leer y escribir sus nombres propios. Cuando quieren escribir algo en sus dibujos, los maestros le ayudan a hacerlo. Este estadio es seguido, generalmente, por otro, durante el cual los niños quieren escribir pequeñas frases y oraciones. Todos estos procedimientos están ampliamente basados en experiencias con el lenguaje.

Cuando los niños han desarrollado un pequeño vocabulario visual de palabras que reconocen a primera vista, los profesores aplican un esquema de lectura, generalmente basado en el método analítico. Estos esquemas difieren de los aplicados en los Estados Unidos y Canadá, tanto en el tamaño de los libros como en la cantidad de los materiales de apoyo. Los manuales para el maestro también son más pequeños y su tono es más sugestivo que didáctico. Los maestros proporcionan información sobre los fónicos a partir de las palabras que el niño domina, a primera vista. Mientras el maestro atiende a un niño o a su grupo, el resto de los niños se dedica a las lecturas autoseleccionadas, escritura, dibujo y otras actividades miscelánicas.

En la mayoría de las clases se complementa el esquema básico con lectura y escritura incidental. En la sala de clases o en los pasillos hay libros de poesías, de ficción y de información al alcance de los niños. Ellos los miran, los leen y pueden llevarlos prestados a sus casas, si están interesados.

Durante la década del 50 comenzó en Inglaterra una tendencia hacia las escuelas infantiles progresivas, informales o abiertas, que afectó la enseñanza de la lectura. El aprendizaje de la lectura fue considerado menos importante que las "actividades creativas". El informe Plowden (1967), que cubría todos los aspectos de la educación primaria, sólo dedicaba cinco páginas a la lectura y, dentro de éstas, sólo una página a su enseñanza sistemática. Se presumía que si se rodeaba a los niños de "hermosos libros", ellos, eventualmente, estarían ansiosos por aprender a leer; es decir, se otorgaba una fe, casi mágica, a la motivación que devendría automáticamente en aprendizaje. La palabra "enseñar" llegó a constituir una palabra casi prohibida.

Algunos educadores, especialmente Southgate (1970), admitieron que la enseñanza progresiva se estaba traduciendo en carencia de destrezas de lectura en los alumnos promovidos a la "junior school" y en que los maestros de educación especial aumentaban la cantidad de alumnos que atendían en los grupos remediales. Posteriormente, un informe de la Fundación Nacional de Investigación Educacional (Cane y Smithers, 1971) confirmó las advertencias de Southgate. Ellos concluyeron que la principal diferencia entre las escuelas que mostraban resultados exitosos en lectura era "la carencia de enseñanza sistemática en las escuelas con bajo rendimiento", en las cuales se descuidaba la instrucción fónica, los períodos dedicados a la lectura eran limitados y se postergaba la enseñanza de la lectura hasta que los niños estaban motivados para hacerlo. La tendencia general en las escuelas exitosas era la combinación de la creatividad con la participación directa del educador en la enseñanza.

En México (Miller, 1981) la gran mayoría de los estudiantes entra en el primer grado a la edad de seis años, sin instrucción previa en educación preescolar o en actividades de aprestamiento. Durante los primeros meses del primer grado se aplica un programa de aprestamiento a partir de un modelo perceptivo-visomotor referido a un esquema corporal, discriminación de objetos según tamaño y forma, coordinación ojo-mano, trazo de letras, conocimiento de los colores, descripción de cosas, personas y acciones, y otras habilidades orales. En el tercer mes se enfatizan las actividades orales, tales como dialogar, hablar sobre una lámina y memorizar selecciones breves. Los fonemas se incluyen en el aprendizaje de las sílabas.

Desde el cuarto al quinto mes, los estudiantes continúan aprendiendo fonemas, consonantes, vocales y sílabas. Durante el resto del primer grado, se practica el conocimiento de las letras, la comprensión oral y la lectura de narraciones breves. Se espera que los alumnos hayan aprendido a leer a fines del primer año.

Los objetivos del primer grado se realizan generalmente a través de dos libros que contienen láminas en colores. El primero incluye, entre otras actividades, dibujos que los niños pueden pintar o recortar. El segundo contiene narraciones, poemas y biografías cortas de líderes nacionales famosos. Los educadores también cuentan con un manual para el maestro que describe las razones y las modalidades de las actividades sugeridas, y con un libro sobre planes y programas.

La metodología empleada es denominada "método global de análisis estructural". Combina el sistema analítico o global con el análisis estructural, e incluye el hablar, la lectura y la escritura. Una vez que se han presentado las palabras completas se estudian sus partes componentes.

2.2. METODOS Y MATERIALES DE ENSEÑANZA

La revisión de los estudios comparados sobre la enseñanza de la lectura inicial en distintos países revela que los caminos que conducen a la alfabetización son variados y numerosos. Lo mismo es válido en relación a las metodologías empleadas a partir de la década del 70. Hay métodos que enfatizan el significado: hay otros que enfatizan la decodificación; hay métodos lingüísticos, métodos programados, métodos con alfabetos modificados, como el i/t/a propuesto por Downing (1967). La lectura individualizada y los enfoques de lenguaje-experiencia también son utilizados. Una breve descripción de estos métodos es la siguiente:

Los métodos que enfatizan el significado destacan la comprensión en los materiales de lectura inicial; es decir, ponen el acento, desde el comienzo, en la significación. El método parte presentándole al niño algunas palabras que él debe reconocer a primera vista y destaca el significado de las palabras, frases y oraciones de los libros. Una vez que los niños conocen una serie de palabras, se le presentan conjuntos de palabras con una misma consonante inicial y se les estimula a observar las semejanzas de las letras y de los sonidos. Estos enfoques son comúnmente conocidos como *analíticos* o *analítico-fónico* o *"globales"*.

Los métodos que enfatizan la decodificación destacan, en el material inicial, los sonidos vocálicos y algunos sonidos consonánticos aislados. Enseñan a los niños a discriminar cada sonido y a asociarlo con sus letras correspondientes. Los materiales de lectura inicial están compuesto por una gran cantidad de palabras que resultan al juntar esos sonidos. Por ejemplo: mal – sal – al – as.

Hubo muchos intentos de comparar la eficacia de ambos métodos. El más conocido es el de Jeanne Chall (1967); concluyó, tras revisar las investigaciones mejor calificadas, que 1) los enfoques con énfasis en el código producen un mejor rendimiento lector global en los alumnos del cuarto grado (aproximadamente a los 9 años) que los métodos que enfatizan el significado. 2) Estos informes también son superiores para los niños con inteligencia promedio y bajo el promedio y para los que provienen de niveles socioeconómicos bajos; y 3) los enfoques que enfatizan el significado son mejores para los niños con inteligencia superior al promedio y que provienen de niveles socioeconómicos altos.

Naturalmente, el debate no ha concluido, pero cada vez es más difícil encontrar estos enfoques "puros" en la práctica educativa: los educadores están en su mayoría conscientes de la importancia tanto de la significación como del aprendizaje del código. Austin (1973; pág. 506) plantea que "...pocos educadores están en desacuerdo en que la lectura es la interpretación significativa de los símbolos impresos o escritos; la diferencia yace en el énfasis que se pone en la comprensión y en el tiempo en que se presenta".

El enfoque centrado en la decodificación es conocido comúnmente como sintético o sintético-fónico. El lector interesado en conocer más investigaciones sobre la enseñanza de los fónicos puede consultar la página 132 del presente libro.

El enfoque lingüístico se desarrolló a partir de los estudios de lingüistas como Fries (1963) y Bloomfield (1961). Fue una reacción a los dos enfoques precedentes que distorsionarían los sonidos fonológicos. El planteamiento fundamental de este enfoque es que las letras, los fonemas y las sílabas son parte de la lengua, pero no son lenguaje. Por ejemplo, Bloomfield propone un método basado en la lectura de palabras completas diferenciadas por una sola oposición fonemática. Algunas series lingüísticas usan palabras sin sentido, lo cual demostraría que el principio de decodificación, al ser enseñado, no conlleva la significación. La idea es, primero, enseñar a decodificar, y más tarde introducir la comprensión.

Los enfoques programados separan el proceso lector en pasos secuenciales. Cada paso se presenta como un ítem, el cual debe ser leído para seleccionar a continuación su respuesta entre varias posibilidades. El programa proporciona una retroalimentación inmediata; tanto si la respuesta es incorrecta como si es correcta. Se proporciona práctica adicional para superar los errores.

Los materiales programados generalmente se presentan en forma de libro, pero también pueden presentarse en una computadora. Los estudiantes avanzan a su propio ritmo, pero todos enfrentan un mismo material; por lo tanto, las actividades no son individualizadas. Estos materiales tienen como base teórica la teoría conductista de Skinner y el modelo de destrezas.

El *enfoque individualizado* utiliza, generalmente, una amplia colección de libros existentes en el mercado, a partir de los cuales el niño selecciona su propio libro. Los educadores escuchan a los niños leer, hacen preguntas sobre la comprensión y les proporcionan las destrezas necesarias. Este enfoque es ampliamente usado como estrategia correctiva o remedial en los niños con dificultades de aprendizaje, como método suplementario en conexión con los métodos basales o con el enfoque lenguaje-experiencia.

71

Cuando el método se usa solo, generalmente demanda un gran trabajo de parte del profesor; especialmente, si los alumnos son numerosos, ya que tiene que conocer las habilidades y las torpezas de cada uno frente a la secuencia del aprendizaje lector, para poder prescribir las actividades precisas. A nivel individual, sin embargo, cuando este método complementa un programa regular de lectura, enriquece el desarrollo lector, porque estimula el interés sostenido del niño en los libros autoseleccionados y promueve el contacto personal con el educador.

El *enfoque experiencias de lenguaje* se centra, especialmente, en la traducción, por parte del niño, de sus propias historias que en un comienzo pueden ser unas pocas palabras o frases que "dicta" al educador, el cual las vierte al lenguaje escrito. Cuando el niño aprende a escribir, produce sus propias historias que agrupa hasta "editar" su propio libro. El educador desarrolla una secuencia de habilidades de lectura, a partir de los trabajos de cada niño, en una progresión que va desde la lectura de frases y oraciones hasta el reconocimiento de palabras individuales, incluyendo el aprendizaje de los fónicos.

Este enfoque utiliza, básicamente, el lenguaje oral del niño, sus habilidades de escuchar; integra la lectura con la escritura y se desarrolla a partir de la propia experiencia del niño. Tal como en el caso de la lectura individualizada, este enfoque no sólo se aplica en forma aislada, sino como complemento a un programa secuencial de destrezas y habilidades lectoras.

Entre los métodos de enseñanza de lectura con alfabetos modificados Sir James Pitman (1961) aconseja un instrumento de enseñanza denominado alfabeto de enseñanza inicial, (i/t/a), que, en su opinión, facilita a los niños la lectura del alfabeto tradicional y, por ende, la lectura; i/t/a/ constituye la abreviatura de *Initial Teaching Alphabeth*.

El i/t/a contiene 44 símbolos correspondientes a los principales fonemas del inglés, en vez de los 26 convencionales; cada uno de los 44 símbolos representa sólo un sonido. El alfabeto es básicamente fonémico más que estrictamente fonético. Veinticuatro de los 44 símbolos son los tradicionales; catorce se asemejan mucho a dos letras familiares juntas (éstas son enseñadas a los niños como caracteres individuales, de la misma manera como en la ortografía tradicional se ha enseñado la w como una letra singular).

Como resultado, cada vez que un niño ve un símbolo lo lee con su propia manera significativa. En el alfabeto convencional inglés 2 mil o más patrones visuales son usados para 44 sonidos del habla inglesa. Estos 2 mil patrones son reducidos a sólo 88 en el i/t/a. Por ejemplo, las dos maneras diferentes de pronunciar la letra "i" en inglés son representadas por sólo un i/t/a símbolo. Por ende, una vez que esos 44 símbolos son asociados con sus respectivos sonidos, el niño podría leer cualquier palabra.

El i/t/a es usado solamente en las etapas iniciales del aprendizaje de la lectura. Después que el niño puede leer en i/t/a con relativa fluencia, transferiría su conocimiento a la "ortografía tradicional". En Inglaterra se aplica con bastante popularidad el i/t/a con los esquemas y principios de las series basales.

Un método competidor de i/t/a es el Unifon, de John R. Malone (1965). Utiliza una ortografía auxiliar para la enseñanza del inglés y otras lenguas europeas. A diferencia del i/t/a, que utiliza caracteres minúsculos —las mayúsculas sólo se usan mediante el alargamiento de las minúsculas—, el Unifon utiliza 40 caracteres en mayúsculas, designados para ocupar el espacio de un rectángulo que sea fácil de codificar en "máquinas ópticas de lectura". Es un alfabeto simplificado y regularizado en que la ortografía tradicional se abandona por completo (con excepción de algunas letras) y se reemplaza por un alfabeto enteramente nuevo.

El i/t/a constituye un alfabeto de transición en el que se intenta la misma regularización y simplificación que en el Unifon, pero, en lo posible, sin perder la semejanza con la ortografía tradicional que se conserva como el objetivo final en el aprendizaje de la lectura. Pitman plantea que su finalidad especial es facilitar la transferencia del i/t/a a la ortografía tradicional, una vez que se ha logrado una lectura fluida o de corrido.

Downing (1967) efectuó con el i/t/a dos experimentos en gran escala que se prolongaron durante varios años en Inglaterra. Ambos demostraron que el i/t/a era mucho más fácil para los alumnos principiantes que para los alumnos que comenzaban a leer con la ortografía tradicional. En un seguimiento efectuado por el autor se demostró que, al cabo de un año, en varios tests de lectura, los alumnos del i/t/a podían leer el doble del idioma inglés en el alfabeto modificado que los alumnos que habían estudiado con la ortografía tradicional, en test con ortografía tradicional.

Los estudios de Downing también informan que, en su experimento original, halló una diferencia significativa en relación a lo que el autor denomina "madurez para la lectura", entre los alumnos que aprendieron con el alfabeto modificado y el alfabeto tradicional (a.t.). En el grupo de a.t., los niños de cinco años hicieron progresos significativamente mayores en el aprendizaje de la lectura que los niños de cuatro años de edad. Pero en el grupo de i/t/a los niños de cuatro años aprendieron tan bien como los de cinco años. Downing plantea al respecto: "Probablemente, la mayoría de los niños de cuatro años no puede aprender a leer la ortografía tradicional, pero esto no parece ser verdad cuando se trata de su capacidad para aprender a leer el i/t/a".

Shapiro y Willford (1969), en los Estados Unidos, también obtuvieron resultados significativamente más altos en los niños que comenzaron con el i/t/a en el jardín infantil, en lugar de hacerlo en primer grado.

Por otra parte, Tanyzer y Karl (1972) no están de acuerdo con los investigadores citados, demuestran que la introducción de un alfabeto regular como el i/t/a entre los niños de jardín infantil, en un programa de lectura formal, no da por resultado un éxito mayor en la lectura y la escritura que el obtenido por los niños que comienzan la instrucción en lectura formal, en primer grado con el i/t/a, cuando ambos se comparan con los alumnos que aprendieron con la ortografía tradicional, en el primer grado.

Downing atribuye los intentos fracasados en la aplicación de i/t/a al hecho de que los educadores piensen que la simplificación de la ortografía es todo lo que se debe hacer para enseñar a leer, y no contemplan otros aspectos tales como adaptar la lectura a los propios intereses y experiencias de los alumnos.

Las experiencias de enseñar a leer, con un alfabeto especial, realizadas en lengua inglesa, se justifican por la poca correspondencia entre las unidades distintivas del sistema de escritura (grafemas) y los fonemas de las palabras que representan.

El español utiliza 26 signos (28 letras) para representar los 22 fonemas de la lengua. Esto muestra que la correspondencia entre fonemas y grafemas no es completa. A este hecho hay que agregar la existencia de ciertos patrones ortográficos como las u mudas en *gue, gui, que,* el doble sonido de *g* y *c,* y otros que han llevado a varios intentos de reforma de la ortografía como el intento de Andrés Bello, en Chile, a fines del siglo pasado, prolongado hasta en las primeras décadas del siglo.

Estas características podrían llevar a experimentos semejantes al i/t/a, que, al revés del inglés, partirían por reducir el número de grafemas, lo cual aparentemente redundaría en una simplificación y uniformación del proceso lector con supuestas ventajas para el aprendizaje de la lectura inicial. Sin embargo, en el fondo, estos intentos no se justifican, pues dada la posición de la RAE sobre el tema, la ortografía actual del español no va a sufrir modificaciones. Un alfabeto y una ortografía iniciales obligaría a un reaprendizaje para familiarizarse con la ortografía oficial, lo que, a la postre, resultaría más complicado que lo que sucede en la actualidad.

El conocimiento de métodos como el i/t/a es útil para mostrar las dificultades que se producen en el aprendizaje de la lectura inicial por la no correspondencia entre fonemas y grafemas y para decidir las estrategias destinadas a superarlas cuando no se apela a alfabetos u ortografías especiales.

Los distintos enfoques son enriquecedores para el educador que tiene un esquema global del proceso lector, como de los pasos secuenciales que implica su aprendizaje. Estos enfoques pueden traducirse en interesantes prácticas que superen los esquemas tradicionales.

2.3. MODELOS DE LECTURA

Existe consenso entre los especialistas e investigadores en que la lectura inicial sólo se justifica como un medio para obtener el significado del mensaje impreso. Sin embargo, no hay consenso sobre un modelo teórico unitario acerca de la naturaleza del proceso lector.

El término "modelo" se aplica a una estructura o diseño elaborado para mostrar una representación teórica del proceso lector; intenta explicar su esencia, sus funciones y analizar las relaciones entre las partes, en relación al todo. El modelo no constituye un método, sino una perspectiva.

Se revisan, a continuación, dos modelos teóricos frente al proceso lector relacionados con la lectura inicial: el modelo de destrezas, y los modelos holísticos/interactivos.

2.3.1. EL MODELO DE DESTREZAS

El modelo de destrezas considera la lectura como una destreza unitaria compleja, la cual debe ser aprendida a través de la instrucción directa, en contraste con la adquisición natural o incidental. Este modelo es una resultante de la sicología conductual (Skinner, 1957).

Las destrezas más globales serían la identificación de la palabra y la comprensión. Estas destrezas se dividirían en unidades atomísticas de contenidos, a cada una de las cuales se asociaría una respuesta o conducta simple o bien a clases de respuestas complejas, automáticas y precisas.

Mientras en este modelo el conocimiento del lenguaje por parte del lector se considera como una parte integral de la lectura de los materiales impresos, la lectura no es considerada como un proceso de lenguaje que pueda ser aprendido sin instrucción. El aprendizaje de la lectura es visto como semejante a una destreza motora compleja.

El componente básico de este modelo parece ser la creencia de los educadores de que la lectura y el lenguaje deben ser analizados en unidades de conocimientos lingüísticos; estas unidades, a su vez, deben ser aprendidas mediante instrucción. El conocimiento lingüístico es enseñado a través de provocar en los alumnos asociaciones entre clases de estímulos y clases de respuestas y a través de la práctica. Los tipos comunes de principios instruccionales en lectura y lenguaje que fundamentan el enfoque de destrezas son los siguientes:

1. Es necesario, para dar una instrucción profunda, descomponer el lenguaje y el texto en una serie de subdestrezas, definidas por su contenido específico, acompañada de una o más respuestas correctas o incorrectas.

2. Todas las subdestrezas de lectura y lenguaje deben ser directamente observables y evaluables con el fin de comprobar cuáles han sido aprendidas.

3. A través de un análisis lógico de tareas, las subdestrezas pueden ser ordenadas en una secuencia de aprendizaje, a través de las cuales pueden pasar todos los alumnos, con el fin de progresar desde las destrezas más simples hasta las más complejas.

4. La precisión y la automaticidad de las respuestas frente a unidades de lenguaje hablado evidencian la extensión en que ha sido aprendida una destreza, así como su aprestamiento para avanzar hacia una subdestreza más compleja.

5. El aprendizaje de subdestrezas conduce, gradualmente, hacia niveles más altos de rendimiento de las subdestrezas unitarias complejas de leer, escuchar y hablar.

6. La adquisición del significado es el rendimiento terminal del leer y del escuchar.

7. La expresión del significado es el rendimiento terminal del aprendizaje del hablar y escribir.

Los tipos de experiencias en relación con el lenguaje impreso que se aplican a nivel de la sala de clases, diseñados según el modelo de destrezas, presentan actividades focalizadas en conocer un vocabulario visual básico y sonidos de letras utilizando la ejercitación y la práctica. Las palabras impresas se parean con dibujos, se reconocen palabras por su forma; se ilustran fónicos a través de reconocer y producir palabras que riman, dibujar círculos alrededor de cuadros que comienzan con un sonido similar, e identificar combinaciones letra-sonido en palabras impresas. Aunque el significado es una parte de las actividades de la sala de clases, el foco de la enseñanza se centra en el aprendizaje de unidades separadas.

Este modelo, generalmente, se traduce en un enfoque "directo" de la enseñanza de la lectura. Se entiende por enseñanza directa "una organización de la instrucción de términos o destrezas específicamente definidas para ser enseñadas en tiempos establecidos y con métodos sistemáticos (Good, 1973).

Algunas de las principales características de la enseñanza directa son las siguientes:

- Los objetivos se proyectan en experiencias o en conductas.

- El énfasis se pone en el desarrollo intelectual de los alumnos.

- Se efectúa un análisis de los conocimientos y de las destrezas necesarias.

- Se establece una secuencia de experiencias específicas de aprendizaje.

- Se organiza el tiempo que se empleará dentro de un horario definido.

- Las actividades son atingentes a las destrezas que se enseñarán.

- La evaluación es objetiva.

Merlin y Rogers (1981) sugieren cuatro pasos para implementar la enseñanza directa:

Paso I: Establecer objetivos conductuales. En muchos casos, ellos se extraen de los programas basales o locales.

Paso II: Atención dirigida. La atención del alumno es dirigida hacia la tarea, sobre la base de actividades introductorias tales como explicarle lo que va a aprender o mostrarle las características específicas de la actividad.

Paso III: Enseñanza directa. Se efectúa a través del modelaje, el descubrimiento, la práctica y la aplicación.

A) *Modelaje:*

1) Se muestra al alumno el proceso.

2) Se demuestra cómo se adquirirá la destreza.

3) Se pide a los estudiantes que imiten al maestro.

4) Se proporcionan oportunidades para que los alumnos den respuestas frecuentes y se las refuerza.

5) Se reducen las claves de apoyo, en cuanto el niño responde correctamente.

B) *Descubrimiento:*

1) Se ayuda o dirige al niño a descubrir el proceso, el principio o la regla, involucrados en la destreza.

2) Se hacen preguntas que dirijan al niño a realzar la destreza adquirida.

3) Se estimula a los alumnos a verbalizar o explicar lo que están haciendo.

4) Se proporcionan frecuentes respuestas y refuerzo.

5) Se reducen gradualmente las claves o las preguntas, a medida que los alumnos dan respuestas correctas.

6) Si las respuestas no son correctas se continúa aclarando y preguntando hasta que los alumnos rindan bien.

7) Se da reconocimiento verbal a las respuestas correctas. A los alumnos se les muestran sus progresos, a través de un gráfico u otro tipo de visualización o concretización de sus logros.

Paso IV: Práctica y aplicación:

A) *Procedimiento.* Se proporciona a los alumnos tiempo suficiente para que dominen la destreza utilizando una variedad de actividades prácticas. Se recuerda que los alumnos difieren en cuanto la cantidad de práctica que requieren para aprender destrezas. Los estudiantes mas lentos necesitan más práctica.

B) *Aplicación.* Se apoya al alumno para encontrar cómo usar o aplicar la destreza que ha aprendido.
Para Merlin y Rogers la enseñanza significa proporcionar instrucción directa, creando las condiciones para que ocurra el aprendizaje. La enseñanza constituiría un proceso de apoyo a los alumnos para cambiar sus conductas o actitudes. La estrategia de enseñanza directa estructura cada lección para asegurarse que el alumno entiende o domina realmente la nueva destreza.
La estrategia de enseñanza directa incorpora el enfoque multisensorial al aprendizaje. Los niños ponen su atención dirigida visualmente a la lectura, participan oralmente al responder y escuchar, con el fin de interactuar en el educador y proporcionarle retroalimentación.
Las estrategias de enseñanza directa pueden estar incluidas en currículos locales o en programas publicados como por ejemplo el Distar:

Sistema de Instrucción Directa para la Enseñanza de la Lectura (Engelmann y Brunner, 1976). Este programa está basado sobre una lista de destrezas básicas y conceptos, el análisis de las tareas requeridas para el aprendizaje, la división de las tareas en sus partes constitutivas y un esquema para su enseñanza en esa forma secuencial y prescriptiva.

2.3.2. MODELOS HOLISTICOS/INTERACTIVOS

Los modelos alternativos pueden sintetizarse como modelos holísticos/interactivos; se basan primeramente en la sicólingüística y su perspectiva se amplía con los aportes de la sociolingüística y de las teorías de discurso y comprensión. (Cf.: Aulls, 1983).

La sicolingüística es una rama de la sicología cognitiva que está preocupada, primariamente, de las estructuras y operaciones mentales que hacen posible la comunicación cotidiana (Foss e Hakes, 1978). La comunicación a través del lenguaje constituye la principal área de interés de la sicolingüística. En vez de estimar el lenguaje y el pensamiento en términos de cadenas estímulo-respuesta, su relación ha sido considerada desde el punto de vista de que los seres humanos son semejantes a un sistema de procesamiento de la información relativamente complejo.

En el sentido más general, los modelos de procesamiento sicolingüístico se focalizan en la descripción de por qué los procesos involucrados en hablar y leer explican la producción y la comprensión del lenguaje.

Uno de los más importantes modelos sicolingüísticos del procesamiento del habla es denominado "modelo de análisis por sentido". Neisser (1967) lo describe brevemente como una actividad donde se plantea una hipótesis en relación al mensaje original; se aplican reglas para determinar lo que el "input" debería ser, si la hipótesis fuera cierta; y se examina para ver si el "input" era realmente semejante al que se había determinado (p. 194). Este modelo de análisis —por síntesis (o test de hipótesis)— parece explicar mejor que otros cómo los niños pequeños adquieren el conocimiento del lenguaje. El modelo del procesamiento del habla ha sido continuado por una variedad de modelos de procesamiento lector entre los cuales se destacan Goodman, Kenneth y Yetta (1967, 1977, 1979, 1980); Gough (1972); Rumerlhart (1977); Smith (1971); Stenovich (1980). Los modelos de Goodman y Burke (1980) y el de Rumerlhart (1977) son modelos de procesamiento interactivo. Cada uno visualiza la lectura como un proceso altamente interactivo, donde las unidades lingüísticas del texto —desde lo semántico, sintáctico-léxico-morfémico, morfofonémico, hasta el nivel grafofonémico— son usadas en cuanto son necesitadas por el lector, para construir el significado durante el procesamiento acumulativo de las oraciones en el texto. Así, los lectores se basan sobre su conocimiento previo del lenguaje para iniciar la lectura del texto. Además, Goodman (1980) enfatiza la importancia de las tentativas del lector y de la adquisición deliberada de estrategias de lectura tales como muestreo, autocorrección y confirmación del significado. Finalmente, la conciencia metalingüística sobre cómo el lenguaje trabaja y la habilidad para tratar el lenguaje como un objeto, parece facilitar la adquisición de estrategias eficientes; como por ejemplo, la corrección de los errores, el monitereo o la confirmación de las relaciones del significado durante el procesamiento del texto (Waterhouse, Fisher y Ryan, 1980).

En suma: los modelos de procesamiento sicolingüístico rechazan el concepto de que el proceso de lectura es una destreza unitaria global constituida por un conjunto de subdestrezas. Al contrario, consideran la lectura como un proceso realizado sobre la base de la competencia lingüística. En todos los modelos de procesamiento del texto, se parte de la base de que el lector debe ser muy activo (como opuesto a pasivo) durante la lectura. En cada modelo, el conocimiento del lenguaje ayuda al lector a progresar directa o indirectamente hacia el significado, a través del uso de las claves de lenguaje dadas en el texto. El lector eficiente y efectivo integra las claves disponibles del texto y las completa con el aporte de su experiencia. La redundancia en el texto facilita la fluidez, la predicción y el muestreo.

A partir de los modelos de procesamiento sicolingüístico de la lectura y del lenguaje se derivan por lo menos cinco principios de enseñanza:

1) El lenguaje, ya sea oral o escrito, es un sistema altamente interdependiente. No debería ser fraccionado en unidades atomizadas en su instrucción. Cuando esto se hace, se destruyen sus propiedades redundantes y cohesivas necesarias para la captación del significado.

2) La presentación atomizada y secuenciada de unidades de subdestrezas del lenguaje y del texto, va en contra de la presentación de una unidad textual significativa que permita la predicción, sobre las bases de lo que el alumno conoce sobre el lenguaje.

3) Para los niños pequeños será más fácil leer o escribir el lenguaje que les es natural y que se deriva de sus propias experiencias como hablantes y auditores. Ellos estarán motivados por sus propias necesidades intrínsecas para explorar su mundo, a través de la lectura y la escritura.

4) El conocimiento y la conciencia de las relaciones entre el lenguaje y el texto impreso no son suficientes para producir o comprender eficientemente el texto escrito. También es necesario que los niños aprendan estrategias para predecir, organizar, reflexionar y monitorear lo que están leyendo, escribiendo o hablando.

5) Los niños son usuarios competentes del lenguaje oral. Esta competencia constituye un recurso primario para aprender que la lectura es construcción del significado y que la escritura es producir un mensaje significativo. Cuando los niños crecen, ellos son progresivamente más capaces de autorregular, conscientemente, su conocimiento del lenguaje y de usarlo para juzgar, manipular o coordinar sus estructuras y significados, durante la lectura, la escritura, el hablar y el escuchar.

Los modelos holísticos/interactivos también han recibido los aportes de la sociolingüística. Según esta rama de la lingüística, el lenguaje constituye un proceso social que ocurre cuando los comunicadores actúan dentro de los contextos reales enviando y recibiendo mensajes, involucrando procesos mentales de información lingüística. El modelo presume básicamente que habría un proceso de lenguaje singular que se expresaría en formas alternativas, pero que actuaría sobre la base de un núcleo compartido para cada una de sus modalidades expresivas; y que la lectura constituiría una expresión de lenguaje que estaría intrincadamente afectada y a su vez afectaría a las otras expresiones lingüísticas: lo aprendido a través de una expresión se utilizaría para apoyar el desarrollo y expresión de las otras modalidades lingüísticas.

Los sociolingüistas comparten la idea de que las cuatro modalidades del lenguaje poseen tres sistemas en común: grafofonémico, sintáctico y semántico, al que ellos agregan la pragmática. Estos sistemas serían tácita y activamente descubiertos por los niños que hipotetizarían reglas lingüísticas para evaluar sus adivinaciones en la medida que comparten sus intentos con los adultos. A partir del contacto con las personas y a través de escuchar el lenguaje oral referido directamente a sucesos y hechos, los niños comenzarían a ligar el lenguaje a la realidad. Además de la adquisición por parte del niño de las reglas estructurales del lenguaje, ellos aprenderían otro conjunto de reglas referidas al tiempo apropiado para hablar, al tiempo apropiado para permanecer en silencio y al tipo de código lingüístico a utilizar una vez que el habla es aprendida.

Así, los sociolingüistas sugieren la importancia de estudiar el procesamiento cognitivo y lingüístico a la luz del contexto ambiental y lingüístico donde ocurre. Los niños aprenderían las formas del lenguaje a través de su uso funcional. Todas las expresiones del desarrollo temprano del lenguaje se interpretarían como el dominio progresivo de parte del niño de un "potencial funcional" (Halliday, 1975). Si el desarrollo de la lectura y la escritura son vistos como extensiones naturales del desarrollo del lenguaje oral en el contexto de funciones de desarrollo, el potencial funcional se realizaría mediante la exposición a expresiones naturales y continuas de uso de las expresiones del lenguaje.

En la perspectiva sociolingüística la pragmática juega un rol fundamental (Atwell, 1983). Esta se refiere a la emersión del texto en el contexto e involucra elecciones relacionadas con el mensaje, el medio y el receptor. La primera elección en cualquiera comunicación es si los individuos participarán en ella. Si los usuarios del lenguaje no deciden participar la comunicación no ocurrirá. Si por el contrario, deciden participar ellos tomarán un número de decisiones pragmáticas que sesgarán y afectarán las decisiones lingüísticas. Los usuarios del lenguaje establecerán un "contrato comunicativo" y comenzarán a negociar los términos de ese acuerdo. Algunas veces la comunicación parecerá directa, otras veces los usuarios harán adaptaciones al contrato que involucre toma de decisiones que afecten el campo, modo o tenor (Harste, 1980). Los comunicadores también tomarán decisiones pragmáticas relacionadas con el medio que conllevará el mensaje.

El formato representacional del lenguaje, ya sea a través del leer, escribir, hablar o escuchar, sólo constituirá la respuesta del usuario al contexto situacional en que ocurre el lenguaje.

Por último, el modelo holístico, interactivo, recibe los aportes de los modelos de discurso y los modelos comprehensivos de lectura. Ambos tienen en común con los modelos sicolingüísticos el énfasis en la importancia del conocimiento del lenguaje para la producción del habla y para el entendimiento del texto escrito. La diferencia yace en que los modelos de discurso y los modelos comprehensivos destacan la importancia de reemplazar las gramáticas oracionales por gramáticas textuales y de reconocer la función de la pragmática para entender a ambas.

Los modelos de lenguaje basados en el discurso están derivados primariamente de la teoría literaria, de la retórica y la estilística (Brewer, 1980) y de las gramáticas textuales (Grimes, 1975; Van Dijk, 1973). Los modelos comprehensivos están derivados de la psicología cognitiva y de los campos de la memoria, razonamiento inferencial, teoría del esquema y gramáticas textuales.

Moffett (1968) define "discurso" como una pieza de verbalización completa para su propósito original. El "texto" constituiría una forma de discurso. Halliday y Hasan (1976) se refieren al texto como un pasaje de cualquier extensión que forma un todo unificado. Debe poseer *cohesión* en el sentido de que cualquier interpretación de algún elemento en el discurso es dependiente uno de otro y él no puede ser decodificado exitosamente sin esa propiedad. El texto también debe tener *coherencia* en el sentido de que debe estar ordenado en redes de relaciones significativas o propiedades coherentes. Los hablantes nativos de una lengua serían capaces de procesar, producir, recibir e interpretar textos y discursos en sus relaciones significativas unificadas y no meramente como un secuencia de oraciones.

Tanto el aprendizaje del lenguaje como el de la lectura tendrían en común la tarea de abstraer las estructuras subyacentes de una variedad de discursos, clasificarlas en la memoria y utilizarlas para apoyar la comprensión de los discursos hablados y escritos y la producción del significado, ya sea en textos hablados o escritos.

Los modelos comprehensivos de lectura están preocupados básicamente de cómo los lectores entienden y recuerdan los textos. Para comprender mejor el aporte del lector al texto, han revivido el término "esquema" usado en el pasado por Dewey (1987), Bartlett (1932) y por Piaget para aplicarlo a la organización estructurante que ejerce el lector sobre el texto al interactuar con él. Las dimensiones más importantes aparecen referidas a:

— El activo uso por parte del lector de su conocimiento previo (esquema) antes, durante y después de la lectura para apoyar la comprensión del texto.

— Las variadas funciones de la inferencia en el significado durante o posterior a la lectura del texto.

— La importancia del conocimiento de la estructura del texto por parte del lector en la construcción o reconstrucción del texto que está leyendo o del que sigue a continuación.

— La influencia de las distintas propiedades del texto sobre el entendimiento del lector y sobre el recuerdo de su información sobre distintas clases de texto.

En general, las estructuras y las características de lo impreso proporcionarían un texto potencial (Harstes, Woodward y Burke, 1984). Al leer el usuario convertiría ese potencial en una instancia real, creando detalles de significados que deberían ser inferidos a partir de las claves impresas, pero que no estarían explícitas en ellas.

Al combinar los constructos teóricos compatibles con el modelo holístico/interactivo es plausible establecer los siguientes principios:

— Se rechaza el concepto de lectura como una destreza unitaria global constituida por un conjunto de subdestrezas. Al contrario, se considera la lectura como un proceso realizado sobre la base de la competencia lingüística.

— Se considera el lenguaje, ya sea oral o escrito, como un sistema altamente interdependiente que no debería ser fraccionado en unidades atomizadas en su instrucción. Si esto se hace, se destruirían sus propiedades redundantes y cohesivas necesarias para la captación del significado. La presentación atomizada y secuenciada de unidades de subdestrezas del lenguaje oral y del texto escrito iría en contra de la presentación de discursos que permitieran la predicción, sobre las bases de lo que el alumno conoce sobre el lenguaje y el mundo.

— Se estima que los niños son usuarios competentes del lenguaje oral. Esta competencia constituiría un recurso primario para aprender que la lectura es construcción del significado y que la escritura es producir un mensaje significativo. Al crecer, ellos serían progresivamente más capaces de autorregular conscientemente su conocimiento del lenguaje (metacognitivo) y de usarlo para manipular, coordinar o evaluar sus estructuras y significados, durante la lectura, la escritura, el hablar y el escuchar.

— Se estima que el conocimiento y la conciencia de las relaciones entre el lenguaje y el texto impreso no serían suficientes para producir o comprender eficientemente el texto escrito. También sería necesario que los niños aprendieran estrategias de predicción muestreo, confirmar, autocorrección para organizar, reflexionar y monitorear lo que están leyendo, escribiendo o hablando.

— Se considera la lectura como esa expresión del lenguaje que estaría afectada y afectaría a su vez a las otras modalidades lingüísticas referidas al hablar, escuchar, escribir. Lo aprendido a través de una expresión apoyaría el desarrollo de las otras modalidades.

— Los niños dominarían progresivamente las distintas modalidades del lenguaje a través de un uso funcional en el contexto ambiental y lingüístico donde ocurre. Este punto de vista funcional del lenguaje implica que todo aprendizaje de lenguaje oral o escrito debe ser fácil y placentero porque sería adquirido a través de experiencias continuas y naturales.

— Se estima que pueden existir grandes brechas entre lo que un auditor/lector; hablante/escritor sabe y el tópico que él escucha, lee, habla o escribe. Los esquemas cognitivos, es decir, el conocimiento previo del mundo y del lenguaje influenciarán lo que el auditor/lector interpreta del mensaje intentado por el autor e influencia también al hablante/escritor que produce el mensaje.

— Un esquema cognitivo importante lo constituye el conocimiento de la estructura del texto para construir o reconstruir el significado. La estructura textual influye en el entendimiento y en el recuerdo de la información que conlleva; también contribuye a la creación de nuevos textos, ya sean orales o escritos.

El modelo holístico/interactivo se traduce en un enfoque incidental o informal frente a la lectura, el cual estima que la enseñanza de ciertas destrezas sólo debe efectuarse cuando surja la necesidad de ellas, en conexión con otras tareas escolares o con los intereses y actividades de los alumnos (King, 1978). Este enfoque está asociado, frecuentemente, con la denominada "educación abierta" o "progresiva", la cual puede ocurrir dentro de la sala de clases o en otras áreas. El énfasis está puesto en la planificación del ambiente, de tal manera que los alumnos puedan experimentar, manipular, inquirir y comunicar libremente sus experiencias. Algunos de los planteamientos más importantes del enfoque incidental a diferencia del directo son los siguientes:

— Los propósitos surgen de las experiencias.

— El énfasis se pone en el clima psicológico y social.

— Se evalúa el potencial de los niños y del ambiente.

— Se desarrollan experiencias de aprendizajes, basadas en las necesidades y los intereses.

— El horario es informal.

— Las habilidades se incluyen dentro de estudios interdisciplinarios.

— La evaluación es subjetiva.

Los programas diseñados de acuerdo al modelo holístico/interactivo incluyen actividades como escuchar cuentos contados, leídos o grabados, dramatización y participación en experiencias compatibles sobre libros. Cuando se utilizan métodos como el "experiencias de lenguaje", los pequeños se beneficiarán de la lectura de su propia habla impresa. También escuchan y siguen las líneas mientras se les leen libros infantiles (Holdaway, 1979), gracias a este medio ellos aprenden qué estructuras definen diferentes tipos de discurso y captan el significado de aventuras, fábulas, cuentos folclóricos. Sobre la base de este conocimiento se les capacita activamente para predecir y recordar diferentes tipos de discurso en cuanto lectores o auditores. También se les estimula a expresarse en forma oral y escrita sobre la base de los diversos tipos de estructuras y contenidos de los discursos que han aprendido.

Los niños "juegan a leer" libros predecibles, lo cual se denomina así porque los alumnos comienzan a predecir lo que el autor va a decir a continuación y la manera como lo va a decir. Apenas el maestro lee unas pocas páginas e incluso unas líneas, los niños dicen en voz alta, recitan o cantan el contenido siguiente, gracias a que el texto está impreso sobre la base de las rondas, adivinanzas, juegos con palabras, rimas, canciones, poemas familiares al niño, o bien porque se utilizan patrones repetitivos de lenguaje o la presentación de secuencias o de hechos sucesivos o acumulativos.

Todas esas actividades implican una inmersión desde muy temprano en el lenguaje impreso partiendo de la base que el cerebro humano (Smith, 1971), especialmente en los primeros cinco años, posee un potencial para extraer las leyes que rigen el lenguaje tanto oral como escrito.

El concepto de los modelos sugiere que nada sería más práctico para los educadores que poseer una teoría del proceso lector. Los modelos proporcionan comprensiones más profundas acerca de la naturaleza de la lectura y el lenguaje.

Los modelos de destrezas y el holístico/interactivo no tienen por qué ser antagónicos. La investigación avala que la temprana e intensiva enseñanza de los fónicos da como resultado un mejor logro general del rendimiento lector (Groff, 1986). Por otra parte, el modelo de destrezas es manejado con eficacia por la mayoría de los educadores de primer grado y ese haber es digno de ser considerado.

Lo importante es que ese "haber" sea enriquecido con los aportes dados por los modelos holísticos/interactivos y que ello redunde en que los educadores reformulen la filosofía de su quehacer, la selección de los objetivos y métodos de la enseñanza, el sistema de evaluación y el planeamiento de su tiempo y el de sus alumnos.

2.4. PAPEL DE LA MEMORIA

Aprender a leer implica una serie de técnicas conducentes a automatizar el reconocimiento de las palabras con el fin de que el lector reduzca, progresivamente, la dependencia en la información visual a través del uso del significado. Esta automatización o habituación implica retener, recordar o recuperar la información, aspectos denominados comúnmente como memorizar.

Cualquier referencia al tema de la memoria, implica poseer un modelo de sus componentes. Un paradigma representativo de los estadios de la memoria, en forma general, y sobre el cual existe un grado de consenso en la literatura especializada (Neisser, 1967; Massaro, 1975), es el siguiente:

El primer estadio corresponde al "almacenaje sensorial", el cual facilita la retención de la imagen sensorial dentro de límites especificables (0 a 300 milisegundos), siempre que no sea interrumpido por estimulación sensorial subsecuente. Por ejemplo, se estima que la duración de la imagen en el lector diestro es de, aproximadamente, 250 milisegundos, y se la obtiene a través del promedio de duración de las fijaciones entre los movimientos sacádicos del ojo (Haber, 1969). Así, la función primaria del almacenaje sensorial sería la detección inicial de los caracteres o rasgos físicos de los estímulos, dando como resultado una copia literal de los estímulos sensoriales o imagen icónica (Neisser, 1967).

La segunda etapa se la suele referir a la memoria de "corto plazo", y se postula que sería un sistema de duración restringida (Deutsch y Deutsch, 1975). El número de unidades o "chunks" de información que pueden ser almacenados en la memoria de corto plazo se estima entre cuatro y siete, para niños de 5 a 10 años de edad (Simon, 1972), y entre cinco y nueve para la mayoría de los adultos. Las estimaciones sobre la duración de la memoria de corto plazo varían, pero los períodos comprobados por los investigadores no se extienden más allá de 30 segundos (Craik y Lockhart, 1972). Las funciones de este tipo de memoria estarían referidas a facilitar el recuerdo de la información, la cual sólo se retendría por períodos breves; y a colocar nueva información en el almacenaje permanente o memoria de largo plazo. Ambas funciones son importantes en los procesos de recodificación y de repaso, por lo cual algunos autores denominan "memoria de trabajo" (Kleiman, 1972) a la memoria de corto plazo.

La tercera etapa en el modelo es la "memoria de largo plazo" o almacenamiento permanente, la cual se considera como un sistema de capacidad ilimitada que puede mantener la información por un tiempo indefinido. Se estima que la memoria permanente contiene conocimiento categorizado e integrado, de manera tal que se facilita la rápida y automática comprensión de la información proveniente de las modalidades sensoriales, en forma natural o codificada. La memoria de largo plazo incluye, también, programas semánticos y sintácticos que permiten entender y comunicar el lenguaje hablado y escrito. También incluiría registros permanentes de objetos y sucesos pertenecientes a la propia experiencia que permitan reconocer e intercambiar cosas y personas incluidas en tales experiencias (Tulving, 1972). Naturalmente, esta memoria influencia todos los otros procesos mnémicos y es, a su vez, influenciada por ellos.

En este modelo, la "atención" influencia el tipo y la cantidad del material procesado en todas las etapas de la memoria. Neisser (1967) plantea que la "atención focal" determina el destino de la imagen sensorial e influencia el procesamiento, tanto en la memoria de corto como de largo plazo. Las relaciones recíprocas e interactivas entre los distintos componentes de la memoria se representan en el modelo con pares bidireccionales de flechas, que van de uno a otro componente.

Los datos actuales de las investigaciones y de los puntos de vista teóricos relacionados con la memoria y su relación con el aprendizaje, en general, y con la lectura en particular, son exhaustivos. A continuación, se relacionan sólo algunos aspectos referidos a la utilización de mediadores eficientes para el aprendizaje de la relación fonema, articulema, grafema; a la importancia de las agrupaciones para la retención; al papel de la memoria episódica; el método de las partes repetidas y la función de la motivación. El papel de la práctica se analiza en forma separada.

2.4.1. UTILIZACION DE MEDIADORES EFICIENTES

La utilización de mediadores eficientes para memorizar la asociación fonema-grafema-articulema, aparece firmemente validada por la investigación y la experiencia práctica.

Los mediadores pueden ser kinestésicos-táctiles, como los empleados en la técnica de trazado de Fernald (1943) y el método gestual de Mme. Borel-Maisonny (1966). También pueden ser visuales, como los fónicos en color de Bannatyne (1971) o de Edith Norrie (1960).

El mediador gestual. Este ha sido aplicado, largamente, en Francia: primero, en niños con alteraciones del lenguaje, y luego en la enseñanza de los niños sin problemas. En los Estados Unidos, Vernon y Coley (1978) han mostrado experiencias de enseñar a leer a niños y adultos con problemas severos de comunicación, mediante el lenguaje gestual utilizado en la enseñanza de los niños sordos. El método, según informan ambos autores, ha sido aplicado en escuelas de Maryland y West Virginia con niños normales, como parte de un programa de lectura, con significativo éxito. En Chile Bluth y otros (1979) aplicaron el método gestual "Dame la Mano" de Alliende et al. (1976) con niños de clase media y baja. Lograron diferencias significativas en relación a la aplicación de un método global.

Las explicaciones del éxito en la aplicación del empleo del gesto como mediador son variadas:

El gesto utiliza para su utilización la modalidad motriz. El funcionamiento motor tiene un sistema de retención y recuperación cualitativamente diferente al de las modalidades visuales y auditivas (Adams, 1967; Adams y Dijkstra, 1966). Existen amplias evidencias experimentales en el sentido de que las respuestas motoras son las más resistentes a la interferencia y al olvido en la memoria de largo plazo. Es una experiencia común para la mayoría de las personas que una vez que se ha aprendido a andar en bicicleta, nadar, tejer, etc., estos aprendizajes se graban en la memoria en forma casi permanente. Esa resistencia al olvido de los trazos motores es comprensible, si se considera que, por lo menos, tres importantes áreas cerebrales están dedicadas, en gran medida, al funcionamiento motor habitual: las áreas frontales de la corteza, el cerebelo, y las áreas poscentrales del lóbulo parietal.

Las investigaciones de Sperry (1964); Gazzaniga (1970); Kimura (1973); Vellutino et al. (1978), y otros, en relación al papel del cuerpo calloso en la transferencia interhemisférica, sugieren que los componentes lingüísticos de las palabras impresas son almacenados diferencialmente en ambos hemisferios y que la identificación de letras y palabras posiblemente involucra la recuperación y la integración de la información a partir de ambos sistemas de almacenamiento. Así, el funcionamiento motor-lingüístico requerido en el aprendizaje gestual, estaría localizado en el hemisferio opuesto al requerido para el aprendizaje del lenguaje, que se apoya primariamente en la audición (Vernon y Coley, 1978).

Al utilizar el gesto como mediador en el aprendizaje visual y auditivo, se estaría reforzando la coordinación interhemisférica, a través de la estimulación de las habilidades latentes del hemisferio menor; especialmente su manejo de las relaciones espaciales. Aparte de los aspectos neurológicos, cabe destacar que el gesto constituye una vía fácil de aprender, porque tiene bases corporales primarias y elementos lúdicos. Los estudios muestran que los primates no sólo aprenden lenguaje gestual: pueden también transmitir ese aprendizaje a los más jóvenes (Premak, 1979).

La utilización del gesto equivaldría a un refuerzo de la memoria (Bannatyne, 1971) de tipo asistencial. Para emplear un símil, equivaldría a las barras de acero que se colocan en el hormigón para transformarlo en concreto armado. Esta utilización no sólo sería útil para reforzar la asociación fonema-grafema, serviría también para proporcionar una fuerte retroalimentación kinestésica, que, unida al input visual y auditivo, refuerza la secuencia de las letras en la palabra. Hecho que se transfiere positivamente al aprendizaje del deletreo y de la ortografía.

2.4.2. AGRUPAMIENTO Y CATEGORIZACION

Miller (1965) demostró que el rango de la memoria de corto plazo, en términos de las unidades que pueden ser retenidas, es esencialmente invariante, cualquiera sea la información que contenga cada ítem. Todo agrupamiento, bloque o categorización ayudará a ampliar el proceso de almacenaje en la MLP, así como a facilitar su recuperación. En el aprendizaje de la lectura inicial, esto puede traducirse en la formación de familias de palabras, en agrupamientos de palabras con prefijos, sufijos o raíces similares, etc. Todo agrupamiento (véanse familias fónicas de palabras) tendrá una cualidad más efectiva para su retención que las palabras aisladas como mesa, gato, elefante, viene, el, mamá. Temas que coparán la memoria de corto plazo sin ventajas de la agrupación. La enseñanza con presentación de elementos unificadores tan numerosos en las lenguas romances, facilita la síntesis, la transferencia y da base para que el niño descubra la ley o regla subyacente.

2.4.3. EL PAPEL DE LA MOTIVACION

En cualquier planteamiento sobre el papel de la memoria en los procesos de aprendizaje no se pueden ignorar la motivación y los procesos de atención. Si el niño no está concentrado en la tarea que tiene que enfrentar, no hay bases sobre las cuales facilitar la retención. Hay evidencias experimentales de que el sujeto que mejor aprende es aquel que no sólo está en un estado de alerta, sino aquel que también es capaz de poner atención sostenida en la actividad. Pribram (1970) ha destacado la importancia de los nervios que van desde las áreas asociativas de la corteza cerebral a las partes más bajas del cerebro y hacia las regiones sensoriales y fibras que dirigen la fijeza de la mirada y los otros músculos utilizados en la progresión izquierda derecha y los movimientos sacádicos del ojo utilizados en la lectura.

El hecho de que la lectura sea dependiente de la atención y de la motivación implica seleccionar los contenidos de las lecturas en función del interés que despierten.

II. PRACTICA

1. CONSIDERACIONES GENERALES

En capítulos anteriores se ha planteado que, aproximadamente, un 5 por ciento de los niños logra la decodificación de las palabras impresas antes de su incorporación a la instrucción sistemática en el reconocimiento de las palabras. Por el hecho de estar inmersos en un ambiente letrado, ellos aprenden, desde muy temprano (dos y tres años), que determinados impresos representan significados generales y específicos. Distintos contextos situacionales como los signos del tránsito, rótulos de alimentos, nombres de calles, avisos televisivos, revistas, periódicos, cuentos leídos por los padres mientras los niños observan las palabras del texto, etc., facilitan al niño la abstracción de las palabras impresas de su contexto situacional y le permiten descubrir las reglas necesarias para transformar los signos espaciales en sus equivalentes verbales. Progresan así hacia la directa captación del significado.

Sin embargo, para la gran mayoría de los niños, especialmente los que provienen de hogares desventajados y los que presentan dificultades específicas frente al aprendizaje lector, la adquisición y conciencia del lenguaje escrito no surgen de manera natural. Ellos requieren la mediación de un educador (ya sea padre, hermano mayor o maestro) que les guíe a través de distintas rutas de acceso al significado de las palabras impresas. Mattingly (1972) plantea al respecto que la capacidad de "realizar funciones lingüísticas a través del ojo y de la mano" no constituye una característica genética del hombre y, por lo tanto, debe ser laboriosamente aprendida por cada generación, generalmente en el contexto de una relación educador-alumno.

Es indudable que los procedimientos informales de enseñanza, como los recomendados en el jardín infantil, dan oportunidades para lograr un aprendizaje con alta motivación y propósito; favorecen el desarrollo personal, en los aspectos de autoestima, responsabilidad e independencia; y estimulan las actitudes de búsqueda, la interacción social y la creatividad.

Sin embargo, este enfoque, al aplicarse en el primer grado, a veces, corre el riesgo de mal interpretarse en dos sentidos: uno, asociar lo incidental con la carencia de sistematización de los conocimientos sobre los procesos y los contenidos del aprendizaje por parte del profesor, en este caso de la lectura. El otro es que el educador crea que basta un ambiente estimulante, con libertad para explorar y experimentar, para que, eventualmente, todos los niños deseen aprender a leer y sean capaces de hacerlo sin instrucción específica. La mayor parte de los niños brillantes y/o aquellos que provienen de hogares donde la letra es valorada, frecuentemente lo logran; pero también es cierto que una apreciable cantidad de niños fracasarán en sus intentos por aprender a leer si no cuentan con la guía y enseñanza de un educador.

Obviamente, la iniciación en el aprendizaje de la lectura no tiene por qué implicar una dicotomía: un enfoque natural o incidental en el kindergarten y un enfoque directo sistemático en el primer grado. Se puede lograr una integración: el aprendizaje de la lectura es demasiado importante para dejarlo al azar a través de un enfoque puramente incidental; por otro lado, la enseñanza directa será un esfuerzo errado si llega a ser tan formal y prescriptiva que aburra o frustre a los alumnos con menos habilidad.

Es esencial que los educadores estén informados sobre el proceso lector para proporcionar a los niños un conocimiento preciso basado en las actividades informales y juegos infantiles, teniendo en mente los aportes de los investigadores que han analizado las conductas lectoras en situaciones naturales. Así, independientemente de la tendencia metodológica a la que se adscriba el educador o a la organización formal o incidental que imprima a su enseñanza, tiene que interiorizar un esquema didáctico que le permita facilitar al alumno el acceso a la automatización del aprendizaje de la lectura. El conocimiento del proceso lector que debe manejar el educador implica una lista de destrezas y conceptos básicos, un análisis de las tareas implicadas en el aprendizaje, una división de la tarea en sus partes constitutivas y un esquema para su enseñanza. A partir de este planteamiento se presentan las sugerencias prácticas que vienen en esta segunda parte del libro.

El desarrollo de las estrategias que se presentan a continuación se basa en las siguientes consideraciones:

— No se establece una línea demarcatoria entre prelectura o aprestamiento y lectura inicial. Se considera la lectura como un continuo a lo largo del cual los niños avanzan, desarrollando sus destrezas y habilidades de acuerdo a su propio ritmo. MacGinitie (1969) ilumina este continuo (prelectura-lectura inicial), al decir "...cuando a un niño se le enseña un poco, él está listo para aprender un poco más". Aunque muchas instituciones escolares mantienen una separación rígida entre aprestamiento y lectura inicial, es recomendable adoptar la noción de un continuo flexible de desarrollo de destrezas de lectura, a través del jardín infantil y los primeros años primarios.

— Los niños nunca están totalmente listos o no listos para leer. El "aprestamiento para la lectura", después de todo, sólo es enseñanza de la lectura en el nivel inicial. Consecuentemente, el aprestamiento para la lectura y la lectura inicial deben ser enseñados simultáneamente (Durkin, 1976). La misma actividad puede constituir una tarea de aprestamiento para un niño y una actividad de lectura para otro. Esta versatilidad en la enseñanza de la lectura rara vez integra la formación de los educadores.

— La presentación de este esquema dirigido al educador constituirá un esfuerzo errado si se aplica a los alumnos de manera tan formal y prescriptiva que aburra o frustre a los niños. Especialmente si los obliga a trabajar a un mismo ritmo, en un mismo horario, o si considera que lo que ha enseñado ha sido aprendido obligatoriamente.

— La aplicación de las técnicas no excluye el uso de los textos, ya sean de aprestamiento o de lectura inicial. Estos son un material útil dentro de otros tipos de materiales: los "registros del habla o experiencias"; letras movibles; tarjetas con sílabas o con otros elementos estructurales; tarjetas fónicas; vocabulario visual; libros de animales y cuentos de hadas; grabaciones, casetes, máquina de escribir, computadoras, etc. Generalmente, los textos presentan secuencias bien establecidas de reconocimiento de palabras, y el educador puede completarlas a la luz de su creatividad personal o de las sugerencias dadas en este capítulo. Se espera que los planteamientos teóricos y prácticos aquí presentados también aporten elementos para confrontar críticamente los textos ofrecidos por el mercado.

— Las técnicas aquí desarrolladas están avaladas por la investigación y la práctica como eficientes para que el niño pueda lograr la meta final de reconocer las palabras, en forma tan automática que le permita captar directamente el significado. Sin embargo, eso no significa que todos los niños requieran el mismo tiempo de aplicación para cada una de ellas. Se espera que el educador pueda discernir, en cada caso, cuáles tipos de técnicas son requeridas con mayor énfasis, en cada niño en particular. Ninguna técnica exclusiva es exitosa con todos los niños.

— Las técnicas de reconocimiento de palabras desarrolladas en este capítulo no se rotulan como fónicas o globales, sintéticas o analíticas. Tal separación, importante en la historia de la lectura inicial, a la luz de los aportes de las disciplinas siconeurológicas, resulta improductiva. Por ejemplo: los datos actuales no otorgan la exclusiva lateralización de las funciones del lenguaje al hemisferio izquierdo. Este se especializa en los aspectos lógicos, sintácticos y ordenados del lenguaje (secuencias); analiza la correspondencia fonema-grafema, está interesado en los detalles e identifica las palabras usando significados denotativos. El hemisferio derecho en cambio procesa holísticamente las palabras que son connotativas y productoras de imágenes. Su organización léxica no depende de conceptos verbales o funcionales: usa asociaciones visuales, estructurales y creativas.

Así, un método eficiente de aprendizaje de la lectura debe proporcionar elementos que estimulen los estilos cognitivos de ambos hemisferios, de acuerdo con Fox (1981), que plantea la lectura como una función del cerebro en su totalidad.

El esquema que se presenta en esta segunda parte se refiere a los aspectos más directamente relacionados con el aprendizaje de la lectura, y se organiza de la siguiente manera:

- Actividades de exploración.
- Escuchar cuentos.
- Formación de un vocabulario visual.
- Conocimiento de las letras del alfabeto.
- Análisis fónico.
- Análisis morfémico.
- Claves contextuales.

Los últimos cinco aspectos implican distintos tipos de estrategias para enfrentar el reconocimiento y análisis de las palabras.

2. ACTIVIDADES DE EXPLORACION

Las actividades de exploración son básicas para el desarrollo de los procesos cognitivos. Los niños muestran conductas exploratorias cuando ellos examinan, actúan y hacen preguntas sobre su ambiente, las personas, los objetos y el lenguaje. En la medida que se desarrollan, también exploran la lectura y la escritura. Mientras más explora el niño un aspecto particular, más desea tener experiencias (Piaget, 1926).

Los niños avanzan hacia el dominio de la lectura experimentando con conceptos, comunicación y lenguaje, literatura y escritura (Cfr. Canella, 1985).

2.1 EXPLORACION DE CONCEPTOS

La exploración de conceptos permite a los niños incrementar y desarrollar su pensamiento a través de paseos, experiencias sociales con otros niños y manipulación de objetos concretos. Ella permite proporcionar una base cognitiva para entender los conceptos, las relaciones, los personajes y las situaciones problemáticas que surjan en la lectura. Algunas actividades de exploración de conceptos son las siguientes:

— Cuando un niño va a un paseo al aeropuerto, al circo, a una fábrica o a un parque de entretenciones, obtiene una amplia gama de experiencias que le permitirán que tengan significado muchos contenidos de la lectura. Esto es más válido si las experiencias son mediatizadas a través de la comunicación oral del adulto y de la lectura de contenidos atingentes. Si un niño obtiene una variedad de experiencias concretas y el educador se las verbaliza y les lee sobre ellas, él adquiere conceptos, vocabulario y estructuras lingüísticas que le permitirán aportar sentido a la página impresa.

— Los cambios en el ambiente estimulan la observación y la discusión: los animales y las plantas crecen, se multiplican; los cambios de clima; la construcción con cubos, las actividades artísticas, proporcionan experiencias de exploración y permiten a los niños desarrollar las bases cognitivas para entender conceptos abstractos y sus relaciones.

95

— Las actividades que implican movimiento encuentran su mayor justificación teórica en las postulaciones de Piaget (1952). Este destaca que los aprendizajes obtenidos a través del movimiento en los niños pequeños son aún más importantes que el aprender a moverse. La actividad sensoriomotriz preverbal es la responsable de la construcción, por parte del niño, de los esquemas perceptuales básicos para la estructuración subsecuente del pensamiento.

Las actividades que implican movimiento también proporcionan a los niños vocabulario y desarrollo conceptual porque les permiten denominar y analizar la función de las distintas partes del cuerpo y de sus posiciones (piernas, tronco, manos, codos, rodillas; sentarse, trepar, rodar). También permiten comprender puntos de referencia claves tales como posición, dirección, conformación, tamaño, y discutir diferentes características de objetos y de personas (lento, rápido, tenso, liviano, grande, curvo). Estas experiencias favorecen en los niños la comprensión general de algunos planteamientos leídos. Es difícil para un niño entender la oración: "Juan se arrastró por la arena" si él no ha tenido una experiencia igual o similar.

— A través de la exploración científica los niños experimentan con el mundo físico, identifican problemas y generan soluciones. La experimentación con agua, por ejemplo, produce estructuras cognitivas que le permiten la futura identificación significativa de palabras como "húmedo", "mojado", "empapado", "seco", "río", "líquido", "flotar", "hundirse". Las hipótesis que forja un niño en relación a objetos que "flotan" o que se "hunden" le servirá como una base concreta para generar soluciones en las narraciones.

— La exploración con palabras tanto orales como escritas permite al niño entenderlas en cuanto representan conceptos, objetos y acciones. El enfoque lenguaje-experiencia ya descrito en páginas anteriores, constituye una manera de explorar el concepto de palabra. La mayoría de los niños comienza a interactuar con el lenguaje escrito a través de su interés en sus nombres personales; más tarde, pequeñas historias ("registros de experiencias") pueden ser dictadas por los niños o por los grupos y el educador las escribe "verbatim". Una gran variedad de actividades son posibles al explorar los conceptos de palabras-ideas. Los registros de experiencias pueden ser explorados durante varios días, juntando y reconstruyendo palabras y oraciones. Los niños pueden elegir palabras para leerlas independientemente. Las palabras pueden ser comparadas en sus semejanzas y diferencias.

2.2. EXPLORACION DE LA COMUNICACION Y DEL LENGUAJE

La exploración de la comunicación implica aprender a intercambiar comunicación con otro, en una secuencia que va desde el contacto directo,

persona a persona, hasta la comunicación a distancia, ilimitada en el tiempo y en el espacio, que implica la relación autor-lector.
Las actividades sugeridas son las siguientes:

- La conversación es la forma más elemental de exploración del lenguaje. Esto ocurre cuando el ambiente es abierto, positivo y libre de crítica y de presión. La conversación le permite al niño saber y aprender del otro y de los otros.

- Las discusiones compartidas y abiertas son actividades comunicativas. Los niños pueden ser estimulados a plantear sus opiniones, preguntas y soluciones en relación a noticias, hechos cotidianos, problemas o ideas.

- El hablar también es estimulado en los ambientes que permiten que el grupo busque la solución de problemas. En ciencias, los niños pueden discutir, anticipar y formular hipótesis sobre los posibles resultados de hacer una mezcla de dos o más productos químicos. Lo mismo es válido frente a la solución de un problema matemático.

- La actividad de "mostrar y decir" también estimula la comunicación. El niño trae a la clase algo que él considera interesante: un zorzal o un sapo, una lupa, un microscopio, una mariposa disecada o un libro; lo muestra a sus compañeros, describe sus cualidades, estimula las preguntas y acepta los aportes de sus compañeros.

2.3. EXPLORACION DE LA LITERATURA

La exploración de la literatura extiende los conceptos y el lenguaje del niño, porque lo expone a nuevas ideas, vocabulario y estructura oracionales. La familiaridad con el lenguaje de los libros crea una mente abierta a la lectura y a la conciencia de las características específicas de la escritura (Coody y Nelson, 1982). Los niños exploran mundos que no le son accesibles a través de la experiencia directa.
El escuchar cuentos, ya sea contados y leídos, es una actividad básica de exploración de la literatura, y se desarrolla, más adelante, con mayor extensión. Otras actividades son las siguientes:

- La expresión concreta es esencial para la experiencia literaria. Por ejemplo, los juegos sociodramáticos los ayudan a sintetizar el significado de la literatura.
Durante esta clase de juego, se les pide a los niños, a menudo, que seleccionen un personaje que podría aparecer. Para lograrlo los niños tienen que conceptualizar y recrear personajes específicos, sucesos y argumentos de otros cuentos e interpretarlos para los otros niños.
La actividad expande la competencia verbal general de los niños, la cual correlaciona significativamente con la comprensión lectora, promueve habilidades sociales, emocionales y cognitivas y contribuye a la expansión de las experiencias que refuerzan el desarrollo de los niños. Estas habilidades son útiles para el posterior aprendizaje de la lectura,

dado que los niños tendrán que informar sobre personajes, argumentos e ideas importantes. A veces, durante el juego sociodramático ellos deben argumentar con los otros niños acerca de las características positivas o negativas del personaje que representan o sobre la fidelidad o inconsistencia de sus acciones. Esto les enseña a ser pensadores críticos, lo cual en la lectura es un factor importante.

- El juego sociodramático también ayuda a los pequeños a desempeñar papeles distintos; vivir experiencias vicarias y entender diferentes sentimientos y puntos de vista. Estas actividades imaginativas sobre la base de las características de los personajes y de sus vidas, son aspectos importantes para la comprensión y la apreciación de la literatura. Esta actividad también da oportunidades para refinar y aumentar el lenguaje oral del niño.

- El ambiente literario también debe incluir, interpretar papeles ("role playing"), la pantomima y el teatro de títeres. En el primer caso se trata de una exploración concreta de conceptos, acciones y emociones: los niños naturalmente pretenden ser un doctor, una educadora o un bombero. La pantomima y el teatro de títeres son otras formas de juego dramático que proporcionan esquemas cognitivos y emocionales.

- La literatura también puede ser explorada a través de la poesía, porque los niños gozan con los sonidos de las palabras, con su ritmo, entonación y contenidos.

2.4. EXPLORACION DE LA ESCRITURA

Los niños, en su gran mayoría, están muy interesados en la escritura. Los garabatos de los pequeños son el comienzo de la exploración del lenguaje escrito (Wiseman, 1984). Con el fin de facilitar esta exploración, el educador debe proporcionar a los niños una variedad de útiles como lápices, pinceles, tizas de variados colores y tamaños, mesa de arena, cartulinas, papeles y pizarras. Algunas actividades que favorecen la exploración de la escritura son las siguientes:

- La pintura y el dibujo libre (Condemarín, Chadwick, 1985) ayudan a los niños a desarrollar la habilidad para reproducir e interpretar el mensaje de un autor. Los introducen en el color, la forma, la textura, y los estimulan a crear o identificar patrones y símbolos. A través de la pintura, un niño toma conciencia de que las imágenes sobre el papel son significativas y dicen algo. Algunos niños con dificultad para aprender y leer nunca han establecido una relación entre la palabra hablada y la palabra escrita: la pintura les ayuda a relacionarlas.
Cuando el niño colorea cuadros de personas o animales aprende a reparar en detalles significativos, tales como las diferencias que hay entre las partes del cuerpo y sus posiciones apropiadas. En suma, la pintura ayuda a diferenciar la figura de su fondo, lo cual constituye una destreza perceptual necesaria para distinguir los símbolos de una página impresa.

98

La actividad de pintar también ayuda a los niños a desarrollar la direccionalidad izquierda-derecha. Ellos, generalmente, pintan sobre hojas largas de papel y aprenden a coordinar los trazos del pincel a lo largo de esas superficies sin líneas. Frecuentemente, los movimientos de sus manos son realizados de izquierda a derecha: así proporcionan las bases para la lectura y la escritura de las líneas impresas.

- A los niños les agrada que el educador rotule los objetos. Cuando ellos no lo solicitan espontáneamente, el educador puede decirles: ¿quieren que escriba sus nombres en el dibujo? Otras veces, ellos intentarán hacerlo y el educador deberá reforzar sus intentos sin exigirles precisión. En otras ocasiones, el educador puede decirle a un niño: "Cuéntame sobre tu tortuga, y yo escribiré mientras tú hablas. ¿Quieres? "

- En la medida en que el niño intenta escribir su nombre, comienza a interesarse por escribir otras palabras significativas. Este interés por la escritura sirve de nexo entre el lenguaje oral y la lectura inicial.

3. INTERACCION CON CUENTOS Y NARRACIONES

El lenguaje oral del niño constituye un importante factor en el aprendizaje de la lectura y de la escritura. Cuando se pregunta a los niños cuáles palabras desearían aprender a leer y escribir, ellos utilizan, típicamente, los ítemes léxicos de las historias que han sido contadas o leídas (Ashton-Warner, 1963).

El lenguaje utilizado en los cuentos es un lenguaje literario, diferente del lenguaje cotidiano. Los personajes de los cuentos —reyes, princesas, gigantes, animales que hablan— emplean, a menudo, estructuras gramaticales y vocabularios diferentes a los utilizados en el lenguaje verbal auditivo. El narrador y el lector de cuentos, al emplear el lenguaje literario, facilitan a los niños la comprensión del léxico y de la sintaxis de las historias que ellos encontrarán en sus lecturas. Simultáneamente, les afianzan los esquemas o estructuras narrativas que les ayudarán a ser mejores predictores y generadores de hipótesis lectoras, en la medida que siguen el contenido de una historia.

Los preescolares que tienen experiencias en escuchar cuentos también poseen un bagaje de esquemas o gramáticas narrativas, basadas en las historias que conocen y que les sirven para guiar la comprensión de otros discursos narrativos, como también para recordarlos mejor.

La gramática narrativa implica la descripción de los componentes típicos que integran, frecuentemente, un cuento o una narración y, en cuanto constructo teórico, se inserta dentro de la teoría del esquema (Rumelhart, 1981).

Los esquemas o estructuras cognitivas son evolutivos (Anderson, 1976) y se adquieren gradualmente a partir de diferentes y variadas experiencias con historias contadas o escuchadas. Los preescolares elaboran sus esquemas de cuentos sobre la base de las narraciones escuchadas o televisadas en el hogar. Esto los prepara para entender, memorizar y apreciar las nuevas historias que conocerán en la situación escolar y que eventualmente leerán.

Un esquema proporciona expectativa sobre la secuencia de la historia. Un cuento puede ser tan predecible que el niño sepa, exactamente, lo que sigue a continuación; o bien, la trama puede sorprenderlos con un giro inesperado. En ambos casos, el lector confronta sus expectativas con la historia, en la medida que ella se desenvuelve, y, de esta manera, el contenido adquiere sentido.

101

Un esquema constituye una representación cognitiva idealizada de los elementos que componen una entidad y de sus relaciones mutuas que permiten que se formulen hipótesis y se pueda predecir la información. Por ejemplo, los individuos pueden tener un esquema sobre un avión, una silla, un rostro, una ida a un restaurante, un cuento o una novela policial o sentimental.

El esquema de una narración constituiría un conjunto de expectativas del lector frente a la estructura de un texto que incluiría una ordenación jerárquica de sus elementos básicos, relacionados causal o temporalmente (cfr. Rumelhart, 1981; Mandler y Johnson, 1977). Estos elementos compondrían una gramática de la narración.

Un ejemplo simple es el siguiente:

IDENTIFICACION DE LAS CATEGORIAS NARRATIVAS DE "LA GATITA Y EL CIEMPIES".

El cuento:

1. Había una vez una gatita llamada Lulú.
2. Ella tenía una zapatería linda y ordenada.
3. Una tarde, cuando estaba a punto de cerrar,
4. llegó a comprarle zapatos un ciempiés interminable.
5. La gatita se inquietó porque pensó que no tenía tantos zapatos de un mismo color,
6. pero decidió dejar contento a su comprador.
7. Amablemente, le probó un par de zapatos para conocer sus medidas,
8. y luego comenzó a sacar y bajar zapatos de todos colores.
9. Por fortuna, al ciempiés le gustaron todos los zapatos.
10. Se los puso y partió feliz, taconeando fuerte.
11. Lulú, cansada, pero feliz con tan buena venta,
12. cerró su zapatería y se puso a descansar.

Las categorías:

"La gatita y el ciempiés"

PRESENTACION y EPISODIO
1 y 2

COMIENZO   DESARROLLO   FINAL
3 y 4   11 y 12

REACCION COMPLEJA   TRAYECTORIA HACIA EL
                          OBJETIVO

Reacción simple (c) Objetivo   Tentativa (c) Resultado
5   6   7 y 8   9 y 10

La presentación introduce a la gatita y su ambiente. Cuando está a punto de cerrar su zapatería, el ciempiés rompe el equilibrio; esto marca el comienzo, el acto precipitante del episodio completo. *El desarrollo* está compuesto de *la Reacción Simple* de Lulú (se inquietó al pensar que no podría satisfacer a su cliente); del *Planteamiento de un Objetivo* (dejarlo contento); de *la Tentativa* (probar y sacar zapatos de todos colores) y *del Resultado Afortunado,* debido a que el ciempiés no puso reparos y partió taconeando fuerte. En *el Final,* la gatita se dispone a cerrar su negocio y a descansar.

Se describen a continuación las diferencias entre escuchar cuentos narrados y cuentos leídos, dentro de un programa de prelectura y lectura inicial.

3.1. ESCUCHAR CUENTOS NARRADOS

Contar cuentos es una actividad escolar tradicional que ha despertado la misma respuesta durante generaciones: un silencio expectante desde la partida, un compromiso progresivo con el contenido, a medida que el cuento avanza y una sensación final equivalente a un *¡cuéntenos otro!*

Esta antigua técnica no constituye sólo un simple entretenimiento, aunque su tónica principal sea la entretención. Tiene una serie de ventajas que recomienda su inclusión dentro de un programa regular de estimulación de lenguaje, en donde se incluya la lectura.

Contar cuentos es una actividad que comparte las ventajas de la lectura en voz alta, pues estimula las habilidades de escuchar, elaborar, ampliar el vocabulario y fomentar el interés en los libros y en la literatura. Sin embargo, también tiene una serie de diferencias significativas:

- Cuando el educador está contando un cuento y no leyéndolo, establece una comunicación visual con sus auditores. El educador pasea sus ojos entre todos los niños estableciendo con cada uno un contacto visual directo. Aun los niños más hiperactivos se relajan, se mantienen tranquilos con la secuencia narrativa, y se contagian con la atmósfera relajada y las actitudes de atención de sus compañeros.

- Los niños, a su vez, no sólo escuchan sino que también miran directamente la expresión facial y gestual del educador mientras narra la historia. Esas claves no verbales, junto con la entonación, aportan mayor significado al contenido y ayudan a aclarar los términos o las expresiones difíciles.

- Contar cuentos es una modalidad efectiva de establecer un puente entre el escuchar y la lectura, dos facetas del proceso de la comprensión.
  Existen diversos procedimientos para desarrollar la actividad de contar cuentos. Las sugerencias que se dan a continuación están dirigidas al educador (Cfr. Nessel, 1985).

- Elija un cuento o una narración que le agrade contar y le dé seguridad de que será comprendida e interesará a sus alumnos.

– Léala varias veces hasta que se familiarice completamente con ella.

– Estudie la estructura de la historia. Tome nota de los principales hechos en la secuencia apropiada, es decir, realice un diagrama de la historia. Esta anotación será útil para apreciar el desarrollo de la narración y para memorizarla mejor.

– Cierre el libro. Visualice el cuento de comienzo a fin. Trace cuadros mentales con los detalles del ambiente y con las características de los personajes. Dé vida a los personajes y a las acciones con la propia imaginación. Imagine, mentalmente, un libreto de la historia.

– Retome el libro y lea la historia en voz alta. Léala expresivamente, como si la dijera ante un público. Al releer, visualice nuevamente el contenido y use la voz para expresar los cuadros visuales creados en su imaginación.

– Cierre el libro. Cuente la historia nuevamente utilizando la voz para dar vida a los personajes y a las acciones ya imaginadas. No intente recordar la historia palabra a palabra. A estas alturas la historia se conoce tan bien que puede decirse con las propias palabras. Cuéntela en voz alta o grábela, hasta que sienta que está listo para contarla en la clase, en forma confortable. Si ha grabado, escúchela, poniéndose en lugar del auditorio.

– Cuando una narración se ha aprendido, probablemente se le hacen pequeños agregados y cambios cada vez que se cuenta; se introducen algunos detalles, o se enfatizan otros. Eso lo han hecho los narradores de cuentos durante siglos, enriqueciendo las narraciones con su toque personal y adaptándolas a su ambiente cultural.

3.2. ESCUCHAR CUENTOS LEIDOS

"Leerles a los niños" es naturalmente la recomendación que los expertos en lectura hacen con más frecuencia. Indrisano (1980) dice que tradicionalmente los educadores han observado que los niños que escuchan con frecuencia historias leídas durante sus años preescolares, están mejor preparados para la instrucción formal en lectura y tienen mejor rendimiento en el aprendizaje, en comparación con niños a quienes no les han leído tempranamente.

La validación de esta información se encuentra entre otros en las investigaciones de Durkin (1966), en Clark (1976) y en Donachy (1979). Por otra parte, Bakhner-Renes y Joefhaghe-Hole (1974) mostraron que el habla de las madres aumentaba en complejidad en las situaciones libres que incluían juegos, charla de sobremesa y lectura de un libro. Snow y Ferguson (1977) también encontraron que la lectura de libros estimulaba un habla de mayor complejidad. En varios estudios se han examinado los efectos que produce la lectura de narraciones a los niños: aumento de su vocabulario; se produce una interacción lingüística más compleja con los adultos (Ackerman, 1976; Irwin, 1960; Mitner, 1951); sentido de la estructura narrativa (Browm, 1975); trasfondo acumulativo de información y desarrollo del interés por aprender a leer (Chomsky, 1972).

Las razones para que haya una correlación positiva entre la iniciación exitosa en la lectura y las experiencias en escuchar regularmente narraciones leídas son varias:

— Las lecturas en voz alta, por parte de los adultos, establecen una relación emotiva que permite que el niño asocie la lectura a un momento de grata comunicación con los adultos. Para muchos niños, el acto de leer es sentido como una forma de recibir amor.

— Los niños perciben claramente que las palabras impresas conllevan significados.

— Las lecturas permiten a los niños familiarizarse con nuevos conceptos, temas, vocabulario y estructuras oracionales característicos de los textos escritos.

— Se familiariza al niño con destrezas de lectura tales como tomar un libro, voltear las páginas, observar que las palabras se desplazan de izquierda a derecha.

— En la medida que van siguiendo con sus ojos la lectura, los niños parean el habla con sus equivalentes gráficos. Las palabras impresas se van "almacenando" en su memoria de largo término; establecen similaridades y diferencias, distinguiendo formas de letras y de palabras. En suma; el niño se va familiarizando con el lenguaje impreso, y su cerebro se encargará de extraer sus reglas, progresivamente.

— El lector adulto, cuando lee con entusiasmo, claridad y expresión proporciona un modelo que el niño querrá imitar. Lo incita a esperar, con prontitud, el momento de obtener, por sí mismo, el placer de leer.

Algunas recomendaciones para efectuar esta actividad son las siguientes:

1) La narración y los materiales ilustrativos deben ser elegidos cuidadosamente por el educador. Se recomienda que los cuentos elegidos sean adecuados para los niños en relación a su edad y experiencias previas. Más vale seleccionar dos narraciones cortas, que una larga que no mantenga la atención de los niños. Sin embargo, si se selecciona una narración con largas descripciones, pueden omitirse algunos párrafos o páginas.

2) A la mayor parte de los niños les agradan las narraciones cortas. Los temas preferidos son historias de animales reales o fantásticos; cuentos de hadas; narraciones sobre niños con los cuales pueden identificarse; relatos hogareños con situaciones familiares; palabras sin sentido; poemas; trabalenguas; juegos verbales; registros de experiencias contadas por ellos mismos o por otros niños y escritas por el educador.

3) La selección de los contenidos debe satisfacer tanto las necesidades de entretención como las de información de los niños. En relación a la entretención, la fantasía siempre juega un papel importante; pero en lo posible debe omitirse dramatizar los aspectos que dañen al niño o le produzcan excesiva ansiedad. Si el contenido pretende proporcionar información, ésta debe referirse con precisión al mundo real, incluso en sus ilustraciones.

4) El vocabulario empleado debe corresponder, en lo posible, al lenguaje hablado comprendido por el niño. Si la palabra es desconocida, la ilustración o el contexto debe dar las claves para su comprensión.

5) Las ilustraciones de los libros deben ayudar al niño a entender lo que está sucediendo en el cuento, aunque ellos no escuchen o no entiendan las palabras. Los cuadros deberían aportar conceptos precisos. Los niños se confunden menos si los objetos carecen de ambigüedad y son completos. Los educadores deben apreciar el arte en las ilustraciones para niños y elegirlos sobre la base de su calidad, belleza, fuerza o capacidad para reflejar sentimientos y situaciones. Las ilustraciones también deben permitir que los niños identifiquen y conozcan distintos rostros, edades, ambientes familiares y razas: tales ilustraciones expanden el conocimiento de los niños sobre las personas de su ambiente y del mundo, y favorecen las actitudes libres de prejuicios sociales y raciales.

6) Las lecturas, en ciertas circunstancias, deben ser hechas sobre la base de historias, narraciones o cuentos ya conocidos por los niños. Son diferentes las actividades de "contar una historia" y la de leerla. Cuando se cuenta un cuento generalmente se utiliza el vocabulario y la sintaxis propias del lenguaje hablado; mientras que cuando se lee se utilizan las palabras y las estructuras oracionales propias del lenguaje escrito. Este último, por su carácter estable y permanente, conserva palabras y expresiones que muchas veces no aparecen en el lenguaje oral. Por ejemplo, al narrar oralmente un diálogo es común emplear la palabra "dijo" y "respondió" o "contestó". Esas mismas palabras al ser leídas aparecerán como: "expresó", "balbuceó", "exclamó" y "repuso", "argumentó", "musitó", etc. Así, el escuchar las lecturas permitirá al alumno aumentar su conocimiento del lenguaje, sobre la base de su familiarización con las formas propias del lenguaje escrito.

7) Tal como lo confirman los estudios sobre los lectores precoces, en lo posible el alumno debe seguir visualmente la lectura. Esto se puede lograr en un grupo pequeño de no más de cuatro niños: dos se ponen a cada lado del educador y dos detrás de cada uno de sus hombros. También puede lograrse si cada niño posee una copia de la historia, si se usan en la sala un retroproyector o epidiascopio, la pantalla de un computador; o simplemente si el educador copia la narración sobre una cartulina o sobre la pizarra. Naturalmente, la caligrafía debe ser claramente legible para el niño.

8) El alumno puede escuchar también un cuento grabado mientras sigue visualmente la lectura y parea las palabras habladas con las escritas. Algunas ediciones de cuentos vienen acompañadas de casetes. También los

padres pueden grabarlos. Naturalmente, esta actividad sólo posee un carácter complementario, debido a la importancia de la relación afectiva que se establece en el contacto personal.

9) Los cuentos favoritos deben ser releídos tantas veces como el niño lo pida. Las preguntas y respuestas sobre la comprensión del contenido deben ser parte natural de la actividad. Cuando los preescolares tienen oportunidades de reescuchar una historia, generalmente aumentan el rango de sus respuestas orales o creativas frente a ella. Ellos tienen más oportunidades para aclarar los aspectos confusos, para llenar los vacíos y para establecer más relaciones. Debe ser prioritaria para el educador la lectura de libros variados, pero también debe incluir en su programa las lecturas repetidas, para dar oportunidad a sus alumnos de apreciar más plenamente sus contenidos.

4. FORMACION DE UN VOCABULARIO VISUAL

La permanente inmersión de un niño dentro de un ambiente letrado le implica acumular en su memoria una cantidad de palabras que él reconoce "a primera vista". La introducción al aprendizaje de la lectura se facilita cuando los niños poseen un repertorio de palabras gráficas visualizables que le servirán de base para deducir las reglas que rigen el lenguaje escrito.

Las palabras pueden ser conceptualizadas como unidades abstractas que tienen diferentes facetas o identidades. Puede distinguirse una serie de identidades (Ehri, 1975). Cada palabra tiene una identidad acústica: por ejemplo, la manera como la palabra "manzana" suena y es oída en el habla. Cada palabra tiene una identidad articulatoria dada por la manera como se mueve la musculatura del aparato fonador cuando pronuncia la palabra. Ambas identidades, la acústica y la articulatoria, pueden enunciarse en una sola, referida como identidad fonoarticulatoria o fonológica. También cada palabra tiene una identidad morfológica; esta incluye información acerca de la composición de la palabra: si está hecha de un morfema o de una combinación de morfemas (por ejemplo, "increíble" está formada por dos morfemas). La mayoría de las palabras también poseen una identidad *semántica*, es decir, una definición, y toda palabra tiene una identidad *sintáctica* que implica una especificación de la función gramatical de la palabra en la oración. Todas estas identidades son adquiridas, evolutivamente, como resultado de una competencia en el lenguaje hablado y escuchado.

Cuando el niño enfrenta el lenguaje impreso o manuscrito, las palabras adquieren, entonces, identidades *gráficas o visuales* que incluyen una entidad *ortográfica*. Las palabras, impresas o manuscritas, están compuestas por una secuencia sistemática de letras y un patrón ortográfico que se repite cada vez que la palabra es representada. Tal como una palabra posee rasgos auditivos, semánticos y sintácticos, así también tiene sus propias características gráficas y ortográficas que le otorgan una forma determinada que puede ser identificada visualmente cada vez que aparece.

Además, a las palabras se las ordena espacialmente en filas; en una secuencia izquierda a derecha; aparecen separadas por espacios en blanco y son ordenadas para formar unidades de frases y oraciones ligadas por signos de puntuación, a diferencia del lenguaje oral en el que el niño maneja las palabras generalmente sin separaciones dentro de las frases o de las oraciones ("voyairme").

Las palabras que el niño conoce "a primera vista" constituyen, para él, un atributo más del objeto representado. Así, como una manzana tiene color, textura, forma, sabor, de la misma manera tiene un sonido y una pronunciación y puede ser representada a través de un dibujo, un esquema o de una palabra impresa. El niño pequeño, al identificar el rótulo de una bebida, lo pedirá para calmar su sed, sin que sea necesaria la presencia física de ella. Cuando una palabra es reconocida por el niño, significa que él ha construido categorías visuales para ella y que la diferencia de las categorías visuales que tiene para otras palabras como "juguetería" o "PARE".

Una vez que el educador aísla las palabras de su contexto real y las escribe en una tarjeta, el niño las sigue reconociendo, en la medida que es capaz de diferenciar sus rasgos distintivos. El sistema visual está equipado con analizadores que responden a los rasgos distintivos de las palabras. Naturalmente los rasgos de las palabras incluyen los rasgos distintivos de las letras que permiten diferenciar significativamente entre una configuración y otra. La identificación inmediata de la palabra ocurre cuando el análisis de rasgos localiza una configuración visual en una lista de rasgos distintivos de una categoría de palabras, en la estructura cognoscitiva, sin el paso intermedio de la identificación de letras.

Se describen, a continuación, las fuentes donde el educador puede seleccionar el vocabulario gráfico del niño. Se proporciona un listado de sugerencias para su desarrollo y reconocimiento "a primera vista".

4.1. FUENTES DE SELECCION DEL VOCABULARIO VISUAL

Las palabras que el niño debe aprender a reconocer a primera vista, es decir, su vocabulario gráfico o visual, pueden ser seleccionadas de varias fuentes. Por ejemplo:

— Una primera fuente la constituyen las palabras que el niño reconoce asociadas a un contexto natural significativo como por ejemplo: *PARE, Salida, Entrada, Sube, Baja,* rótulos de bebidas, helados, alimentos envasados, almacenes, restaurantes, siglas televisivas, computador, nombres de avenidas y calles, letreros de locomoción colectiva, letreros propagandísticos, etc. Estas palabras poseen mucha redundancia informativa puesto que, como en el caso del disco PARE, van asociadas a un color, situadas dentro de un hexágono, etc. Este conjunto de palabras puede ser reproducido por el educador si se las separa de su contexto y se las escribe con otro tipo de letra.

— El vocabulario gráfico espontáneo "a primera vista", que el niño ya reconoce dentro de sus contextos naturales, se puede incrementar con un conjunto de "palabras claves" que le servirán de base para el análisis fónico. Las palabras claves sirven especialmente como recursos nemotécnicos para los sonidos iniciales. Deben ser, simultáneamente, inconfundibles y figurativas. Por ejemplo, la palabra *sofá* es figurativa, pero también puede ser pronunciada *diván*, por lo tanto, es confundible. Algunas palabras útiles pueden ser las siguientes:

A	=	*ala – anillo*	S	=	*sol – silla*
B	=	*bote – bota – bandera*	T	=	*tambor – tenedor*
C	=	*camello – caballo*	U	=	*uva – uña – uno*
CH	=	*chaleco – chancho*	V	=	*vaca – vela*
D	=	*dado – delantal – dos*	Y	=	*yugo – yema*
E	=	*elefante – espejo*	Z	=	*zorro*
F	=	*foca – faro*			
G	=	*gato – goma – gusano*			
H	=	*hipopótamo – helicóptero*			
I	=	*iglesia – indio – iglú*			
J	=	*jirafa – jarro*			
L	=	*luna – lápiz*			
M	=	*mariposa – mamá*			
N	=	*naranja – nueve – nariz*			
O	=	*ojo, ocho, olla*			
P	=	*perro – pañuelo*			
Q	=	*queso – queque*			
R	=	*remo – reloj*			

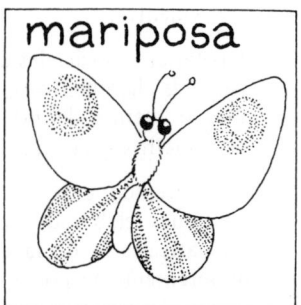

Estas "palabras claves" deben estar, permanentemente, a la vista del niño en la sala de clases. También pueden reproducirse en tarjetas individuales sin la ilustración.

·Otra fuente pueden ser las palabras más comunes, figurativas e inconfundibles, utilizadas en los textos de uso corriente de lectura inicial. Generalmente estas palabras son *papá - mamá - mesa - ala*, etc.

Estas palabras pueden ser clasificadas según representen animales, objetos o personas. Debe tenerse en cuenta que las palabras de mayor frecuencia en los libros de lectura corresponden a nexos o ilativos y a los artículos, pronombres y verbos como ser y estar. En una primera instancia de formación de un vocabulario visual, deben seleccionarse las palabras figurativas por el hecho de ser visualizables, dibujables y estar asociadas a un significado directo para el niño. Sólo una vez que ellos hayan perfeccionado sus destrezas de discriminación visual de estas palabras conjuntamente, y hayan avanzado en sus habilidades de análisis fónico, los niños pueden aprender a reconocer a primera vista el tipo de palabras de mayor frecuencia que no poseen un referente concreto.

Por ejemplo, una vez que un niño reconoce la palabra *casa* y la diferencia de *gato* o *luna*, puede reconocer *la casa, mi casa* o *una casa*.

Otra fuente de selección de palabras que cumple el requisito de respetar los intereses de los niños son los *registros de experiencias*, los cuales son composiciones originales que surgen de las experiencias personales o colectivas de los niños.

Con la ayuda y guía del maestro, el grupo o el niño componen materiales de lectura basados en un acontecimiento concreto (una fiesta, un paseo, una aventura; algo sucedido en la sala de clases). El niño o los niños dictan al maestro lo que han experimentado. El maestro transcribe la experiencia "verbatim", es decir, la escribe utilizando las mismas palabras y las mismas estructuras gramaticales usadas por los niños. Los registros de experiencias son un excelente puente hacia la lectura comprensiva y fluida porque son leídos sin mayores dificultades por los niños, ya que representan sus propias vivencias expresadas en el orden en que ellos las expresaron con sus propias palabras y con sus mismas estructuras gramaticales.

Los registros de experiencias deben escribirse en pliegos de cartulinas o en tarjetas grandes para facilitar la lectura.

Algunos principios generales para elaborar los registros de experiencias son los siguientes:

— Las tarjetas o carteles deben escribirse en letra imprenta o "script", con palabras claramente espaciadas y visibles. Las tarjetas deben ser grandes, más o menos de 60 por 90 cm, con letras mayúsculas de cinco centímetros; y las minúsculas de 2,5 cm.

— El contenido debe ser elaborado sobre la base de las palabras y las oraciones elaboradas por los niños. Los errores de pronunciación, gramaticales o de la estructura de la oración deben ser corregidos, preferentemente por los mismos niños, antes que el registro sea escrito.

— Las palabras deben ser visibles para los niños, a medida que el maestro las escribe. La dirección izquierda-derecha debe ser enfatizada por el maestro: éste moverá un puntero o su brazo en esa dirección para guiar la lectura de los alumnos.

— El maestro se transforma en el "editor" de las experiencias de los niños. Al escribir lo que ellos dictan, va colocando los signos de exclamación, de interrogación; los puntos seguidos, aparte, suspensivos, las comas; las mayúsculas y los acentos, que son signos específicos del lenguaje escrito. El comprobar las diferencias entre la expresión oral y expresión escrita "editada" por el maestro, ayudará al niño a aumentar su conciencia sobre las características del texto impreso.

Algunos ejemplos de "registros de experiencias" son los siguientes:

≪Ayer la calle se llenó de agua y nosotros hicimos bolas de barro≫

≪¿Se imagina que en los supermercados regalaran los chocolates y los caramelos? Yo me los comería todos. Aunque, mejor, guardaría algunos para la tarde≫

≪A mí me gustaría ser camello para guardar agua en las jorobitas. Claro que a mí me gustaría más guardar leche chocolatada≫

4.2. ACTIVIDADES

La introducción directa a la formación y expansión de un vocabulario gráfico implica actividades como las siguientes:

- El nombre del niño puede estar escrito con caracteres "script" sobre su delantal o en una tarjeta que pueda prenderse a su vestuario habitual. También puede estar escrito con letras destacadas en sus libros, cuadernos de trabajo y sobre la percha donde cuelga su ropa. Debe estimularse al niño para que identifique su nombre y el de sus compañeros; por ejemplo, cuando ayuda al maestro a repartir los materiales de trabajo.

  Los principales elementos de la sala de clases pueden estar rotulados: pizarrón, mesa de trabajo, ventanas, puertas, como también las diferentes áreas por donde circula el niño: gimnasio, sala de juegos, biblioteca, baño.

- Deben colocarse indicaciones escritas como: *Salida, Entrada, Recién pintado, No tocar, Escuche a los otros con atención, Regar todos los días, Eche la basura en este lugar,* etc.

- Tener un lugar tranquilo, confortable y luminoso donde los niños puedan interactuar con libros y revistas, sin ser perturbados por los demás.

- Tener una biblioteca en la sala de clases con libros de cuentos, de animales, de plantas, lugares geográficos, niños de culturas diferentes. Suscribirse a revistas de interés colectivo. Estimular a los niños para que los libros y revistas circulen y se los presten mutuamente. Los expertos recomiendan un mínimo de 50 libros, que en su mayoría deberán renovarse frecuentemente.

- Tener un diario mural permanente o un tablero de avisos donde se escriban con letras grandes los nombres de los niños destacados en alguna actividad; los nombres de los niños encargados de realizar distintas funciones dentro de la sala de clases, como sacudir, alimentar a un animalito, regar las plantas, etc. En el diario mural también deben colocarse las tarjetas de saludos, cartas, recados, recortes o cualquier material impreso aportado, en lo posible, por los propios niños.

113

SEMANA DEL 4 AL 11 DE ABRIL		
Sacudir	*Regar las plantas*	*Alimentar al canario*
María	Renato	Arnoldo
Sebastián	Clara	Felipe
Anita	Luisita	Fernanda

– Tener una oración-calendario, por ejemplo: "La fecha de hoy es - - - - - -
- - - - - - - - - - - de - - - - - - - - - - - - - - de 19 - - - - - - - - - - - - - - -
   (día)   (mes)   (año)

– Tener carteles para uso del educador con "Buenos días", "Hola", "Muy bien", "Hasta mañana".

– Enviar notas escritas a los padres en letras "script", con recados, recordatorios, felicitaciones, tareas, y entregar a los niños tarjetas con sus actividades y materiales.

Lunes 4.
Traer revistas para recortar, tijeras y pegamento.

– Recortar o fotocopiar los logotipos de propaganda de artículos alimenticios, bebidas, etc., que ellos reconocen, a primera vista, sobre la base de la información redundante dada por el color, la forma de las letras o el contexto del envase. Con esas palabras se puede formar un panel. Presentarlas en tarjetas aisladas y reconocerlas a primera vista.

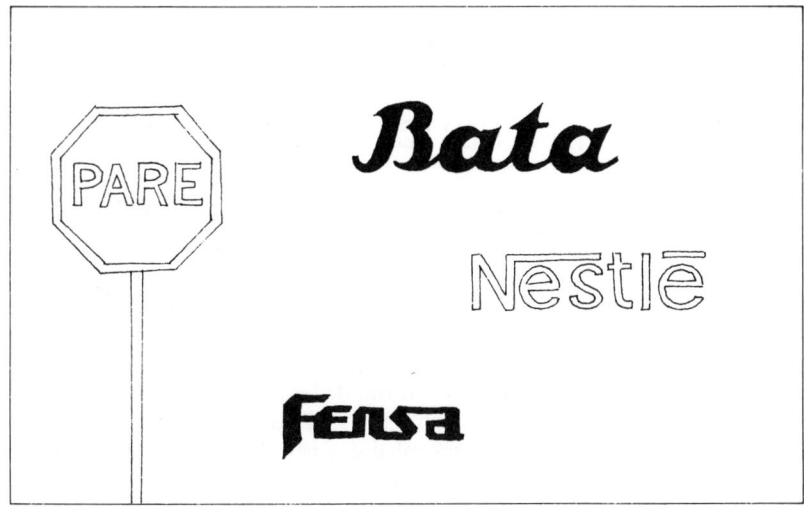

- Extraer la información redundante y aislar la palabra; luego, escribirla con carácteres de imprenta. Jugar a parear la palabra escrita con su correspondiente representación contextual o su ilustración. Permitir que los niños observen y comparen las palabras.

- Seleccionar otras palabras conocidas por el niño, que hayan estado ante su vista en la sala de clases (palabras claves) o extraídas de las fuentes más arriba citadas, y presentarlas en tarjetas aisladas con el fin de hacer ejercicios como los siguientes:

- Parear las tarjetas con su correspondiente ilustración.

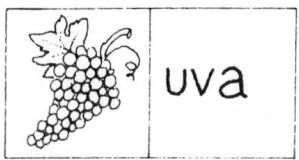 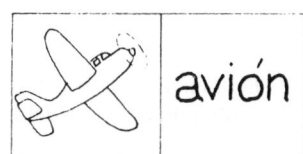

- El educador muestra, escribe o dice una palabra, y el niño la identifica entre varias.

- Presentar las tarjetas en duplicado para que el niño las paree.

- Presentar corridas de palabras; duplicar una palabra, y hacer que el niño identifique cuál es la similar a la de la izquierda en cada corrida. Por ejemplo:

115

mano	mona mano nano
rana	rana rama rata
pelo	palo pelo pala

— Identificar palabras con sus correspondientes configuraciones. Para ello se presentan palabras (aunque no pertenezcan a su vocabulario visual) con carácteres muy legibles. Colocar sobre ellas una hoja transparente y pedir al niño que marque el contorno de las letras y haga notar que hay letras con diferentes alturas. En un paso siguiente, se pueden presentar tarjetas con las configuraciones caladas, y pedirle al niño que identifique cada configuración con la palabra que le corresponda.

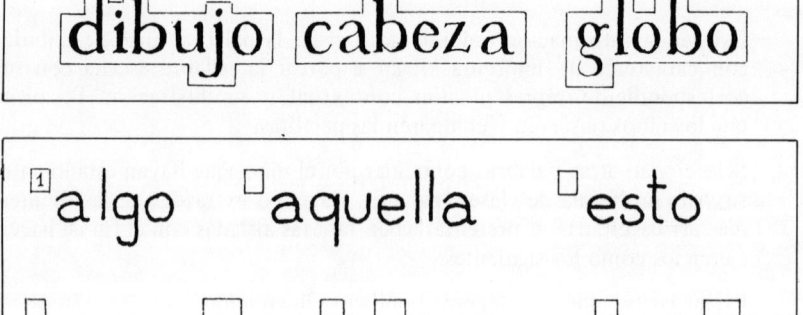

— Estimularlos a recortar la ilustración o a dibujar en tamaño grande el contenido de una palabra figurativa. Escribir la palabra al dorso.

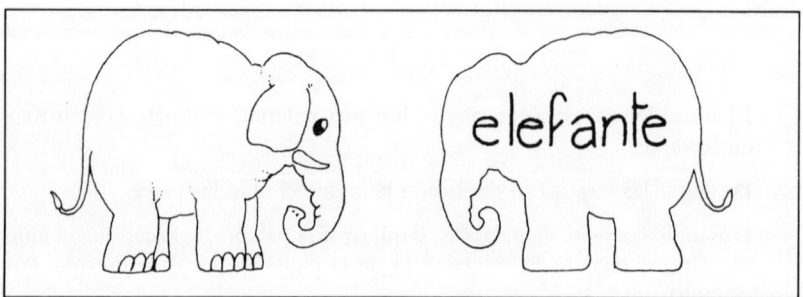

- Presentarle al niño una palabra conocida con diferentes tipografías. Identificar las palabras, parearlas, copiarlas.

- Jugar a la mímica. Por ejemplo, el educador o un niño realiza la mímica correspondiente a la palabra *gato*, y el niño muestra la tarjeta con la palabra escrita.

- Jugar "al pescador". Las tarjetas de palabras se introducen en una caja abierta y se les coloca un "clip" a cada una. Los niños, provistos de una "caña", hecha con una lienza y un imán, "pescan" palabras. Si las reconocen inmediatamente, las ganan.

- Proporcionarles revistas viejas o periódicos. Pedirles que subrayen, recorten o tracen un círculo a las palabras que puedan reconocer.

- Presentar situaciones que impliquen leer todas las palabras para llegar a una meta.

- Categorizar las palabras conocidas, utilizando las tarjetas. Rotular las categorías: por ejemplo, *Animales, Alimentos, Partes del cuerpo, Colores*.

- Realizar juegos de adivinanzas sobre la base de las palabras conocidas. Por ejemplo, el educador dice:
  —Estoy pensando en un animal que es el mejor amigo del hombre y ladra. Los niños muestran la tarjeta *perro*.

- Estimular a los niños a reproducir las palabras en la mesa de arena, sobre la pizarra o en hojas de formato grande. Para ello tener a su alcance tizas, lápices gruesos. No exigir precisión caligráfica en esta etapa.

- Estimular la reproducción de palabras con otros elementos como palitos de fósforos o tablillas.

- Jugar a la lotería o *bingo* de la manera usual, reemplazando los números por palabras.

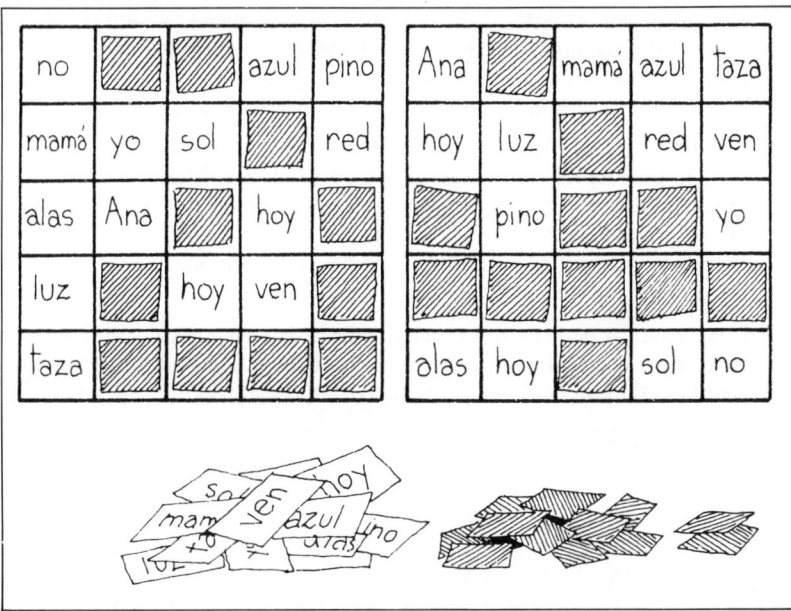

no	▨	▨	azul	pino
mamá	yo	sol	▨	red
alas	Ana	▨	hoy	▨
luz	▨	hoy	ven	▨
taza	▨	▨	▨	▨

Ana	▨	mamá	azul	taza
hoy	luz	▨	red	ven
▨	pino	▨	▨	yo
▨	▨	▨	▨	▨
alas	hoy	▨	sol	no

— Confeccionar con género o cartón una "alfombra mágica" de palabras, o bien, con tiza, sobre el suelo, y realizar juegos como los siguientes:

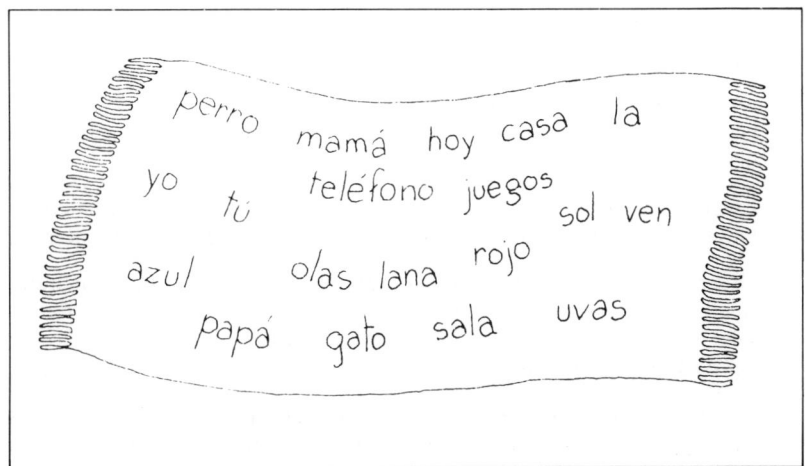

perro mamá hoy casa la
yo tú teléfono juegos sol ven
azul olas lana rojo
papá gato sala uvas

— El educador dice una palabra y el niño se para sobre ella.
— A la inversa, el niño se detiene ante una palabra y el educador u otro compañero tiene que decirla.
— Uno o más alumnos caminan sobre la "alfombra". Se detienen ante una orden dada por el educador y dicen la palabra que está bajo su pie derecho o izquierdo.

- Construir dos círculos, uno de ellos más pequeño, y unirlos por el centro, de manera que cada uno pueda girar libremente sin mover el otro. En el círculo mayor se colocan palabras y en el menor sus ilustraciones. Se le pide al niño que haga girar los círculos y junte, por ejemplo, *luna* con su correspondiente ilustración.

- Dividir un círculo grande de cartón en secciones. Escribir una palabra en cada sección. Colocar un puntero terminado en flecha en el centro, de tal manera que se pueda mover en forma independiente. El niño mueve la ruleta y tiene que decir la palabra apuntada. Si acierta, gana un punto.

- Una variación de esta misma actividad consiste en colocar sólo números en el marcador. El niño debe mover la flecha, y según el número que apunte la flecha, leer la palabra que corresponda.

1. sol   6. tarea
2. muñeca   7. hoy
3. mamá   8. chocolate
4. salida   9. la
5. casa   10. martes

- En un párrafo impreso con letras grandes y visibles, deslizar una regla o una cartulina, de manera que cubra la mitad de las palabras, de arriba hacia abajo. Estimular a los niños a reconocer las palabras, aunque esté oculta su mitad inferior.

- Efectuar la misma actividad cubriendo la parte superior de las palabras. Observar que es más fácil reconocerlas cuando se cubre la parte inferior.

- Observar, comparar y discriminar entre pares de palabras que a menudo tienden a ser invertidas como: *sol-los; al-la; las-sal; el-le; la-al; son-nos; se-es; pala-lapa; casa-saca; loma-malo; pata-tapa; tala-lata; caro-roca; palta-plata; pulmón-plumón; calvo-clavo; prado-pardo; nóbel-noble*, etc.

- Utilizar "tarjetas relámpago" ("flash"), diapositivas, tarjetas y juegos para practicar diariamente el reconocimiento instantáneo de las palabras.

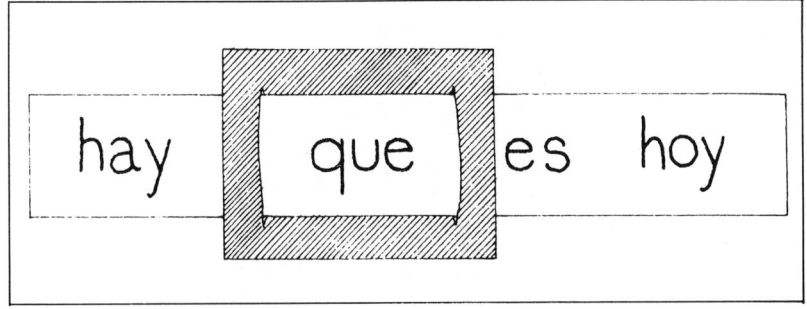

- Estimular a los alumnos a "ver" la palabra con los ojos cerrados con el fin de recordar sus características gráficas.

- Realizar otros juegos con las palabras, como por ejemplo "dama" o "dominó".

algo	muy	algo	apenas	apenas
apenas	muy	fuera	donde	también

fuera	donde	también	fuera	luego
donde	también	muy	fuera	apenas

- Enriquecer el vocabulario gráfico sobre la base de las nuevas palabras que puede reconocer, en la medida que avanza en sus destrezas fónicas.

- Estimular a los alumnos a emplear su imaginación, sobre la base de las palabras figurativas. El educador muestra la palabra y ellos ven su referente. Por ejemplo: "casa" "manzana" o "muñeca". Pedirles que describan las características de lo que vieron en su imaginación: la manzana puede ser roja, grande y jugosa.

    Poseer una "caja de palabras" o una "alcancía" o un plegado en escalera para ir guardando las palabras conocidas, hasta su próxima utilización.

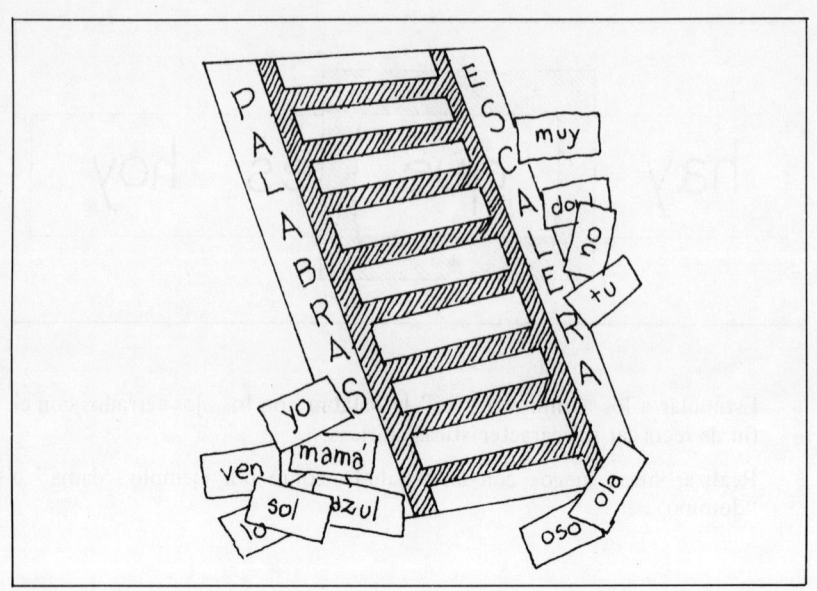

- Utilizar el arte para aprender y recordar palabras. Pintarlas, decorarlas, incluirlas y reconocerlas en cantos, rimas y poemas.

arcoiris

— Rotular láminas con palabras, como el ejemplo siguiente:

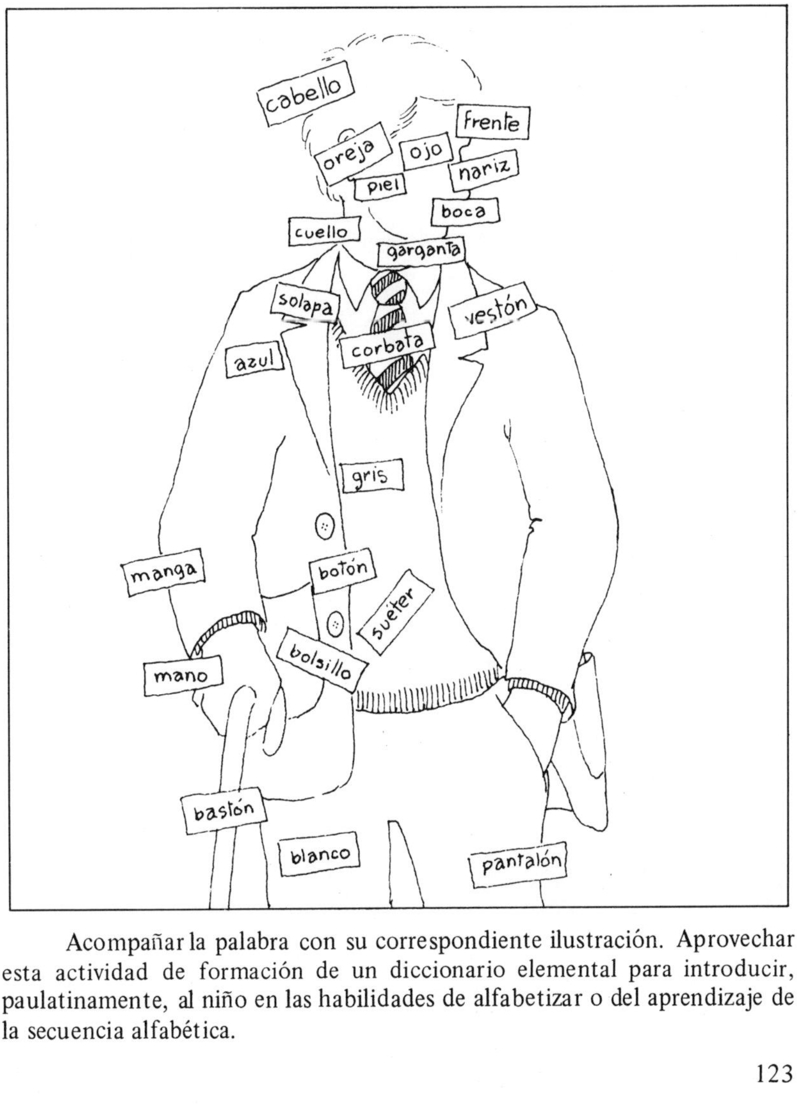

cabello
oreja
frente
ojo
piel
nariz
boca
cuello
garganta
solapa
vestón
azul
corbata
gris
manga
botón
suéter
mano
bolsillo
bastón
blanco
pantalón

Acompañar la palabra con su correspondiente ilustración. Aprovechar esta actividad de formación de un diccionario elemental para introducir, paulatinamente, al niño en las habilidades de alfabetizar o del aprendizaje de la secuencia alfabética.

5. CONOCIMIENTO DEL NOMBRE DE LAS LETRAS

El conocimiento del nombre de las letras implica un tipo de exploración de símbolos. Cada letra representa una unidad de sonido del habla y pertenece a un alfabeto determinado.

La pregunta sobre el valor del aprendizaje del nombre de las letras ha constituido un punto de controversia permanente entre los especialistas en lectura. La desestimación de su importancia parte desde la implantación de los métodos de enseñanza que enfatizan el aprendizaje de palabras completas. Las opiniones negativas plantean argumentos como los siguientes:

— El simple aprendizaje del nombre de las letras en Kindergarten o en el primer grado, no parece mejorar el rendimiento en lectura medido a través de puntajes de tests (Samuels, 1971).

— Hay muchos niños que aprenden a leer sin que conozcan el alfabeto (Fry, 1977).

— El nombre de las letras confunde a los niños durante la enseñanza de los fónicos, donde se acentúa su sonido (Venezky, 1975).

Algunas opiniones positivas sobre la importancia de su enseñanza son las siguientes:

— Bond y Dykstra (1967) han encontrado en sus investigaciones que el conocimiento del nombre de las letras es el mejor predictor para el rendimiento en lectura inicial.

— Chall (1967) concluye, tras la revisión de diecisiete estudios altamente calificados, que la habilidad para identificar letras por su nombre (conocimiento de las letras) es una predicción importante del rendimiento lector.

— Durkin (1970) plantea que la enseñanza del nombre de las letras debe partir cuando se comienza la enseñanza de la lectura. Ella sugiere que esta instrucción estimula las habilidades de discriminación en los niños que recién comienzan a leer.

- Weaver (1978) plantea que el conocimiento del nombre de las letras es necesario para la comunicación entre el maestro y los alumnos durante la enseñanza de la lectura y del lenguaje.

- Fries (1964) y Massaro (1975) consideran que la diferenciación visual de las letras y de las combinaciones de letras constituye un estadio inicial para la adquisición de las habilidades lectoras.

Frente a las controversias, entre opiniones negativas y positivas, es válido plantearse que si bien el simple aprendizaje del nombre de las letras no constituye un requisito indispensable para aprender a leer, su enseñanza vale la pena por razones como las siguientes:

- Implica un refinamiento de la discriminación visual de formas. A nivel de aprestamiento, no basta que el niño perciba las diferencias o las semejanzas entre objetos o figuras geométricas, porque éstas no le aportan información sobre los rasgos distintivos gráficos, específicos, del lenguaje escrito.

- El conocimiento del nombre de la letra facilita al niño el aprendizaje de la relación fonema-grafema. Si en la mayoría de las investigaciones citadas aparecen altamente correlacionados el aprendizaje de los fónicos y el de las letras, ello implicaría que ambos constituyen áreas de información que se relacionan funcionalmente.

- El conocimiento del nombre de las letras proporciona las bases para el aprendizaje del alfabeto y de las habilidades para ordenar, según la secuencia alfabética, necesarias en la lectura de estudio y en las actividades de la vida diaria, tales como buscar el nombre en la guía telefónica o una información en el diccionario. Es imposible que un niño pueda entender y usar el alfabeto con algún grado de éxito si previamente no ha aislado y manipulado los segmentos fonológicos y el nombre de las letras.

Harris y Sipay (1979) plantean que si un niño es capaz de nombrar varias letras del alfabeto, esto muestra que (1) su habilidad para discriminar formas de letras es satisfactoria; (2) que ha aprendido la asociación correcta entre el nombre y la forma de las letras; (3) que posiblemente ha tenido la probabilidad y el estímulo en el hogar y/o en la escuela para aprender estas asociaciones; y (4) que ha tenido la motivación para persistir en la tarea.

Tal como ocurre en el aprendizaje de un vocabulario gráfico o visual de palabras completas, el aprendizaje de las letras implica una discriminación visual de formas asociadas a rótulos específicos.

Dado que el lenguaje impreso constituye para el niño un estímulo poco atractivo, si se le compara con otras experiencias visuales a las cuales está expuesto, distintos investigadores han propuesto algunas sugerencias para su mejor aprendizaje. Por ejemplo Norrie (1960); Bannatyne (1966); Gattegno (1962), diseñaron métodos que incluyen el color para destacar las características de las letras. Nelson, Nilsson y Frascara (1981) proponen enseñar las letras del alfabeto con caracteres mayúsculos con un fondo texturado, diferente para cada una. Según estos autores, tales patrones (ver ejemplo) agregan información visual e interfieren mínimamente con la percepción de las letras. Esta investigación está siendo aplicada en Chile por Suzuki, Lavanchy y Villalón (1985).

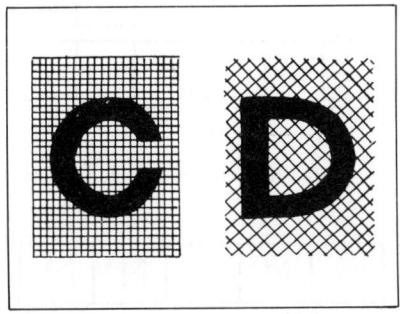

5.1. ACTIVIDADES

Al enfrentar la enseñanza del nombre de las letras son válidas las advertencias de Ehri (1983) y Groff (1984). Ellos consideran que el conocimiento de las letras es útil cuando se combina con la enseñanza de los fónicos.

Aunque, por razones de ordenación, este contenido aparece separado de la enseñanza de los fónicos, ambos aprendizajes deben retroalimentarse, de la misma manera que también el análisis fónico sólo se concibe integrado al aprendizaje de palabras completas y en un contexto significativo para el niño. Si la mayoría de los niños posee un potencial suficiente para rotular un mismo referente con las denominaciones "niño", "chico", "amigo", "Juan" o "boy", perfectamente puede establecer las diferencias entre el nombre de las letras de su sonido.

— Afianzar la discriminación de las formas de las letras (rasgos distintivos) como una continuación natural de la discriminación de formas (ver Condemarín, Chadwick, Milicic, 1986), a través de ejercicios como los siguientes:

— Discriminar las figuras que son pares o impares en formas de letras.

A	A	U	V	E	E	M	M
O	P	q	q	i	i	S	S

— Identificar cuál es la forma de letra diferente en cada corrida:

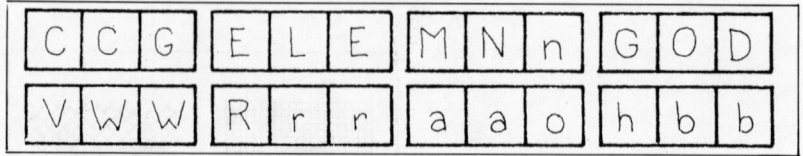

— Identificar cuáles son las formas de letras idénticas en cada corrida:

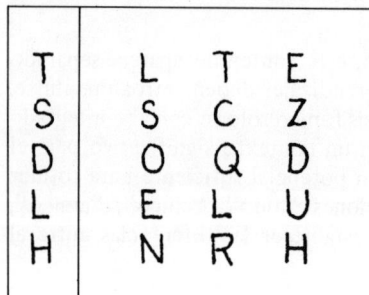 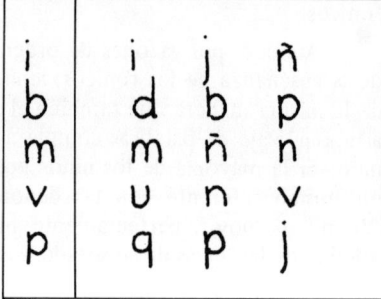

— Identificar qué letra es similar a la de la izquierda en cada corrida:

T	L	T	E
S	S	C	Z
D	O	Q	D
L	E	L	U
H	N	R	H

i	i	j	ñ
b	d	b	p
m	m	ñ	n
v	u	n	v
p	q	p	j

— Identificar grupos de letras diferentes o semejantes.

- Cantar cantos tradicionales relacionados con letras; por ejemplo:
AAA mi gatito mal está.
Yo no sé si sanará
o si no se morirá AAA
EEE me gustá mucho el café, etc.

- Tener varios ejemplares de las mismas letras con caracteres impresos en mayúsculas y minúsculas, en tarjetas individuales, letras movibles en madera o material plástico.

- Realizar distintas actividades, para asociar la forma con el nombre de la letra. Por ejemplo:

-- el educador escribe la letra en el pizarrón mientras la pronuncia claramente;

-- los niños repiten la letra simultáneamente con mirarla;

-- la reproducen sobre sus pizarras, hojas de papel o mesa de arena, mientras la nombran;

-- el educador muestra la letra y los niños la nombran;

-- enseguida, nombra la letra y los niños la muestran o la reproducen.

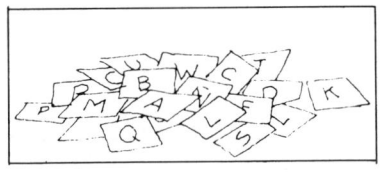

- Enseñar las otras letras, adaptándose al ritmo de aprendizaje de los niños. Una vez que conozcan tres letras o más, hacer ejercicios como los siguientes:

- Desordenar las letras y juntar todas las que sean iguales.

- Elegir la letra que sea igual al modelo que presente el maestro.

- Elegir la letra o las letras que nombre el educador.

- Enseñar una nueva letra cuando los niños identifiquen el nombre de las anteriores. Repasar las letras conocidas cada vez que se presente una nueva letra.

- Mostrar un conjunto de letras o un pequeño párrafo (aunque el niño no sea capaz de leerlo) y tarjar con un lápiz de color la letra cuyo modelo muestre el educador; o bien, marcar con azul una letra y con rojo otra.

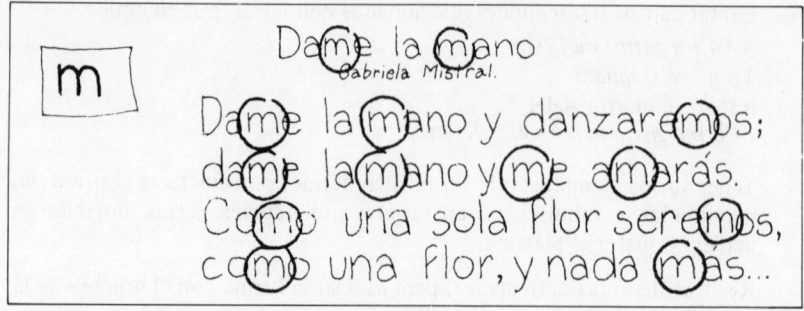

Dame la mano
Gabriela Mistral.

Dame la mano y danzaremos;
dame la mano y me amarás.
Como una sola flor seremos,
como una flor, y nada más...

— Efectuar juegos con las letras como los descritos en el aprendizaje del vocabulario gráfico y en el análisis fónico: "la alfombra mágica", "el cartero", "bingo", "dominó" y "círculos movibles" y otros.

— Jugar al "salto del conejo" sobre el piso o sobre la pizarra. El educador dice el nombre de la letra y el niño salta sobre ella, o coloca una ficha, o pinta el lugar donde está la letra.

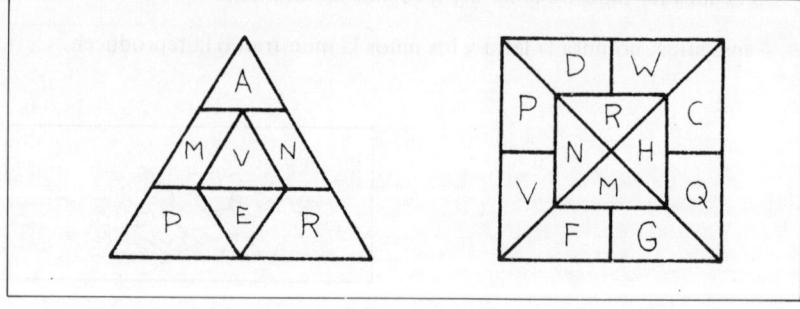

— Reconocer letras a través del tacto (percepción háptica) con letras hechas con papel lija o con arena espolvoreada sobre papel engomado.

— Iniciar al niño en la secuencia alfabética, de manera natural. Introducirla mediante ritmos y cantos.

6. ANALISIS FONOLOGICO

El análisis fonológico, en la práctica escolar, constituye una teoría de identificación de las palabras desconocidas a partir de "sonorizar" sus elementos componentes.

Los argumentos en favor o en contra del análisis fonológico en la lectura inicial han constituido durante generaciones un tópico de discusión en relación a las técnicas de enseñanza. La mayoría de las posiciones negativas parten como reacción a los procedimientos de enseñanza basados exclusivamente en la enseñanza relativa de fónicos aislados.

Tradicionalmente, el análisis fonológico se ha considerado desde una perspectiva estrecha; como, por ejemplo, la simple identificación de sonidos de acuerdo a su posición en la palabra o como un medio de separar un sonido o de relacionarlo con una letra. Si sólo se consideran los sonidos aislados, se olvida que la principal función de un fonema es la diferenciación de una palabra de otra, de acuerdo a su sonido.

El análisis fonológico, en una perspectiva amplia, implica estimular en el niño la conciencia fonológica. Para lograr este fin se establecen pasos destinados a orientar al niño dentro del sistema de sonidos del habla, a través de la captación de las funciones diferenciales de las palabras, la rima y la aliteración, las sílabas y los fonemas. Otro paso se refiere a la aprehensión de la secuencia de los fonemas dentro de las palabras; y por último, a la combinación de los sonidos entre sí.

Conviene destacar algunos aspectos teóricos relacionados con el análisis fonológico. Se refieren a la conciencia lingüística y a la regularidad del fonetismo de las lenguas romances.

Mattingly (1972); Downing (1970, 1974); Liberman y Shankweiler (1978) acuñaron el término "conciencia lingüística" o "conciencia metalingüística" para referirse al conocimiento y a la sensibilidad del individuo, frente a los tipos y niveles de los procesos lingüísticos que caracterizan las expresiones habladas: por ejemplo, la habilidad para codificar fónicamente la información lingüística y para asociar códigos fónicos con sus contrapartes gráficas. Ellos postulan que la adquisición de la lectura requiere que la estructura interna del lenguaje personal sea explicitada conscientemente.

Esta conciencia de las generalizaciones fónicas que le permite al niño

131

decodificar las palabras no familiares, no implica que él sea capaz de verbalizarlas. La mayoría de los maestros sabe que los niños no necesitan aprender términos tales como "consonantes", "sílabas" o "vocales débiles" para extraer y aplicar las reglas necesarias para decodificar palabras. Es obvio que la mayoría de los niños no perciben el significado de los términos fónicos y son incapaces de definirlos. Este planteamiento está de acuerdo con los trabajos de Piaget, en el sentido de que los niños que aprenden a leer están atravesando el período de las operaciones concretas, el cual se extiende, aproximadamente, para el 95 por ciento de ellos, desde los 5 y 6 años hasta los 11 y 12 años. Durante todo este período, la mayoría de los niños no son conscientes de sus propios procesos de pensamiento. Por ejemplo, son incapaces de verbalizar las acciones que pueden realizar físicamente (Furth, 1970).

Las lenguas romances, entre las cuales se incluyen el español y el portugués, favorecen el aprendizaje de los fónicos. Estas lenguas se caracterizan por un fonetismo regular; poseen un alto grado de correspondencia entre la forma visual (grafema), la imagen acústica (fonema) y la articulación que sirve de base. El inglés, en cambio, por tener una ortografía tradicional, es extremadamente irregular; es decir, la asociación particular de cada símbolo auditivo para cada símbolo visual, sólo es identificable con precisión en la secuencia singular del contexto de la palabra o de la frase; por ejemplo, la th suena diferente en "that" que en "thing". Si bien existen algunas regularidades, ellas sólo son explicables por reglas complejas. Las lenguas romances permiten simplificar el proceso, dado que su regularidad facilita al niño el descubrimiento de las relaciones fonema-grafema-articulema; especialmente, cuando se le presentan materiales organizados de manera tal que le permitan extraer la regla; por ejemplo, familias de palabras, palabras generadoras, etc. Si el niño conoce las palabras *pala, sala, tala,* él leerá fácilmente, *cala.* A partir de la palabra *camisa,* podrá formar *mi casa, misa, saca.* Naturalmente, esta facilitación no es posible en el inglés, salvo excepciones.

6.1. REVISION DE INVESTIGACIONES

Una cantidad considerable de investigaciones ha demostrado que la habilidad del niño para segmentar el habla, es decir, darse cuenta de cómo una palabra comienza o termina, o diferenciar vocales de consonantes, se correlaciona positivamente con éxito en el aprendizaje de la lectura. La inhabilidad para segmentar se correlaciona con deficiente rendimiento. Algunas investigaciones aportan los siguientes resultados.

— Chall (1967) revisó numerosos estudios que examinaban las relaciones entre el conocimiento de los niños de las relaciones sonido-letra y el logro temprano de la lectura. La autora concluyó que este conocimiento era más importante que la edad mental. También informa que los métodos que incluyen técnicas fónicas obtienen resultados que se correlacionan positivamente con la comprensión más rápida del significado del párrafo, con la calidad de la lectura oral, la velocidad de lectura y la ortografía.

- Luria (1973) establece una relación entre la discriminación auditiva de los fonemas y el componente articulatorio. El autor plantea que cuando no se domina un idioma extranjero, no se es capaz de discriminar los fonemas de ese lenguaje como cuando lo hace en su propia lengua materna, donde cada fonema puede ser escuchado e interpretado. Así, el analizador e integrador auditivo es el resultado de un aprendizaje específico, a partir de la infancia, naturalmente con firmes bases en la experiencia articulatoria.

- Sommers (1961) confirma la importancia del componente articulatorio en las etapas iniciales del aprendizaje lector, al demostrar que el entrenamiento en articulación, aplicado a grupos de niños de primer año con problemas de habla, dio por resultado un factor significativamente más alto en la comprensión de la lectura que el grupo control.

- Liberman (1962) plantea que para identificar grafemas, los niños deben discriminar los fonemas como ítemes discretos en el lenguaje auditivo con la retroalimentación de la propia articulación, que sirve de punto de apoyo a la discriminación de fonemas.

- Leontiev (1978) ha demostrado que la automatización de la lectura sólo es posible después de que el lector ha pasado por una etapa donde el leer es una acción consciente que requiere de la reproducción articulada de los sonidos. Esto es claramente demostrable en los niños de los primeros grados, a quienes les cuesta comprender cuando no se les permite pronunciar. También se observa que los lectores maduros, cuando se encuentran con una palabra desconocida en el texto, regresan a las etapas iniciales y articulan las palabras.

- Jeffrey y Samuels (1967) mostraron, experimentalmente, que la ejercitación de la correspondencia letra-sonido facilita el aprendizaje de la palabra impresa en los lectores iniciales.

- Stenovich (1980) revisó numerosos estudios que indican que la habilidad para decodificar diferencia más a los lectores diestros de los menos diestros, que cualquier otro componente del proceso lector.

- Bravo, Bermeosolo, Céspedes y Pinto (1985) realizaron un estudio sobre retardo lector inicial. Este estudio consta de dos etapas. En la primera se estudiaron las correlaciones de 10 variables con el nivel lector en dos grupos: uno de lectores normales (N=63) y otro de deficientes lectores (N=78) de la misma edad, curso y nivel socioeconómico. En la segunda parte se comparó el rendimiento de tres subgrupos: lectores normales (N=20), disléxicos (N=20) y no-lectores (N=20), pareados por C.I., nivel socioeconómico y tipo de escuela. Los resultados indicaron que las variables que tenían mayor incidencia en el nivel lector y que mejor discriminaban los tres subgrupos, eran la discriminación de fonemas de consonantes y la percepción y memoria de secuencias de fonemas. La

133

correlación de ambas variables fonémicas independientes sobre el nivel del lector considerado variable dependiente, fue: R = 40 por ciento.

— Bradley y Bryant (1985) evidencian en sus investigaciones que tanto la rima como la aliteración influyen en el ritmo del progreso en el aprendizaje de la lectura y deletreo, durante los primeros años escolares. Ambos investigadores emplearon dos métodos para probar su hipótesis. El primero fue de carácter longitudinal: midieron la aptitud para captar la rima y la aliteración en más de 400 niños de cuatro y cinco años de edad. Durante los siguientes tres o cuatro años, realizaron un seguimiento para constatar el progreso que demostraban en la lectura y en la ortografía. Los investigadores comprobaron una relación consistente y significativa entre los puntajes iniciales, en la habilidad para discriminar la rima y la aliteración, y el progreso mostrado en aprender a leer y a deletrear, después de restar los efectos de la inteligencia y de los diferentes niveles verbales. También establecieron que no había una relación consistente entre las habilidades estudiadas y el progreso de los niños en matemática. Estos resultados establecieron una relación específica y definitiva entre la capacidad de los preescolares para reconocer la rima y la aliteración y el progreso subsiguiente en la lectura y ortografía.
El segundo método adoptado para comprobar la hipótesis afirmó la causalidad de la relación ya mencionada. A algunos niños les enseñaron a clasificar palabras por su sonido (por su rima y aliteración), y a otros niños les proporcionaron dos métodos conceptuales para categorizar las mismas palabras. Ambas modalidades de enseñanza contribuyeron a mejorar el progreso de los niños en la lectura y en la ortografía, pero la aplicación del primer esquema fue más efectiva.

— No sólo los investigadores, sino también los educadores de primer grado y los autores de textos de enseñanza de la lectura, destacan la importancia de la relación letra-sonido como un aspecto central del aprendizaje inicial de la lectura. Estas relaciones son enseñadas generalmente en los Kindergarten que incluyen programas de lectura y en los primeros grados de enseñanza básica. En la mayoría de los textos de enseñanza de lectura inicial se incluye información sobre cómo las letras corresponden a determinados sonidos, iniciales o finales (rimas) y a la secuencia de sonidos dentro de las palabras.

En resumen: la investigación confirma que existen buenas razones para justificar la enseñanza de las habilidades fónicas, tanto para preparar al niño para leer como para determinar su progreso en la lectura inicial. Estas razones pueden resumirse en los planteamientos siguientes:

— El dominio de los fónicos permite al niño decodificar las palabras que no reconoce a primera vista por su configuración o sus rasgos distintivos visuales. Esta "ruptura del código" se ve favorecida por el conocimiento explícito de los valores de las letras "conciencia lingüística" y por la habilidad para discriminar, auditivamente, las semejanzas y las diferencias entre las palabras habladas.

—   Esta "ruptura del código" constituye la base para que el niño logre la automatización de la lectura y, por ende, aumente progresivamente el nivel de velocidad lectora que le permita la captación directa del significado. También presenta transferencia positiva, con la aprehensión de los patrones ortográficos y con la secuencia de la escritura manuscrita.

Algunos principios generales para la aplicación del análisis fónico son los siguientes:

—   La enseñanza de los fónicos debe constituir una continuación natural de la práctica en la discriminación auditiva y de la discriminación de formas (Condemarín, M.; Chadwick, M.; Milicic, N., 1985). Los niños dan indicios de estar listos para enfrentar el aprendizaje de los fónicos cuando hacen preguntas tales como: ¿Con qué letra se escribe esto?, ¿Cómo suena esta letra?

—   La enseñanza de los fónicos debe realizarse como una parte del desarrollo del lenguaje y no como una destreza aislada.

—   No se debe sobreenfatizar el aprendizaje de los fónicos; ellos deben enseñarse, conjuntamente, con el reconocimiento de palabras completas, con el uso del contexto y con otras claves de reconocimiento de las palabras, como, por ejemplo, las pictográficas.

—   El programa de enseñanza fónica debe ser, en un comienzo, auditivo-oral y situarse dentro de un objetivo general de estimulación de la conciencia lingüística y del desarrollo del lenguaje.

—   El programa de instrucción fónica debe finalizar tan pronto como el niño sea suficientemente competente en el reconocimiento de las palabras desconocidas. Sin embargo, esto no implica que la instrucción fónica se limite a los niveles iniciales de lectura.

6.2.   ACTIVIDADES

De acuerdo con el principio general de esta obra, la enseñanza fonológica se realiza dentro de un contexto general del desarrollo del lenguaje, como una continuación del desarrollo de un vocabulario visual, de palabras reconocibles por el niño a primera vista. Las actividades incluyen la discriminación de los fonemas y su relación con las palabras impresas, dentro de objetivos más amplios destinados a introducir al niño en el sistema de sonidos del habla y a desarrollar su conciencia fonológica. Estos objetivos se concretizan a través de actividades que incluyen los siguientes aspectos, estrechamente interrelacionados:

—   Funciones diferenciales de las palabras.
—   Rima y aliteración.

- Funciones diferenciales de las sílabas.
- Funciones diferenciales de los fonemas.
- Secuencia de sílabas y fonemas.
- Asociación fonema-grafema-articulema.
- Combinación de sonidos entre sí.

Esta ordenación se basa en las evidencias empíricas y en los resultados de investigaciones que confirman que el niño diferencia, secuencialmente, las palabras dentro de la expresión auditivo-oral; luego, las aliteraciones y las rimas conocidas; después, las sílabas; y, por último, los fonemas. Estos pasos previos son seguidos por la captación de las secuencias de fonemas dentro de las sílabas y de las palabras, el ligado o asociación de las sílabas y de los fonemas entre sí. El conocimiento del alfabeto se presentó previamente, por razones de sistematización; pero puede incluirse en cualesquiera de los tramos del proceso de identificación o análisis de los constituyentes de la palabra.

6.2.1. FUNCIONES DIFERENCIALES DE LAS PALABRAS

Los niños toman conciencia de su expresión oral cuando comprenden que hablar y escuchar está formado por palabras. Esta toma de conciencia puede ser estimulada a través de recursos como los siguientes:

- Repetir una oración espontánea de los niños; por ejemplo: *préstame el lápiz rojo,* separando cada palabra, oralmente: *préstame – el – lápiz – rojo.*

- Pedirle al niño que repita la palabra lo más lentamente posible; y luego que la diga en forma rápida, usando distintos tonos y timbres de voz.

- Trazar en el pizarrón una línea que represente las palabras de la oración adaptándola a la longitud de cada una. Los niños repiten la oración trazando, horizontalmente, líneas en el aire.

- Reorganizar la oración. Por ejemplo: *el rojo lápiz préstame.*

- Dar golpes con la mano al pronunciar cada palabra.

- Dibujar las palabras figurativas o visualizables que aparezcan en la expresión oral de los alumnos.

- Diferenciar entre palabras largas y palabras cortas, utilizando la técnica, ya descrita, de trazar líneas en el aire o en la pizarra, en hojas de papel o en la mesa de arena. Entre las palabras cortas pueden utilizarse: *sol – voz – nuez – sal – chal – bus – tren;* las palabras de longitud media pueden ser: *casa – reloj – mamá – tigre;* entre las palabras largas: *ferrocarril – simpático – relojería* etc.; y otras que surjan en la comunicación oral espontánea de los niños. Los niños pueden jugar a encontrar palabras de distinta longitud observando o recordando los objetos de la sala de clases, de su casa, del patio, los nombres de sus compañeros, etc.

— Destacar la diferenciación de las palabras en las oraciones que contengan elementos como *al* – *es* – *de* – *con*, etc. Por ejemplo: *La escoba es nueva.* "*Voy al almacén*", etc.

— Destacar la pronunciación y la diferenciación de las palabras en las contracciones generalmente utilizadas por los niños, como por ejemplo: 'la comida p'al gato'. En estos casos, las correcciones deben evitar que el niño se sienta incómodo por ellas. Sólo se debe repetir la oración en la forma adecuada, con naturalidad.

6.2.2. RIMA Y ALITERACION

Un aspecto importante del análisis fónico lo constituyen la rima y la aliteración.

Se entiende por aliteración la repetición de sonidos, generalmente iniciales. Los niños son conscientes de ellas antes de su entrada en el colegio, y las manejan, constantemente, en sus cantos y juegos verbales. Existen buenas razones para explicar que las habilidades de los niños para captar la rima y la aliteración determinan, en alguna medida, el éxito del niño en aprender a leer y a escribir.

Ambas habilidades implican descomponer las palabras y las sílabas en segmentos fonológicos más pequeños. Las rimas y la alteración por consiguiente, harían posible que el niño comience a tomar conciencia de los segmentos fonológicos y le mostrarían que las palabras pueden ser agrupadas sobre la base de sonidos comunes.

El rimar implica captar y usar las semejanzas entre palabras como *gato-pato* o *camión-canción*. El entender que *gato* y *pato* tienen en común *ato* implica descomponer ambas palabras, por lo menos en dos segmentos fonológicos *ga-to* y *pa-to*. El mismo argumento puede ser aplicado a la aliteración, en la cual palabras como "gallo-gato-garra" pasan a formar un solo conjunto.

Es posible que la correlación positiva entre la rima, la aliteración y el aprender a leer y escribir se base en la categorización. Ambas habilidades implican localizar palabras dentro de categorías, sobre las bases de sonidos comunes. Palabras como *gato* y *pato* tienen sonidos y patrones ortográficos comunes. Así, al jugar con rimas, el niño también aprende a categorizar palabras.

Pueden emplearse actividades como las siguientes para la toma de conciencia de la rima y la aliteración:

— Recopilar las rimas y las aliteraciones y otros recursos lingüísticos que los niños cantan o dicen espontáneamente en sus juegos. Repetirlos o grabarlos. Por ejemplo:

137

A la nanita nana
nanita ea
nanita ea

- Acompañar los cantos y juegos verbales con ritmo y música; ojalá con golpes de palmas e instrumentos de percusión.

- Incluir expresión corporal para acompañar las rimas y las aliteraciones: rondas, invención personal, pantomina.

- Enseñar a los niños las rimas y las aliteraciones que el educador recuerda de su propia infancia. Compararlas con las actuales.

- Recitar poemas cortos, hacer juegos de palabras, imitar avisos televisivos y decir adivinanzas donde aparezcan rimas y aliteraciones. Destacarlas.

- Cuando las rimas son muy conocidas, omitir un par. El niño lo adivina y completa oralmente la rima.

- Jugar a un "ping-pong" o "tenis" de palabras rimadas. Formar dos grupos de dos o cuatro niños. El primero dice una palabra como "gato" y el otro equipo le responde "pato" o "zapato". El juego continúa hasta que uno no pueda descubrir una palabra que rime. Gana un punto el equipo que dice la última rima. A continuación, el otro comienza el juego.

- Juntar, seleccionar o recortar pares de objetos que rimen entre sí.

- Localizar el objeto que rima con el modelo situado a la izquierda.

- Recortar figuras de objetos que rimen entre sí. Por ejemplo: *calceta-bicicleta; manzana-lana.*

- Presentarles dibujos de objetos que rimen entre sí, en hojas de papel, en el pizarrón o dibujadas por el niño. Reconocer cuáles riman y cuáles no.

– Colocar una columna de dibujos a la izquierda y otra a la derecha. Parear el dibujo que rima con el de la izquierda.

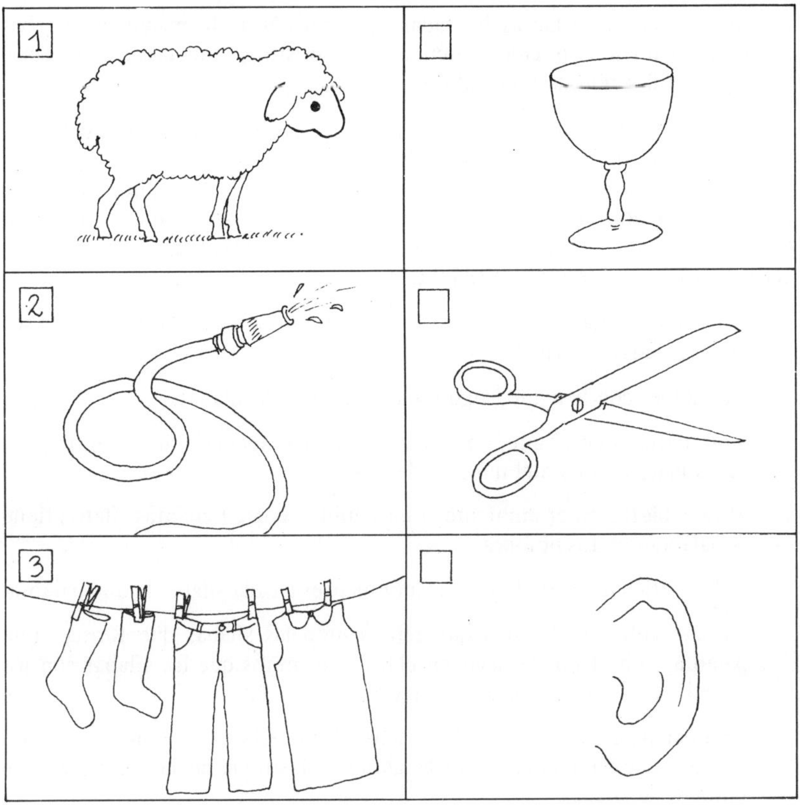

1	
2	
3	

— Identificar el objeto que no rima.

— Inventar rimas y aliteraciones creativas; por ejemplo, inventar un zoológico de animales con nombres: un *cangurú del Perú, oso goloso, león gruñón.*

— A partir de recortes de figuras, estimular a los niños a crear rimas y aliteraciones para responder a la pregunta: ¿Qué es eso". Por ejemplo: *un queso leso, jamón de melón.*

— Crear un diccionario de rimas sobre la base de recortes o dibujos.

6.2.3. FUNCIONES DIFERENCIALES DE LAS SILABAS

Reconocer que las palabras habladas y escritas están formadas por sílabas que corresponden a unidades articulatorias constituye una clave importante para la identificación de las palabras.

La historia de la instrucción lectora nos muestra que la sílaba fue utilizada para este propósito antes de que se enseñara a dividir las palabras en sus fonemas constitutivos. Sobre la base de que los niños pequeños pueden identificar las sílabas en las palabras, antes de segmentar los fonemas (Liberman et al., 1977), se presentan, a manera de sugerencias, las siguientes actividades de discriminación silábica:

— Seleccionar palabras significativas para el niño y repetirlas separando sus sílabas: fe-rro-ca-rril.

— Dar golpes con la mano, según sea el número de sílabas.

— Trazar líneas en el aire, en el pizarrón, en la mesa de arena, en hojas o cartulinas, según sea el número de sílabas.

— Mirar objetos en el ambiente o en láminas y decir cuántas sílabas tiene la palabra que los nombra.

— Colocar fichas o semillas correspondientes a cada sílaba de una palabra.

— Utilizar cubos o bloques que representen las sílabas que forman una palabra, con el fin de dejar en claro a los niños que las sílabas son los constituyentes estructurales de las palabras.

— Agrupar palabras con una, dos o más sílabas. El ejercicio que se muestra a continuación requiere que el alumno clasifique las láminas según su número de sílabas.

140

Separar sílabas progresivamente más difíciles, hasta llegar a palabras con sílabas que tengan grupos consonánticos, seguidos de diptongo y consonante. Por ejemplo: triángulo.

Destacar la función del acento en los encuentros vocálicos, especialmente cuando hay otra palabra similar con diptongo. Por ejemplo: *tenia-tenía; sabia-sabía; venia-venía; varias-varías.*

sabía	☐	rey	☐
sabia	☐	reí	☐
ley	☐	venía	☐
leí	☐	venia	☐

- Realizar distintas clasificaciones de palabras, según su número de sílabas, con diferentes elementos motivadores para el niño. En el ejemplo que se ilustra a continuación, los niños clasifican las palabras según el número de sílabas, representadas por flores.

- Hacer dibujos o gráficos cuyos segmentos representen el número de sílabas de una palabra conocida.

- Dividir dos palabras en sus sílabas componentes: una de ellas debe tener una sílaba directa (consonante seguida de vocal) y una sílaba compleja (consonante-vocal-consonante). Por ejemplo: *careta-carta; saldo-salado; caldo-calado.*

- Escribir el número de sílabas de una palabra.

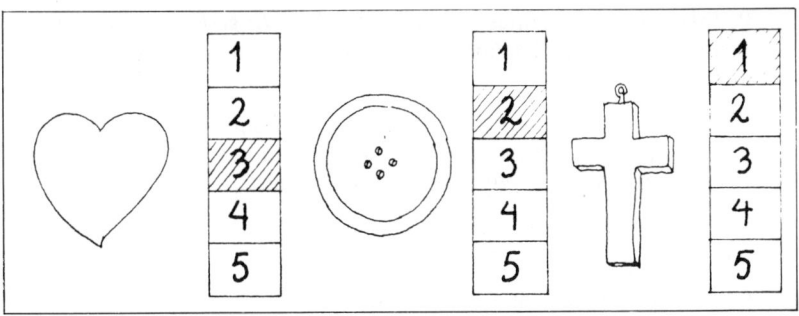

- Observar el movimiento de la boca en un espejo para constatar que cada sílaba corresponde a una unidad articulatoria y que los labios y la lengua adoptan una posición singular.

- Tomar conciencia del papel que juegan los labios, los dientes, la lengua, el paladar y la garganta en la producción de los sonidos del habla. Colocar la mano en la boca para sentir la salida del aire, al hablar. Colocar la mano en la garganta y en las mejillas para sentir la vibración producida al hablar.

- Repetir una rima, una ronda, un poema o un eslógan conocido por los niños, en forma silabeante: a-rroz-con-le-che...

- Incluir ritmo y música.

6.2.4. FUNCIONES DIFERENCIALES DE LOS FONEMAS

La captación por parte del niño de las funciones diferenciales de los fonemas implica descomponer las palabras en sus elementos o segmentos fonológicos más pequeños. Esto involucra un conocimiento consciente de la estructura interna del lenguaje; es decir, una "conciencia fonológica" de los segmentos que componen las palabras.

Para que los alumnos tomen conciencia de que las palabras están constituidas por sonidos que pueden ser aislados, se pueden realizar actividades como las siguientes:

- Enfatizar el sonido inicial de una palabra: sssssol; rrrre-loj; el sonido medio: dooooos-saaal; el sonido final: bussss, salllll.

- Juntar a los niños cuyos nombres o apellidos comiencen con el mismo sonido, por ejemplo: *María-Marta-Mónica-Mario.* Alargar el sonido inicial. Pedirle a los niños que encuentren otro grupo de compañeros cuyos nombres comiencen igual.

- Hacer lo mismo con nombres que terminan igual: *Rosa-Teresa. Cecilia-Amelia* o *Carlos-Marcos.*

143

- Pedirles que se presentes: Por ejemplo, *Juan-Jorge-Raúl* y *Jacobo*. Los niños tienen que descubrir cuál nombre comienza con un sonido diferente.

- Observar los objetos de la sala de clases, pronunciarlos y agruparlos según tengan el mismo sonido inicial, medio o final; por ejemplo: *estante-espejo-escoba; puntero, plumero, florero.*

- Juntar objetos pequeños y formar conjuntos con los que comienzan o terminan con un mismo sonido.

- Colocar un dibujo que no corresponda, dentro de un conjunto, y pedirles que lo descubran.

- Asociar objetos pequeños con un nombre o con otro objeto de la sala de clases que posea el mismo sonido inicial. Por ejemplo: *tijeras* con *Teresa.*

- Recortar ilustraciones figurativas y pegarlas en una cartulina cuando comiencen con un mismo sonido vocálico o consonántico. Hacer lo mismo con ilustraciones de palabras que terminen con el mismo sonido.

- Confeccionar tarjetas de unos 10 cms., en las cuales se dibuje o pegue una ilustración figurativa; es decir, que represente inequívocamente un objeto específico. Por ejemplo: *silla, mesa, anillo, reloj, bombero,* etc. La ilustración de un *palo* no sirve, porque el niño puede decir *leña, rama* o *tronco.*

144

— Colocar frente al niño una serie de tarjetas que representen objetos que comiencen con un mismo sonido inicial e incluir uno distinto. Pedirle que lo identifique. Comenzar el ejercicio con sonidos vocálicos y continuar utilizando sonidos que el niño identifique con facilidad.

— Presentar una serie de tarjetas con el mismo sonido y otra con distintos sonidos. El niño debe seleccionar el sonido que corresponde a la serie.

— Decir palabras en voz alta que comiencen con un mismo sonido. El niño debe buscar una tarjeta con un sonido inicial similar.

— Colocar dos columnas de tarjetas y pedirles a los niños que junten las que tengan un mismo sonido inicial.

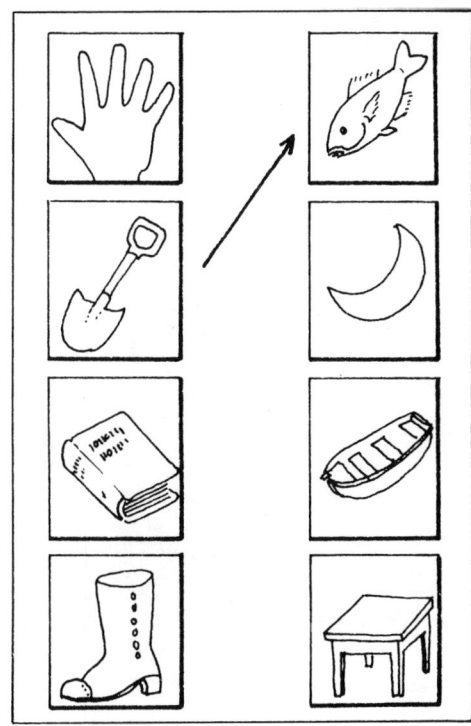

- Colocar una lámina a la izquierda, seguida de otras cuatro, una de las cuales comienza con el mismo sonido inicial de la primera. Pedirle a los niños que la identifiquen.

- Jugar al "Buque cargado". El educador dice: "Ha llegado un buque cargado de..." (muestra una tarjeta que representa una silla, por ejemplo). Los niños muestran tarjetas con el mismo sonido, o bien dicen palabras como: "sol"-"sandía", etc.

- Jugar a "pagar la entrada". El niño juega a entrar en un teatro, circo u otro espectáculo. El que hace el papel de cobrador le muestra una tarjeta, y el niño tiene que mostrar otra tarjeta con una figura que tenga un sonido inicial o intermedio o final similar; o bien decir una palabra con esas características. Realizar lo mismo con el juego de "pagar la cuenta" en una tienda o supermercado.

- Jugar a la "pesca milagrosa". Colocar un "clip" a las tarjetas y depositarlas en el fondo de un recipiente. Los niños amarran el extremo de un imán a una caña y "pescan" tarjetas. Para ganar deben decir otra palabra que comience o termine con el mismo sonido.

– Jugar con las tarjetas al naipe. El educador aisla un sonido o bien dice una palabra prolongando su sonido inicial; por ejemplo *taza*. El primero que muestra una tarjeta que ilustre el mismo sonido recolecta todas las figuras que comiencen con ese sonido que tienen sus compañeros. Gana el niño que recolecta más cartas.

– Jugar al cartero. El cartero muestra una tarjeta al niño. Si éste puede decir una palabra que comience o termine con el mismo sonido de la figura presentada, gana la "carta".

– Ilustrar sonidos iniciales o finales. Utilizar modalidades distintas como las siguientes:

– Recortar en cartulina una figura. Por ejemplo: *un sol.* Los niños dibujan o pegan al reverso ilustraciones que comiencen o terminen con el mismo sonido.

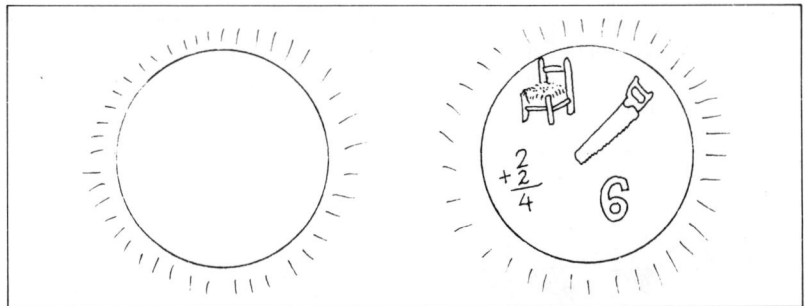

– Entregarles distintos modelos con una ilustración central y compartimientos. Pedirles a los niños que dibujen o peguen ilustraciones que comiencen o terminen con el mismo sonido.

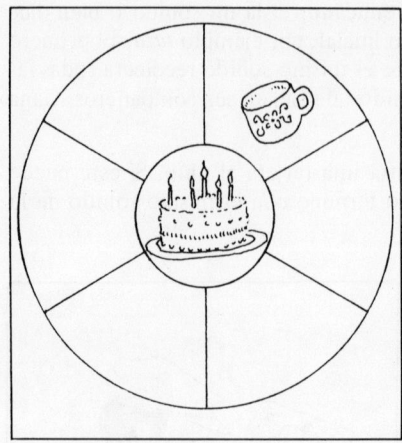

— Jugar a la pelota, disponer a los niños en círculos y colocar a uno en el centro provisto de una pelota. El niño del centro o el educador dice: "Estoy pensando en la palabra *uva*". A continuación, él tira la pelota al niño que dice otra palabra que comienza con el mismo sonido. Este se la tira a otro que dice otra palabra correcta, y así, sucesivamente.

— Jugar a la "alfombra mágica". Se tiende en el suelo una "alfombra" con distintas ilustraciones figurativas para que el niño pueda realizar actividades como las siguientes:

— Caminar sobre la alfombra y detenerse ante una orden. Para ganar puntos tiene que decir una palabra que comience o termine con el mismo sonido donde está su pie derecho, el izquierdo o ambos.

— Caminar con los ojos cerrados. Abrirlos y hacer lo mismo.

— Un niño le muestra un dibujo y el compañero se para ante un dibujo que tenga un sonido similar.

— Con cartulina o cartón, elaborar materiales como los siguientes:

— Dividir un círculo y un cuadrado en secciones. Colocar en el centro un puntero movible. Pegar o dibujar en cada sección una figura. Cada jugador tiene que decir una palabra que corresponda al mismo sonido que señala el puntero.

- Proporcionar en una hoja de papel o cartulina distintos tipos de figuras, y pedirle al niño que dibuje otras que posean un sonido similar.

- Realizar un bingo o lotería, reemplazando los números por figuras. Jugar estableciendo las reglas con el educador o con otro compañero.

- Hacer cubos de cartulina, y pegar una figura en cada cara. Ganar puntos en la medida en que se dicen palabras con el mismo sonido inicial, medio o final.

- Identificar palabras que contengan un sonido dado aisladamente, en su parte inicial o media o final. Por ejemplo: l... está en *luna, palillo* y *papel*.

- Diferenciar operacionalmente sonidos vocálicos y consonánticos (no hay necesidad de enseñar a los niños el metalenguaje; es decir, las denominaciones de "vocales y consonantes". Después de pronunciar, cantar y jugar con las vocales el niño puede llegar, paulatinamente, a captar que las consonantes, a diferencia de las vocales, requieren del uso de la lengua, los dientes y los labios para su enunciación.

6.2.5. SECUENCIA DE SILABAS Y FONEMAS

Para que los niños tomen conciencia de que una palabra está constituida por una secuencia de sonidos pronunciados en un orden propio (que también tiene una representación gráfica) pueden utilizarse los siguientes ejercicios:

- Realizar un juego como el siguiente: Se presentan al niño tres vasos de papel o plástico y un platillo con lentejas o pastillas pequeñas. Cada vaso representa el comienzo, medio o final de una palabra. Primero se modela la actividad en la siguiente forma:

- El educador se autointerroga en voz alta: "¿Dónde está el sonido "lam" en "lámpara"? Está al comienzo. Por lo tanto, colocaré una lenteja en el primer vaso".

    Luego dice: "¿Dónde está el sonido "l" en *caracol*? Está al final, por

149

lo tanto colocaré una lenteja en el último vaso".

"¿Dónde está el sonido "l" en *pelota*? Está en el medio. Pondré la lenteja en el vaso del medio", etc.

A continuación, juega con los niños a adivinar dónde están los sonidos, y les hace preguntas como éstas:

— ¿Dónde está el sonido "b" en *botella*?

— ¿Dónde está el sonido "r" en *pájaro*?

— ¿Dónde está el sonido "l" en *perejil*?, etc.

Como puede observarse, la actividad requiere la selección de palabras de tres sílabas. Si se juega con palabras con dos sílabas, emplear dos vasos. Naturalmente este juego refuerza la discriminación de los fonemas, el silabeo, además de la captación del orden secuencial de los sonidos del habla.

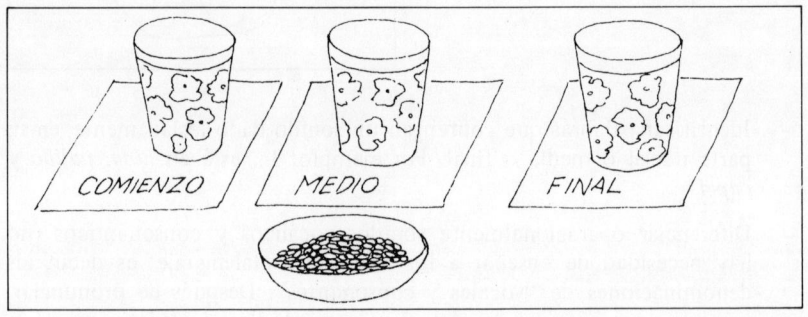

— Enfatizar la pronunciación de cada sonido que integra una palabra, alargándolo y exagerándolo pero sin aislarlo de la palabra completa.

— Representar cada sonido con un cubo o bien con una tarjeta, a medida que una palabra se pronuncia.

— Pronunciar cada sonido mostrando, con un puntero, la tarjeta o el cubo correspondiente. Por ejemplo, el primer sonido corresponde a la "a" y el educador señala con un puntero la primera tarjeta. Sin cortar el sonido, exagera la "l" y muestra la segunda tarjeta, y lo mismo hace con el tercer sonido que corresponde a la última "a".

150

- Colocar una clave de color que diferencie las vocales de las consonantes. Por ejemplo:

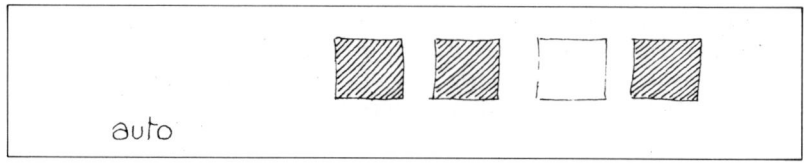

- Sonorizar una palabra como *asno,* mostrando con el puntero cada tarjeta que representa cada sonido. Después invertir las dos primeras y sonorizar *sano.*

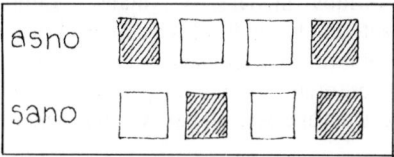

- Hacer lo mismo con *lata-alta; alma-mala; Irma-rima; alas-sala* etc., con el fin de que los niños tomen conciencia de que cuando se cambia el orden de los sonidos, también cambia el significado de la palabra.

- Realizar otras representaciones concretas del orden de los sonidos. Por ejemplo, un tren en el cual cada carro representa un sonido, un camino segmentado o una escalera.

- Una vez elaborado el modelo de sonidos de una palabra, identificar otras palabras que posean el mismo orden de sonidos, sobre la base de las vocales y de las consonantes. Por ejemplo *alta-arpa-alma;* en las cuales el orden es vocal-consonante-consonante-vocal. O bien: *camino, pedazo, botella,* en las cuales el orden es consonante-vocal; consonante-vocal; consonante-vocal; o bien, *cuento-suerte-cuesta,* en las cuales el orden es consonante-vocal-vocal-consonante-consonante-vocal.

- Determinar la secuencia de sonidos de una palabra: contar las tarjetas o los bloques, marcar con las palmas y contar finalmente.

- Retroalimentar, visual y kinestésicamente, la secuencia de sonidos, sobre la base de la propia articulación. Para ello, observar el

151

comportamiento de la boca ante un espejo en la medida en que se articulan los sonidos de una palabra. Observar también la boca del compañero.

— Jugar a las adivinanzas con un compañero. Uno articula secuencialmente los sonidos de una palabra y el otro la adivina y secuencia los sonidos de otra. A la inversa, uno dice una palabra completa y el otro debe sonorizar cada uno de sus componentes, en el orden apropiado.

6.2.6. ASOCIACION FONEMA-GRAFEMA

La asociación de los sonidos (fonemas) con las letras que los representan (grafemas) puede enseñarse, simultáneamente, con la discriminación de sonidos iniciales y finales. También puede enseñarse junto con las actividades dedicadas a captar el orden secuencial de los sonidos dentro de la palabra. Sin embargo, la mayoría de los niños, especialmente los que presentan problemas para aprender a leer, obtienen ventajas cuando se estructura esta etapa. Algunas sugerencias de actividades son las siguientes:

— Utilizar las palabras "claves" sugeridas en el desarrollo del vocabulario visual, para asociar sonidos con su correspondiente símbolo gráfico. Destacar la letra inicial.

— Utilizar las tarjetas fónicas sugeridas en las actividades para la discriminación de sonidos iniciales, y confeccionar otro conjunto de tarjetas con letras con caracteres "script", por un lado, y mayúsculas, por el otro. También pueden utilizarse letras movibles, dibujadas o recortadas.
Sobre la base de ese material hacer ejercicios como los siguientes:

— Colocar una letra y seleccionar las tarjetas con ilustraciones que comiencen con ella. Empezar con las vocales y continuar con letras consonantes fácilmente identificables, como la m-s-p-l-r.

– Colocar una ilustración seguida de dos o más letras. El niño debe seleccionar la letra que corresponde al sonido inicial.

– Proceder a la inversa: colocar una letra seguida de dos o más ilustraciones. Seleccionar la que corresponde a la letra.

– Proporcionar a los alumnos sobres con letras escritas en su anverso. Pedirles que ordenen sus tarjetas dentro del sobre que les corresponde.

153

- Afianzar la diferencia entre el sonido y el nombre de la letra.

- Retomar las actividades destinadas a captar la secuencia de los sonidos dentro de la palabra e introducir las letras que los representan.

- Retomar los juegos sugeridos para la discriminación de los sonidos iniciales, incluyendo las letras. Por ejemplo: "El buque cargado", "Pagar la entrada", "La pesca milagrosa", "Jugar a los naipes", "El cartero", "La alfombra mágica", "Bingo" o "Lotería".

b	z	t	a	s
u	m	p	i	l
ch	ll	▨	o	f
j	v	n	d	y
e	g	r	h	c

- Construir dos círculos sobrepuestos y unidos en el centro. Uno de ellos más pequeño. En el círculo exterior se colocan letras y en el más pequeño objetos figurativos. Los niños deben juntar los dibujos con la letra que representa su sonido inicial o final.

- Realizar juegos de combinación entre letras y fonemas. En el juego que se ilustra a continuación los niños juegan con un dado. Si el número es tres, el niño debe pronunciar o mostrar la "r" para poder seguir jugando. El dado puede reemplazarse por una tabla de letras, con una flecha giratoria.

154

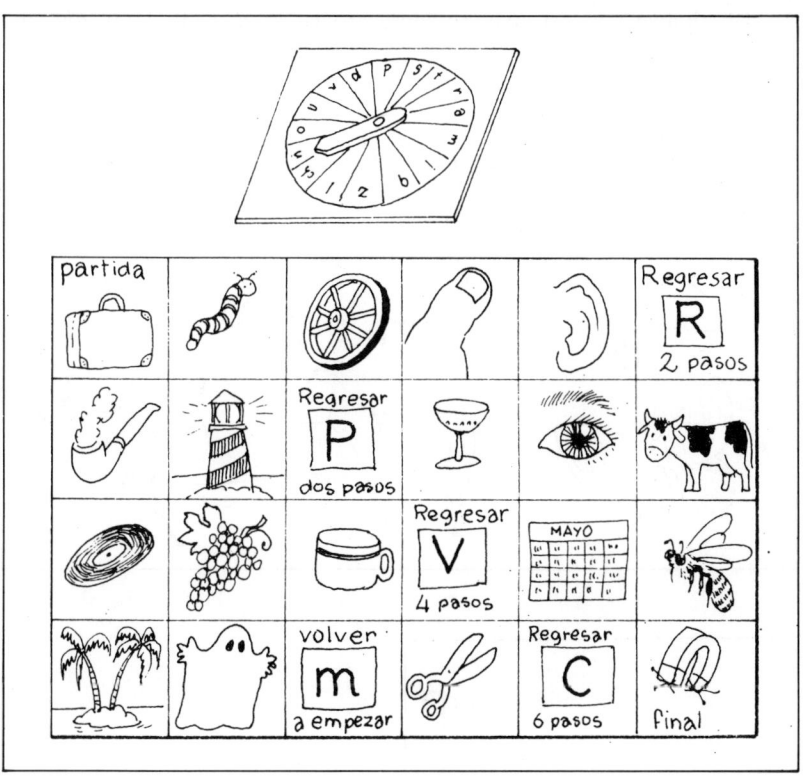

– Presentar estímulos que impliquen reconocer el sonido de la letra, o decir una palabra que comience con ella, para llegar a una meta.

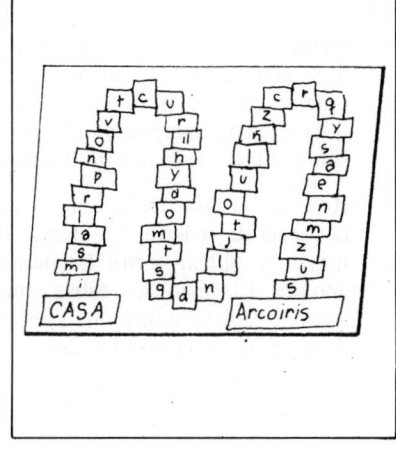

— Discriminar dos o más sonidos, asociándolos a la letra que los representa.

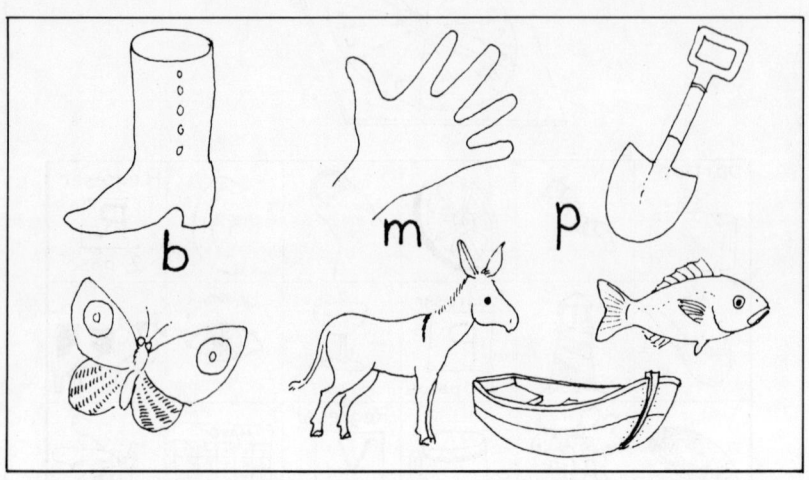

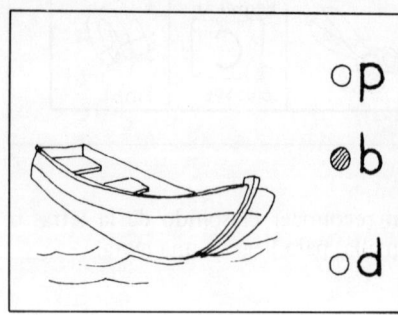

— Reforzar la asociación sonido-letra y punto de articulación (fonema-grafema-articulema) observando en un espejo el comportamiento del órgano bucal y sintiendo a través de la mano la vibración del aparato fonador. Por ejemplo, en el caso de la letra "r", colocar el dedo del niño sobre el lado de la laringe donde él siente la vibración.

— Reforzar la asociación fonema-grafema mediante un gesto que recuerde la forma de la letra. En el caso de la "m" se colocan los dedos índice, mayor y pulgar sobre la mesa para recordar que la letra tiene tres apoyos. El gesto se realiza mirando la letra, mientras se articula el sonido. Naturalmente que el gesto se abandona en cuanto el niño deja de necesitarlo. (Borel-Maisonny, 1966; Alliende et al., 1978).

— Seleccionar y escribir la consonante, diptongo o grupo consonántico omitido.

	s✓		io
	t		ia
	m		ei
ca_a	r	p_no	ua

— La introducción del color también constituye un refuerzo para la memorización. Bannatyne (1967) recomienda asociar la letra a un color para que el aprendizaje de cada una se asocie a un color determinado. El color pasa a constituirse en mediador del reconocimiento. En el sistema recomendado por Norrie (1966) las vocales son de color rojo y las consonantes se presentan en tres familias, cada una con distinto color: las labiales (m-b-v-p-f), las palatales [n-d-t-r-rr-l-s-c (suave)-ch-ñ-ll-z] y las guturales [k-g-q-j-c (fuerte)]. En una posterior clasificación, la autora agrupa las consonantes en áfonas y sonoras; las primeras son negras y las segundas verdes.

— Ehri, L.C. et al. (1984) recomienda, a partir de sus investigaciones, enseñar la asociación fonema-grafema mediante dibujos integrados a la letra en estudio. Por ejemplo, la letra "f" sirve de tallo de una flor y la "l" de base a una lámpara.

— Enriquecer el vocabulario visual del niño, sobre la base de las nuevas palabras que va descubriendo al juntar los sonidos. Escribirlas en una tarjeta y presentárselas diariamente, en forma progresivamente más rápida (ver vocabulario visual).

6.2.7. COMBINACION DE FONEMAS ENTRE SI

La habilidad del niño para ligar los sonidos debe ser precedida por el dominio de los aspectos ya desarrollados anteriormente, tales como poseer un vocabulario gráfico consistente, asociar los fonemas con sus correspondientes símbolos visuales, saber que las letras tienen un nombre alfabético específico; y discriminar y recordar los fonemas en su secuencia dentro de la palabra.

Si un niño demuestra poseer un buen nivel de manejo de los fónicos, pero no es capaz de ligar los sonidos, entonces debe estimulársele en los aspectos de la percepción auditiva que tengan transferencia más directa con esta habilidad.

Alguna actividades que facilitan la combinación de los sonidos, son las siguientes:

— Proporcionar a los alumnos letras, tarjetas con letras movibles y tiempo para que descubran combinaciones entre sonidos vocálicos y consonánticos. Reforzar, positivamente, sus descubrimientos de palabras con sentido.

— Comenzar a unir sonidos vocálicos por su facilidad para ser aprehendidos. Por ejemplo: *o í-oía-ea.* Asociar inmediatemente las palabras formadas con una acción. Por ejemplo, tocarse la oreja cuando se forman las dos primeras palabras. Realizar mímica con palabras como *huí-hu ía.*

— Continuar con sonidos consonánticos fáciles de ligar como "m", "s", "p", "f", "l". Primero, presentar los sonidos aislados como a-m-a y hacer que los niños los repitan como un ejercicio auditorio. Luego se le pide al niño que los repita más y más rápidamente para estimular la idea de "ligar" los sonidos. Una vez que el niño logra decir *ama* y capta su significado, seguir como *Ema-mamá,* etc. Asociar siempre el sonido con el nombre de la letra.

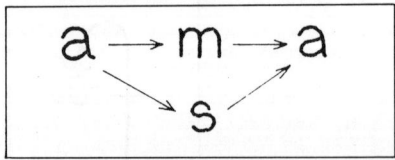

— Proporcionar refuerzo kinestésico a las primeras asociaciones de sonidos, utilizando ya la representación gestual de cada letra-sonido, trazando las letras con el dedo, escribiéndolas en la mesa de arena o sobre la pizarra o papel.

— Proporcionar a los niños retroalimentación visual y articulatoria del proceso de juntar los sonidos. Por ejemplo, si el niño tiene que juntar las letras "l"-"u"-"l"-"a", se le muestra ante un espejo la articulación de cada sonido; luego se le enseña que después de pronunciar la "l", prepare sus labios y su lengua para la letra siguiente, en este caso la "u".

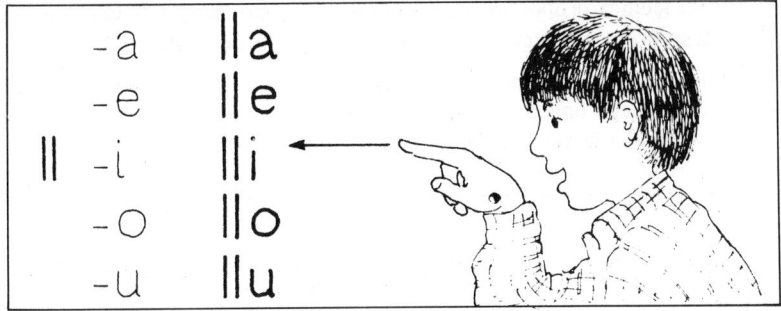

- Utilizar las palabras simples con sílaba directa (consonante vocal) especialmente las que el niño reconoce a primera vista. Hacer ejercicios de sustituciones de letras iniciales, intermedias o finales para formar nuevas palabras (familias fónicas de palabras). La sustitución de letras ayuda a los niños a ver y oír las relaciones letra-sonido y a unir los sonidos, y constituye una de las técnicas que más facilitan el proceso de decodificación. Por ejemplo:

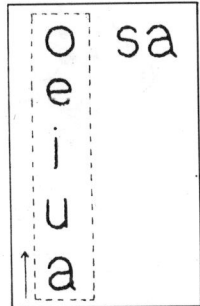

En este caso el educador desliza hacia arriba una columna de papel con las vocales, y los niños van descubriendo las nuevas palabras que se forman. A continuación, hace lo mismo con los sonidos finales, y después con los intermedios.

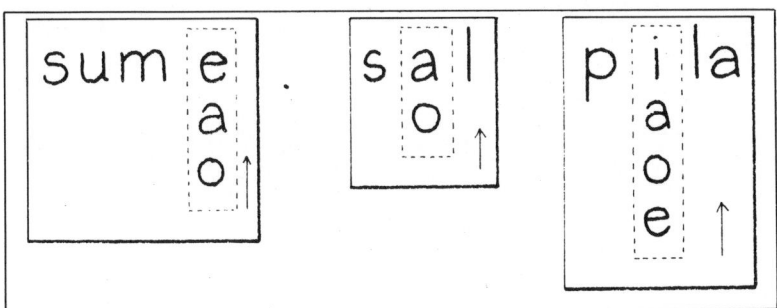

Esta técnica proporciona a los niños un amplio margen de exploración y descubrimiento y es muy recomendada por los expertos.

- Proporcionar palabras simples formadas por vocal-consonante-vocal. Agregar luego una consonante frente a la primera letra; ligar los sonidos y pronunciar la nueva palabra formada. Por ejemplo:

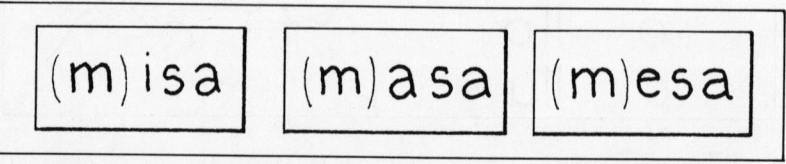

- Sobre la base de las palabras conocidas por el niño, juntar sonidos silábicos. Para ello presentarle tarjetas o cubos con sílabas y estimular la exploración y el descubrimiento. Por ejemplo, a partir de las sílabas que forman las palabras *cama* y *osa* pueden formarse: *oca-masa-casa-saca*. Permitir las palabras sin sentido.

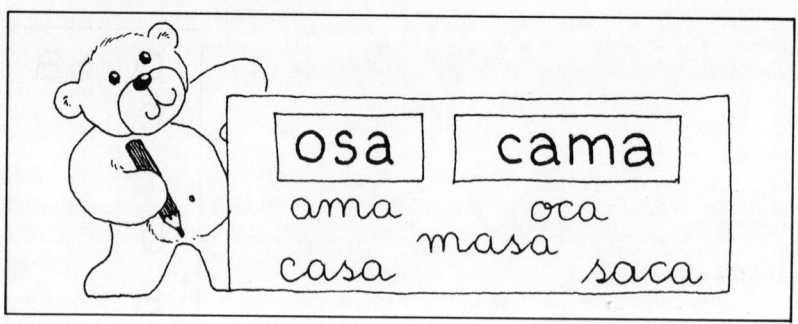

7. ANALISIS MORFEMICO

El análisis morfémico o estructural implica una revisión y extensión de las experiencias del niño en combinar las claves fónicas con las estructurales para facilitar el reconocimiento de las palabras; identificar y pronunciar las sílabas como una sola emisión de voz; identificar la raíz de la palabra en las formas inflectadas derivadas o compuestas; reconocer la forma y el significado de los prefijos y sufijos; entender y aplicar los principios de la silabicación y el cambio experimentado por la palabra, según el acento de la sílaba.

El análisis morfémico de las palabras significa analizarlas en términos de sus morfemas (unidades de significados), en contraste con el análisis de las palabras en sus grafemas y sus correspondientes fonemas-articulemas. Por ejemplo, el análisis morfémico de la palabra *televisión,* da como resultado su separación entre el prefijo griego *tele,* más una palabra-raíz derivada de *ver* y un sufijo *sión.* En el caso de la palabra *quitasol* el análisis muestra que está compuesta por dos unidades significativas, que generan una palabra con otro significado.

Cuando una palabra se divide mentalmente en sus partes significativas, el lector puede reconocerla más fácilmente, porque ya las ha visto en otras palabras. Como es el caso del prefijo *tele,* que el niño verá también en *teléfono* o *telegrama.*

Generalmente, el análisis morfémico se inicia con la "s" o "es" como morfema indicativo de plural y con los sufijos "ito", "ita", agregados a sustantivos conocidos por los niños como *puma-pumita* o *pato-patito.*

Algunos finales inflexionales pueden ser enseñados a partir del análisis fónico, junto con algunas palabras compuestas. Esto se produce cuando la inflexión se agrega a una palabra completa conocida *(come, comer)* o cuando dos palabras conocidas forman una compuesta sin alterarse *(boca, calle y bocacalle).* En dichos casos, podemos hablar de palabras raíces.

Los prefijos y los sufijos, lo mismo que las palabras derivadas y compuestas que implican una alteración de la palabra original, generalmente se enseñan en un período posterior. Por ejemplo: *boca, abierto, boquiabierto* y *boquita.*

El análisis fónico y el morfémico de las palabras van mano a mano. Los cambios estructurales originados por el agregado de los finales inflexionales, también originan fonemas agregados. En la mayoría de los casos, los prefijos y sufijos constituyen sílabas separadas y funcionan como unidades visuales, auditivas y portadoras de significado.

Naturalmente, cuando se sistematiza esta destreza de reconocimiento de palabras, no se enseña el metalenguaje. Sería absurdo que se sobrecargaran los sistemas atencionales del niño con palabras como plurales-morfemas o desinencias verbales.

Algunos ejemplos de ejercicios:

— Enseñar finales inflexionales: Por ejemplo, a las tarjetas con palabras conocidas agregar "s".

— Integrar las nuevas palabras en contextos significativos para el niño. Efectuar lo mismo con "n".

— Descubrir nuevos significados, variando los finales inflexionales.

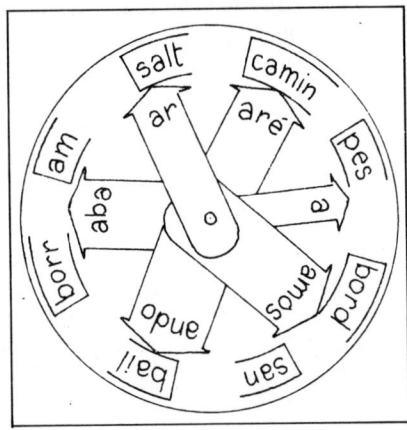

— Destacar las raíces de las palabras a través de actividades como:

— Colocar sobre el pizarrón una lista de palabras con prefijos, sufijos u otros finales. Pedir al niño que cubra con una tarjeta el prefijo o el sufijo y nombre la palabra raíz. Pedirle que la subraye.

— Imprimir o escribir palabras raíces en tarjetas. Proporcionar otras tarjetas con prefijos, sufijos y otras terminaciones y agregarlas a la palabra raíz. Por ejemplo, agregar "re", "pos", "com", "dis", "su" a la palabra "poner" y formar *reponer, posponer, componer, disponer, suponer.* Agregar el sufijo "ble" a palabras como *ama, canta, imagina* y formar: *amable, cantable, imaginable.*

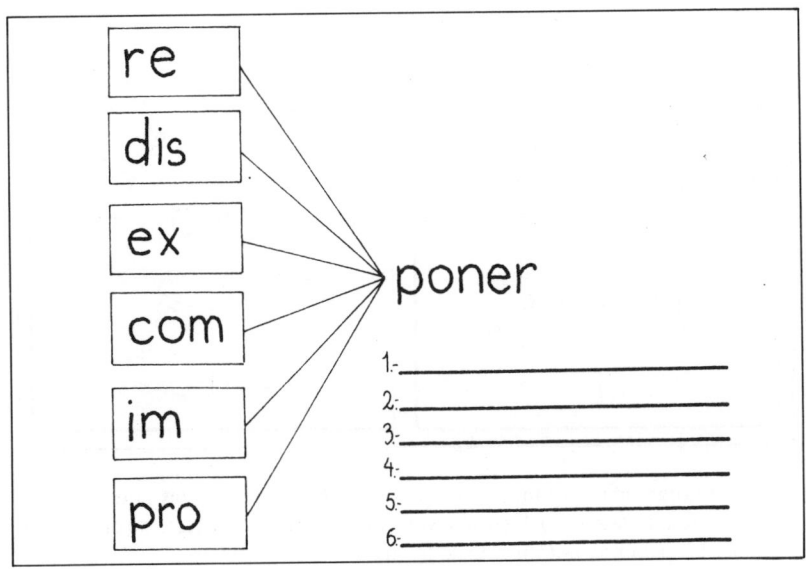

- Proporcionar a los alumnos una lista de palabras raíces como: *pan, silla, sol,* y colocarlas en oraciones donde se observen los cambios dados por afijos. Por ejemplo: *El sol brilla; él se asoleó mucho; compra pan; él es un panadero.*

- A partir de una raíz, ver cuántas otras palabras pueden formarse. Por ejemplo: *Una silla café; ensillar el caballo, un sillón cómodo.*

- Destacar prefijos, sufijos y terminaciones, a través de actividades como las siguientes:

- Escribir oraciones sobre el pizarrón, como por ejemplo: *A ese niño no le gusta la sopa.* Anteponer a la palabra *gusta* el prefijo *dis* y escribir *"A ese niño le disgusta la sopa".* Escribir otras oraciones similares para desarrollar destreza en el uso de prefijos y sufijos. Elaborar tarjetas con prefijos.

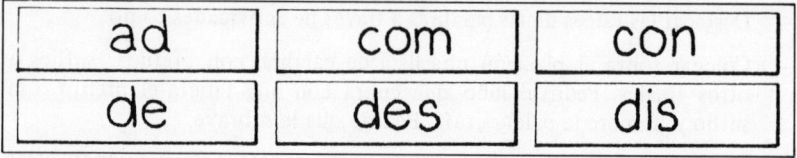

- Construir una columna movible de prefijos como: *re, dis, ex, com, im, pro,* y deslizarla ante una palabra como *poner.* Leer las palabras nuevas que se forman. Hacer lo mismo con círculos.

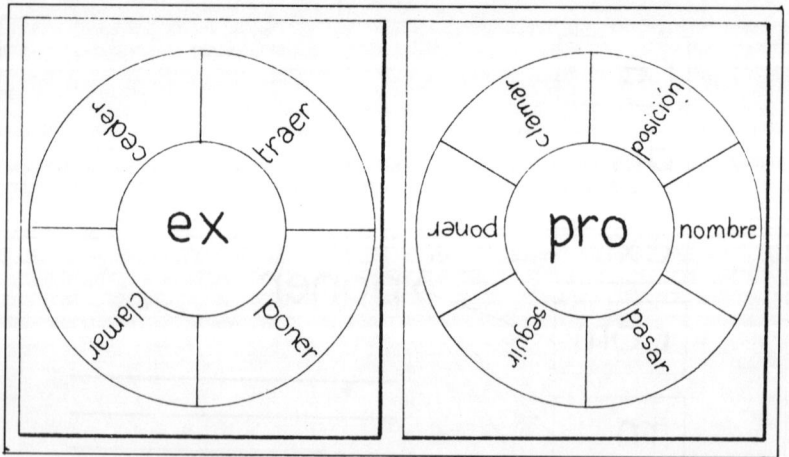

- Anteponer una tarjeta con el prefijo *con,* ante palabras como *mover, vivir, tener, seguir;* o bien *dis* ante palabras como *gustar, poner, parar.* Leer las palabras nuevas que se forman.

164

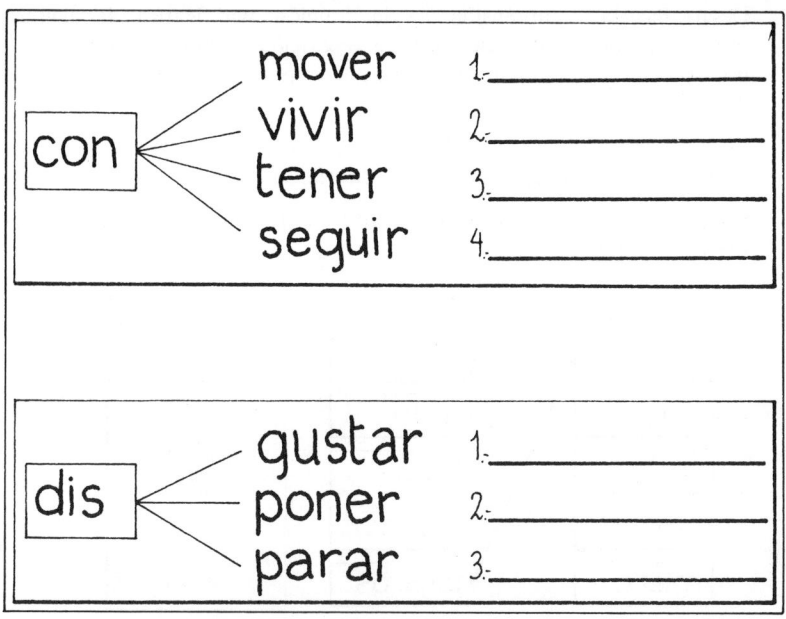

- Destacar la función de sufijos como *ero, mente, ble, endo, eza, imiento,* y otros.

- Desarrollar la comprensión de la función significativa de algunos prefijos y sufijos. Por ejemplo, la repetición o fuerza que aporta el prefijo *re* o la carencia u oposición que implican *in* o *dis* en el caso de *inválidos, disconforme.*

- Formar "familias de palabras" sobre la base de derivaciones. Por ejemplo: *pan, panera, panadero, panadería, apanado.*

- Enseñar el reconocimiento de palabras compuestas, a través de reconocer las palabras de las columnas A y B que forman una nueva palabra:

- Efectuar el ejercicio inverso: a partir de una palabra compuesta, pedirle al niño que separe sus palabras componentes, por ejemplo: *limpia/para/brisas.*

limpiaparabrisas

- Comparar listas de palabras elaboradas en formas singulares y plurales, femeninas y masculinas. Pedir a los niños que las identifiquen y separen en columnas.

- Mostrar dibujos que representen palabras compuestá. Observar o escribir las palabras.

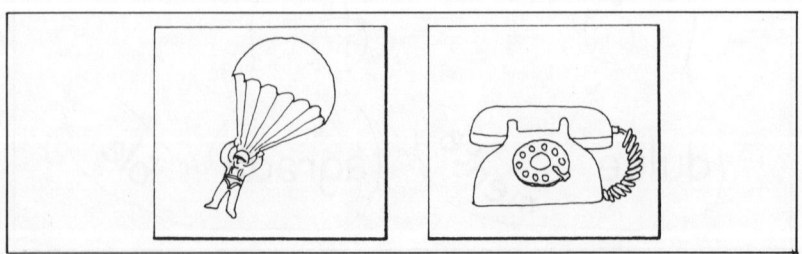

8. ANALISIS CONTEXTUAL

A partir de sus primeros intentos de leer, el alumno, espontáneamente, trata de identificar palabras desconocidas por el sentido general de la oración. Este proceso es conocido como "análisis contextual" y debería ser constantemente afianzado a través de los años de enseñanza básica y con posterioridad a ella. El análisis contextual implica la habilidad del lector para reconocer la palabra y su significado mediante la posición o función de la palabra en una estructura oracional familiar.

Los especialistas en lectura generalmente muestran discrepancias de opinión en cuanto a si las palabras deben primero ser presentadas en contexto o en forma aislada. Una respuesta razonable es que ambas modalidades son válidas, dependiendo del propósito de las palabras. Durkin (1976) sugiere tres situaciones en las cuales las palabras nuevas deben ser presentadas en el contexto de una frase o de una oración: las palabras abstractas que no tienen significado específico, por ejemplo: *y-que-algo-porque;* los homógrafos, es decir, palabras que se pronuncian y escriben igual pero poseen distintos significados; por ejemplo: *toma vino, vino a casa;* y por último las palabras que tienen múltiples significados, por ejemplo: *banco = banco de la plaza, banco de sangre, banco de arena, Banco de Inversiones.*

Las principales claves contextuales son las verbales; pero, si se amplía el concepto de contexto, se pueden agregar otras claves que funcionan de modo similar. Entre las claves surgidas del contexto, entendido en forma amplia, se encuentran las claves dadas por las ilustraciones, las experiencias del lector y las claves verbales-gráficas.

En relación a las ilustraciones, la palabra desconocida es aclarada o acompañada por éstas. Por ejemplo, los nombres de los personajes generalmente son presentados a través de una ilustración, en un cuadro, que los identifica fácilmente: *Pepe y Nena.* También algunas acciones como jugar, saltar o comparaciones, como, por ejemplo, "grande" y "pequeño". Los cuadros ayudan al niño a formar su vocabulario gráfico y a recordar las palabras en las etapas iniciales de su aprendizaje lector. En la medida en que el niño avanza, se aconseja poner el acento en la identificación de la palabra a partir de sus rasgos gráficos, especialmente, tratando de que él dependa progresivamente menos de las ilustraciones, para decodificar las palabras desconocidas.

En relación a las experiencias previas del lector, éstas lo capacitan para adivinar una palabra que no conoce. Si la oración dice: *Pepe dio un... al perro,* la mayoría de los niños pensará que la palabra omitida es *"hueso";* lo mismo pensarán si la palabra *"hueso"* está escrita, aunque no la conozcan.

En cuanto a las claves verbales, éstas pueden referirse a las palabras y oraciones concomitantes, comparaciones y contrastes, sinónimos, síntesis de ideas y definición de la palabra desconocida, dada por el autor:

- *Las palabras y oraciones concomitantes:* Las palabras y oraciones que van antes o después de la palabra desconocida proporcionan alguna indicación sobre su posible naturaleza y significado. Por ejemplo, en la oración: "Pepe tomó un vaso de agua", si el niño no conoce la palabra vaso, hay tres claves verbales provenientes de las palabras concomitantes. "Tomó" y "agua" proporcionan claves semánticas (orientan hacia el significado de la palabra desconocida); "un" proporciona una clave gramatical (indica el género gramatical de la palabra, excluyendo palabras femeninas como "copa").

- *Comparación y contraste:* Uno o varios elementos del texto que el niño conoce, le pueden indicar que una palabra desconocida para él se opone a otra palabra del texto, o es el término de una comparación. Ejemplo: "Tito estaba feliz, pero yo estaba *triste*". "El avión de papel volaba como un *pájaro*".

- *Sinónimos.* La lectura de una palabra desconocida se facilita porque uno o varios elementos del texto indican que su significado es similar a una palabra ya aparecida. Ejemplo: Tú estás feliz y *contento*.

- *Síntesis.* La palabra desconocida representa una síntesis. Es una expresión genérica de las palabras que la preceden o siguen: la uva, las peras y las manzanas son *frutas*.

- *Definición.* La palabra desconocida está definida por las palabras u oraciones que la acompañan. Ejemplo: *cuadrado* es una figura con cuatro lados iguales.

- *Expresiones familiares.* La palabra es reconocida por su uso en expresiones familiares o experiencias verbales corrientes.

En lengua inglesa las claves contextuales suelen ser decisivas. Las palabras nuevas acostumbran ser, desde el punto de vista de su escritura, totalmente desconocidas para el niño. En español, normalmente, las claves de contexto son apoyadas por el conocimiento que el niño tiene de algunas letras o sílabas de la palabra, lo cual facilita las cosas. En el ejemplo: *Pepe dio un (hueso) al perro,* el niño puede desconocer la palabra *hueso,* por no estar familiarizado con el diptongo "ue" y por no conocer la letra "h"; pero puede reconocer el final de la palabra "so" y nunca la va a confundir con *pan* o *comida.* A pesar de esta facilitación de las claves contextuales, la enseñanza del análisis contextual es muy importante en español. Forma parte de un programa más amplio de reconocimiento instantáneo de palabras y de destrezas para captar la significación. El análisis contextual debe iniciarse junto con los primeros intentos lectores del niño y continuarse indefinidamente.

Las siguientes sugerencias pueden ser útiles:

— Leer una oración, rima o cuento, en el que se omitan palabras obvias. Estimular a los niños a proporcionar la palabra omitida. Se puede también seleccionar entre varias. Discutir la razón de la selección. Esta práctica puede ser combinada con una clave fónica.

— Dar a leer a los niños una selección en silencio. Preguntarles acerca del significado de las nuevas palabras presentadas.

— Proporcionar material de lectura con palabras ocasionalmente omitidas (Condemarín y Milicic, 1986). Estimular a los niños a inferir las palabras omitidas y a explicar la razón de la selección. Aceptar como correcta cualquier palabra consistente con el sentido de la oración. Ver ejemplo:

EL NIÑO Y LA RANA

Un niño iba caminando por el campo. De repente oyó una ___ muy ronca y muy ___.
"Debe ser un animal _____", pensó el niño.
Tenía ___ miedo, que estaba a _____ de arrancar. En ese _____ vio a una rana _____ salía croando de una _____.
—Escóndete, mejor —le dijo___ niño a la rana—. _____ te oigo y no___ veo, creo que eres___ grande. Ahora, al ___, sé que eres muy ___. Por más que grites, ___ te tengo miedo.
—Croac, croac —le respondió la rana.

Extraído de Alliende, F. et al. (1987). *Comprensión de la lectura*(1), Santiago de Chile; Andres Bello (con autorización).

Palabras omitidas: voz – fuerte – enorme – tanto – punto – momento – que – poza – el – Si – te – muy – ver – chica – no.

— Insertar una palabra sin sentido en lugar de un sustantivo o verbo varias veces en un párrafo. Pedir al niño que la descubra y que deduzca la que corresponde.

— Variar la forma anterior utilizando el sonido inicial correcto, el grupo consonántico, la sílaba, el prefijo y la raíz de la palabra omitida. Promover, así, simultáneamente, el uso del análisis fónico, estructural y contextual.

— Seleccionar una media docena de palabras difíciles de una lectura próxima a ser leída. Hacer que los alumnos escriban sus propias definiciones sin intercambio de ideas o discusión. Después que la lectura ha sido completada, permitir que los alumnos revisen y completen sus propias definiciones.

- Dar una serie de oraciones en las cuales se utilice una misma palabra con diferentes significados contextuales. Pedir a los alumnos que expliquen el significado de la palabra clave usada en cada sentencia. Utilizar el diccionario como fuente para contrastar significados.

- Variar el segundo ejercicio dado, pidiéndoles a los alumnos que aporten sinónimos a la palabra clave de cada oración.

9. LA PRACTICA DE LA LECTURA

El grado de práctica aumenta el grado de retención de los contenidos (sobreaprendizaje); es decir, la repetición de los mecanismos aprendidos ayuda considerablemente a asegurar la automatización del proceso lector. Postman y Coggin (1964-1965) plantean que la enseñanza mediante el método de las partes repetidas es más rápida (y eficiente para lograr la automatización) que el aprendizaje global o de partes aisladas. Esto significa que cuando el niño está aprendiendo a leer, las nuevas asociaciones fonema-grafema-articulema que se quieren aprender deberían ser sucesivamente agregadas a las ya aprendidas previamente, mientras las últimas son continuamente usadas. Si el niño conoce las vocales, la "n" y la "s", al enseñarle el fonema "l" deberá repasarse, conjuntamente, con las vocales y la "n" y la "s". El método de las partes repetidas es fácilmente comprendido cuando se refiere a aprender una poesía o las tablas de multiplicar.

La importancia de la práctica es fácilmente comprensible cuando se refiere a los actos sicomotores complejos, como aprender a nadar, manejar un automóvil, tejer, tocar piano o escribir en forma manuscrita. A nadie se le ocurriría realizar tales aprendizajes sólo por partes aisladas y no practicarlos regularmente, como un acto global, hasta lograr su completa automatización o habituación. El sobreaprendizaje en el acto de manejar un automóvil permite que el conductor maneje automáticamente mientras canturrea una canción o prepara mentalmente un menú.

La automatización en la escritura permite que el escritor atienda a aspectos relacionados con el estilo del mensaje que está elaborando. La automatización en el reconocimiento de la palabra, obtenida por la práctica, permite que el lector se emocione con los aspectos afectivos del texto o critique el contenido; es decir, acceda directamente al significado.

Para que el aprendizaje de las subdestrezas que componen el proceso de la prelectura, de la lectura inicial y de la comprensión lectora se transfiera al proceso total, se requiere que las subdestrezas sean practicadas en forma sostenida, en una extensión progresiva de tiempo. La práctica favorece la comprensión de los textos, mientras que los procesamientos parciales recargan los sistemas de atención y memoria de corto plazo e impiden la utilización de la información semántica y sintáctica almacenada en la memoria de corto término. Si la atención se recarga a causa de las actividades fragmentadas, parciales, el lector no se concentrará en las ideas.

En resumen: la lectura necesita que se la practique. Mientras más se lee, más se mejora la calidad de la lectura. Se sugiere que la proporción de tiempo dedicado a la práctica de la lectura debería ocupar un 80 por ciento y dejar sólo un 20 por ciento para la instrucción sistemática de las destrezas específicas. A continuación se sugieren algunas estrategias para realizar la práctica de la lectura, referidas a una modalidad de aplicación del *programa de lectura silenciosa sostenida* (Condemarín, 1984): *La hora del libro y algunas consideraciones sobre la lectura oral.*

9.1. LA HORA DEL LIBRO

El programa de lectura silenciosa sostenida (L.S.S.) constituye un excelente medio para efectuar la práctica de la lectura. La L.S.S. es un componente aceptado por la mayoría de los programas de lectura que da a los alumnos la oportunidad de transferir y de aplicar las destrezas aisladas en una experiencia lectora agradable e independiente.

En su esencia la L.S.S. es muy simple (Condemarín, 1984). Los alumnos eligen voluntariamente un libro. Lo mismo hacen el educador y los demás adultos del establecimiento. Luego, cada uno lee en silencio y sin interrupción durante un tiempo determinado de común acuerdo. A continuación, el maestro no exige ninguna actividad ni tarea relacionadas con la lectura: los alumnos no tienen que redactar, ni contestar preguntas, ni leer un número determinado de páginas. Si los alumnos reaccionan espontáneamente y desean compartir sus lecturas mutuamente, se acepta. Debe disponerse en la sala de clases de una amplia variedad de materiales.

Los períodos de lectura fluctúan entre 10 a 20 minutos, según el grado y el interés de los alumnos. Hong (1981) informa sobre una experiencia de modificada L.S.S.: "Hora del libro" en lectores que recién comienzan a leer y da las siguientes pautas:

— La hora del libro es realizada todos los días a la misma hora, de manera que los niños puedan esperar ese período como una parte regular de su rutina escolar. Rápidamente las instrucciones sobre su realización son innecesarias. Los alumnos más pequeños y los más lentos comienzan con sesiones de uno a cinco minutos y eventualmente éstas se prolongan hasta 10 ó 15 minutos, a petición de los mismos niños.

— El grupo de lectura para la hora del libro está formado por cinco o siete alumnos y no por la clase completa, como en el modelo del programa L.S.S. Esto contribuye a crear cierta intimidad y permite compartir, sin producir mucho ruido o agitación.

— La introducción y el acceso a los libros son factores críticos. La hora del libro supone que el educador lee regularmente en voz alta a los niños, a partir de una gran variedad de libros de cuentos y de narraciones. Escuchar leer en voz alta constituye para los niños una de las primeras experiencias con los libros. Cuando un libro es leído primero en voz alta, los niños se familiarizan con sus patrones sintácticos y con su vocabulario. Además ellos escuchan historias completas y no segmentadas.

Después que los libros son leídos al grupo, se los coloca en la biblioteca de la sala de clases. Esta biblioteca puede estar formada por un estante modesto. Pero es importante que los libros estén al alcance de los niños para favorecer su elección. Constantemente deben agregarse nuevos libros, mientras que los demasiado conocidos o impopulares pueden ser retirados. La lectura en voz alta por parte del educador evita el problema de seleccionar un libro, a partir de títulos desconocidos.

—	Los niños deben seleccionar un solo libro. Pueden manejar más de un libro en un solo período, pero deben dedicarse sólo a uno cada vez. Una vez que la hora del libro se establece regularmente, como parte de la rutina escolar, los pequeños pierden esa compulsión a leer y tocar todos los libros a la vez. Saben que si ellos quieren un libro, al día siguiente siempre estará disponible para ellos.

En la descripción de Clay (1972) de las conductas lectoras tempranas, los niños parten desde una conciencia global de los libros, los cuentos y los impresos, hasta una percepción refinada de los patrones del lenguaje, convenciones propias de lo impreso, palabras, letras y sonidos. En la medida en que los niños se van acostumbrando a la hora del libro y llegan a adquirir una conciencia del lenguaje impreso, focalizan su atención en libros específicos y convierten algunos en sus favoritos, frente a los cuales regresan una y otra vez. En esta exploración repetida, los niños parecen moverse desde un interés general y una focalización en las ilustraciones hacia una atención específica de los rasgos distintivos del material impreso.

Después de varias semanas de aplicación de la hora del libro, es común observar a niños concentrados sólo en las primeras páginas de un libro, intentando leer el texto a través de una combinación de técnicas de decodificación y contextuales.

—	Por el hecho de que los niños pueden elegir más de un libro en una sesión, la hora del libro funciona mejor con los niños sentados sobre el piso, cerca del estante de libros, y no ubicados en su pupitre, yendo y viniendo cada vez que hacen un cambio. Se evita así el tránsito dentro del área de la lectura.

—	Tal como se establece en el programa L.S.S., el educador también lee en silencio un libro de su elección, junto con los alumnos; pero a diferencia del L.S.S., responde a las preguntas de los niños: —¿Qué dice esta palabra? —Esta palabra dice: "viene", etc. Esto proporciona retroalimentación a los niños de las hipótesis que ellos plantean frente a lo impreso. Los alumnos se sienten estimulados cuando han decodificado con éxito alguna palabra. Por otra parte, los niños deben ser estimulados a leer lo mejor que puedan y a tratar de descubrir ellos mismos el significado de las palabras.

- Tal como se recomienda en el programa L.S.S., a los niños no se les interroga ni se les piden respuestas escritas durante o después de la sesión de lectura. Los educadores sólo responden.

- Como el papel del educador tiene limitaciones de tiempo, por los requerimientos de los alumnos que están participando en otras actividades, pueden apoyar la hora del libro alumnos de grados superiores, auxiliares o padres. Ellos sirven como modelos de comportamiento lector y pueden responder a las preguntas de los alumnos.

- Los niños pueden leer entre dos y conversar sobre sus lecturas en voz baja. El compartir un libro evita la tensión que ocurre cuando dos desean el mismo libro.

- A los niños se los guía para que traten los libros con respeto. Es decir, que no deben romperse ni doblarse de manera que se descuadernen, ni rayarse, ni tratarse en forma ruda. Esto refuerza el sentido de que los libros son algo especial.

9.2. LA LECTURA ORAL

Las opiniones en relación al valor de la lectura oral han cambiado considerablemente durante las últimas décadas. En un tiempo se practicaba ampliamente, sin poner atención a su justificación en relación al propósito con que se usaba, a los tipos de materiales de lectura que se empleaban, ni a su papel en el programa total de lectura.

La lectura oral es una actividad más difícil que la lectura silenciosa, porque el lector debe reconocer todas las palabras expresadas verbalmente; usar el fraseo adecuado dado por los signos de puntuación; dar la entonación adecuada; adaptar la expresión, la altura de la voz y la velocidad al ritmo de los auditores para ser escuchado y comprendido por ellos.

Algunas justificaciones para incluir la práctica de la lectura oral en el programa de lectura son las siguientes:

- Algunas autoridades en el campo de la lectura apoyan la necesidad de practicar la lectura oral porque proporciona una transición natural del habla al lenguaje escrito (Guszak, 1978; Kirk et al., 1978) y, por lo tanto, debería ser estimulada hasta que el niño esté listo para leer en silencio.

- Los primeros contactos de los niños pequeños con la lectura son a través de su forma oral como auditores de cuentos. Así, leer en voz alta sería para ellos un proceso natural.

- En las etapas iniciales del aprendizaje de la lectura, los niños requieren escucharse leer a sí mismos. Taylor y Connor (1982) argumentan que los niños necesitarían transitar desde la lectura en voz alta hacia la lectura silenciosa, como un proceso de interiorización similar al planteado por Vygotsky (1962) en los procesos del habla. Vigotsky argumenta que el habla deviene en lenguaje interior porque sus funciones cambian desde lo social hacia lo interdireccional y personal. Los niños se aproximan a la lectura de manera similar. La lectura en voz alta implica un proceso de desarrollo que evoluciona hacia la lectura silenciosa, pasando por una etapa de subvocalización.

- La lectura oral también permite evaluar las destrezas de los alumnos en el reconocimiento de palabras, en el nivel de su dominio del análisis fónico y estructural, de las claves dadas por las formas de las palabras y de la utilización del contexto. En general, el alumno obtiene retroalimentación de su rendimiento. Naturalmente, esta retroalimentación debería estar focalizada más en el significado que en la pronunciación.

- Permite evaluar, indirectamente, el habla del niño, debido a que la lectura oral refleja las posibles dificultades en el tono, articulación, timbre y otras cualidades de la voz.

Algunas sugerencias para la práctica de la lectura oral son las siguientes:

- Debe plantearse como una situación comunicativa. El niño lee al maestro o a sus compañeros algo que él considera interesante. Es decir, siempre debe tener un propósito.

- El educador debe dar un modelo de lectura oral entusiasta, con clara articulación y con adecuada entonación y expresión.

- Debe ser un medio facilitador para que los otros alumnos adquieran práctica en escuchar activamente.

- Cuando los alumnos tienen que leer ante otros debe permitírseles practicar previamente la lectura.

- La lectura oral debe ser parte natural de la preparación de dramatizaciones, cantos y poemas.

- Debe evitarse la lectura mecánica como, por ejemplo, la práctica de leer "en seguidilla", en la que un niño continúa leyendo a partir del punto en que quedó el alumno anterior. Esta práctica es especialmente tensionante para los niños tímidos con problemas en la articulación y el ritmo del habla.

10. SELECCION DE LECTURAS PARA PRINCIPIANTES

La mayoría de los niños enfrentan la escolaridad esperando el momento mágico de aprender a leer. Esto es, reforzado por los padres cuando les crean expectativas al decirles:

—Pronto podrás leer cuentos por ti mismo.

Sin embargo, tal expectativa a menudo termina en una frustración si el educador sólo ejercita destrezas de vocabulario visual, fónicos, elementos morfémicos durante semanas y meses y no presenta a los niños materiales de lectura donde ellos puedan poner en práctica sus incipientes destrezas de reconocimiento de palabras. También constituye una experiencia desilusionante la presentación de textos complejos que ofrecen demasiadas dificultades para su decodificación o que son muy simples y carentes de interés.

A pesar de que un niño de 5 a 7 años no domina algunas estructuras sintácticas, posee, sin embargo, el equipo fonológico y sintáctico necesario para comprender y producir la mayoría de las formas del lenguaje oral (Chomsky, 1972). A estas alturas, el niño ya ha adquirido suficientes terminologías, conceptos y conocimientos de su mundo para poder entender y expresar oralmente la mayoría de sus experiencias. Por otra parte, si ha sido expuesto a cuentos y narraciones contados o leídos, está familiarizado con el vocabulario, las estructuras sintácticas y los esquemas propios del mundo literario, donde la situación se crea sólo con el lenguaje. Es decir, el niño es un experto en lenguaje oral.

Sin embargo, es sólo un principiante en el lenguaje escrito, en lo que respecta al reconocimiento de palabras y la velocidad de comprensión. Surge así la pregunta: ¿Cómo armonizar ambas cosas?.

Presentamos a continuación algunos criterios destinados a responder esta interrogante. Se refieren a la utilización de libros predecibles, legibilidad física y lingüística, ilustraciones y materiales de lectura.

10.1. UTILIZACION DE LIBROS PREDECIBLES

La utilización de los libros predecibles apoya el valor del uso de la literatura en el aprendizaje de la lectura y de las otras artes del lenguaje. Se denominan así porque los alumnos rápidamente comienzan a predecir lo que el autor va a decir a continuación y la manera como lo va a decir. Apenas el maestro lee unas pocas páginas o incluso unas líneas los niños dicen en voz alta, recitan o cantan el contenido, gracias al empleo de patrones repetitivos de lenguaje o a la presentación de hechos sucesivos o acumulativos.

Los libros predecibles son especialmente efectivos en la etapa de prelectura inicial. También son utilizados con éxitos en los alumnos con dificultades lectoras y con los adolescentes.

A nivel preescolar la investigación apoya la creencia de que un porcentaje de niños puede leer naturalmente a través de un programa de artes del lenguaje basado en la literatura (Durkin, 1966) y sin instrucción formal.

Cuando los padres u otro familiar les lee en voz alta, los niños van siguiendo visualmente las líneas, parean las palabras habladas con las palabras escritas, ayudan a dar vuelta las páginas, leen en voz alta los patrones de lenguaje familiares y piden que les lean una y otra vez sus selecciones favoritas. Después, los niños recuerdan exactamente lo que dicen las líneas y "juegan a leer" en voz alta ante sus padres o sus amigos.

Esta inmersión "holística" en la lectura va imprimiendo en la memoria de largo término de los niños vocabulario de lectura, estructuras sintácticas y macroestructuras narrativas (Mandler y Johnson, 1977).

El poder de la predictibilidad también es aplicable a los alumnos con dificultades lectoras y a los adolescentes (12 a 15 años). A esa edad los jóvenes lectores ya han acumulado experiencias y desean leer libros que reflejen su desarrollo. Ellos ya no necesitan el apoyo de historias con patrones repetitivos o acumulativos porque consideran que esos materiales son "infantiles". La predictibilidad aplicada a los adolescentes refleja sus intereses y sus niveles de lenguaje más avanzados y les proporciona una fuente progresiva de buenos contenidos de lectura.

Los libros predecibles, al igual que los libros "parlantes" (acompañados de una casette) o los registros de experiencias, constituyen un material complementario para el aprendizaje de la lectura a partir de la educación preescolar hasta la enseñanza secundaria. La importancia de este tipo de material queda en evidencia a la luz del modelo sicolingüístico que sugiere que los niños aprenden a leer el lenguaje escrito cuando descubren su funcionalidad y significado (Goodman, 1985; Smith, 1971).

La observación directa de la enseñanza, tanto de la lectura inicial como de la lectura correctiva y remedial en nuestra realidad latinoamericana, pone en evidencia que la enseñanza de destrezas aisladas constituye el modelo más utilizado. Esto se traduce en enseñar el conocimiento del alfabeto, vocabulario visual, fónicos, sílabas, desinencias verbales, oraciones, apoyados generalmente en un solo libro, a veces denominado "silabario".

Sin duda alguna, esta práctica tiene el valor de desarrollar la conciencia metalingüística del niño frente a los elementos constitutivos del lenguaje escrito, así como el de destacar la eficiencia del maestro para enseñar a decodificar; pero si estas destrezas se desarrollan en forma aislada y sin la necesidad práctica pasan a constituir para el niño una rutina carente de significado y funcionalidad que retarda el momento mágico de leer en forma independiente. Así, la exposición del niño frente a lecturas predecibles a partir de sus primeros pasos en el aprendizaje de la lectura, le proporciona una inmersión en textos significativos que le permiten practicar lúdicamente la lectura.

En esta forma se concreta la recomendación de Smith (1979) en cuanto a "aprender a leer leyendo".

La predicción juega un rol vital en la comprensión de la lectura. Smith (1979, p. 85) describe la predicción en términos de "tener la oportunidad de apostar a favor de la alternativa más probable". Ella aparece incluida dentro de un círculo constituido por tres pasos: muestreo ("sampling"), predicción y confirmación (Goodman, 1977). En el primer paso —muestreo— los niños seleccionan la información sintáctica, semántica y grafofónica más útil para realizar una predicción excluyendo las otras alternativas.

En el segundo paso —predicción— ellos hipotetizan el significado más probable sobre la base de la información seleccionada durante el muestreo. Durante el tercer paso —confirmación— los niños se preguntan si sus hipótesis hacen sentido con la retroalimentación recibida a partir del texto y esta retroalimentación les permite aceptar o rechazar sus hipótesis. Este círculo de tres pasos se repite a medida que los niños leen, dando como resultado la comprensión lectora.

Características de los libros predecibles: Los libros predecibles para ser usados en la iniciación de la lectura o con los niños disléxicos pueden poseer una o más de las siguientes características (Cf. Rhodes, 1981).

— Utilizan textos con un patrón repetitivo que es rápidamente captado por los alumnos. "El burro enfermo" constituye un ejemplo de esta característica.

> *A mi burro, a mi burro*
> *le duele la cabeza.*
> *El médico le ha dado*
> *una gorrita gruesa*
> *y gotas de limón.*

> *A mi burro, a mi burro*
> *le duele la garganta.*
> *El médico le ha puesto*
> *una corbata blanca*
> *y gotas de limón.*

— Se basan en la "cultura oral" que posee el niño y que se traduce en poemas, rimas, juegos lingüísticos, adivinanzas, rondas y cantos que él emplea naturalmente en sus variadas interacciones comunicativas.

— Utilizan textos con patrones repetitivos acumulativos. El cuento de "La Tenquita" constituye un ejemplo de ambas características. La "tenquita" es un pájaro chileno; pero, cuando esta narración tradicional es contada en otras culturas, generalmente adopta el nombre de un pajarillo conocido en ellas.

179

LA TENQUITA

Para saber y contar y contar para aprender.

Esta era una Tenquita que tenía unos tenquitos muy lindos, que acababan de salir del huevo.

Una mañanita salió a buscarles qué comer, y como era invierno y había caído mucha nieve, a la Tenquita se le heló una patita.

Al verse coja, la avecita se afligió mucho y llorando le dijo a la Nieve:

—Nieve, ¿por qué eres tan mala que me quemaste la patita a mí?

Y la Nieve le contestó:

—Más malo es el Sol que me derrite a mí.

Entonces la Tenquita se fue donde el Sol, y le dijo:

—Sol, ¿por qué eres tan malo que derrites a la Nieve y la Nieve me quema la patita a mí?

Y el Sol le respondió:

—Más malo es el Nublado que me tapa a mí.

Se fue la Tenquita a ver a Nublado, y le dijo:

—Nublado, ¿por qué eres tan malo que tapas el Sol, el Sol derrite a la Nieve y la Nieve me quema la patita a mí?

. . . .

"El enorme nabo", de Tolstoi también constituye un buen ejemplo de un patrón reiterativo.

Otra característica de los libros predecibles es la correspondencia entre las ilustraciones y el contenido. En el ejemplo:

A la una mi fortuna.
A las dos mi reloj.
A las tres voy en tren.
A las cuatro me retrato,
. . . .

cada denominación como "reloj", "tren" o "retrato" puede ir ilustrada para facilitar su decodificación en las etapas iniciales de la lectura. En este mismo ejemplo, también contribuyen a su posibilidad de predicción la existencia de la rima y el ritmo del lenguaje.

Otra característica importante es la secuencia de la presentación. En el ejemplo anterior, la secuencia está dada por las horas. En el caso siguiente está dada por los días de la semana.

Lunes, martes, miércoles, tres.
Jueves, viernes, sábado, seis, y
domingo, siete.

Una última característica de los libros predecibles está dada por la familiaridad del niño con su contenido. Seguramente, él puede predecir las palabras del lobo en el cuento de "La Caperucita Roja" o la secuencia con que los tres cerditos realizan la construcción de su casita con materiales progresivamente más sólidos cuando el lobo los amenaza.

Por la misma razón de la familiaridad, los niños también leerán, fácilmente, rimas, aliteraciones, canciones, poemas y avisos publicitarios conocidos. Es importante destacar que lo familiar, y conocido para un lector que se inicia, no es sólo rutina y monotonía; un lector que se inicia normalmente tiene humor, fantasía, imaginación, capacidad de juicio, apreciación estética.

Todas estas características hacen que los libros predecibles sean diferentes de los textos típicos de primero y segundo grado. La lectura fluye con naturalidad, porque tanto el vocabulario y la sintaxis empleados como el contenido reflejan el mundo interno del niño y su lenguaje. Ellos también son capaces de utilizar su conocimiento intuitivo acerca de las estructuras narrativas, en el caso de los cuentos tradicionales.

Este tipo de libro puede ser empleado simultáneamente con el desarrollo de las habilidades de reconocimiento de palabras; se estimula así la comprensión, a partir de las etapas iniciales de la lectura. Este planteamiento teórico se justifica por la creencia de que el primer encuentro del niño con la lectura está dedicado a la búsqueda del significado. Esto es avalado por expertos en lectura como Betts (1946); Durkin (1972); F. Smith (1979); Spache y Spache (1973); Y. Goodman (1976).

Heald-Taylor (1987) recomienda utilizar con los lectores principantes versiones en gran tamaño de las selecciones, para usarlas individualmente, en grupo o por la clase en su totalidad.

-- *Selección:* Confeccionar los libros de gran tamaño con las selecciones que los niños han leído en voz alta. El libro puede ser utilizado como una unidad en sí misma o bien se le puede relacionar con un tema general de lenguaje.

-- *Formato:* Comentar con los estudiantes las distintas posibilidades de formato que puede adoptar el libro: una "réplica del libro" (copia exacta del original), "nuevas ilustraciones" (cuando crean sus propias ilustraciones), "compuesto por los estudiantes" (cuando los alumnos escriben o dictan sus versiones basadas en el original). En el caso de que los estudiantes creen historias originales, escribirlas en la pizarra, en una tarjeta o sobre un acetato y transcribirlas después en un formato de gran tamaño.

Preparación del texto: Escribir con letra imprenta manuscrita en tamaño grande una o dos oraciones de la historia en la parte superior de una hoja de cartulina o de cartón delgado (30 por 40 cms.) con el fin de que los niños puedan leer fácilmente el texto. Colocar una cubierta que puede ser diseñada y pintada por los mismos niños. Si es necesario colorear selectivamente · sustantivos, estribillos o verbos dando un código de color para cada uno. Redactar una página a manera de presentación o de prefacio explicando por qué los estudiantes eligieron las selecciones. Dejar una página destinada al índice.
Dejar un espacio aproximado de tres cuartos de página para las ilustraciones, debajo del texto escrito.

Lectura de la selección: Leer la historia en voz alta e invitar a los alumnos a seguir el ritmo con las palmas, hacer los efectos sonoros con la voz o con instrumentos, hacer gestos o pantomimas correspondientes a personajes y acciones y leer en voz alta simultáneamente con el maestro.

- *Comenzar y realizar las ilustraciones*: Comentar acerca de cómo las ilustraciones pueden ayudar a entender la historia y conversar cómo se visualizan o imaginan los cuadros en la medida que uno lee. Analizar cómo pueden realizarse ilustraciones diferentes a las del libro original. Efectuar fotografías, pegarlas. Instarlos a que tomen una decisión final e ilustrar la cubierta. Repartirse las páginas que serán ilustradas sobre la base de elecciones personales. Decidir si las hacen en una página aparte y luego las pegan o si ilustran directamente la página seleccionada. Llevar un registro de las ilustraciones para que en el curso de una semana todos los niños hayan ilustrado por lo menos una página.

- *Numerar las páginas:* Una vez completadas las ilustraciones, hacer que los niños numeren las páginas a medida que las leen. Los mayores deben hacerlo sin ayuda del maestro.

- *Página informativa*: Hacer una página informativa con el nombre de los ilustradores, el nombre del autor de la selección original, la editorial y la fecha de la publicación.

- *Página de comentarios*: Incluir dos o tres páginas extras al final del libro para que los lectores escriban sus comentarios sobre el contenido o sobre las ilustraciones.

- *Laminar la cubierta*: Laminar la cubierta o protegerla con un plástico adhesivo y colocarle un sobre o "bolsillo" de cartulina para que los alumnos anoten su nombre y su firma cuando lean el libro o cuando lo lleven a su casa.

- *Destacar el lomo*: encuadernar el lomo del libro o bien colocarle un espiral de plástico o de metal.

- *Rincón de lectura*: Colocar el libro en el estante destinado al rincón de lectura y establecer un horario de lectura recreativa.

En resumen, los maestros que utilizan libros predecibles como recurso para las actividades de experiencias de lenguaje ayudarán a los lectores principiantes y a los niños con dificultades de aprendizaje a desarrollar sentimientos positivos hacia la lectura en voz alta y silenciosa, porque proporciona múltiples oportunidades para adquirir fluidez lectora, vocabulario visual, uso de claves estructurales y para adquirir intuitivamente conceptos relacionados con las convenciones sobre el lenguaje escrito.

10.2   LEGIBILIDAD FISICA Y LINGÜISTICA

El sentido común apunta a una partida que lleve hacia el dominio progresivo de la textualidad, con libros cuyos textos sean breves, concretos, no complejos, con apoyos y facilidades gráficos y una mínima anaforización, de modo que sean claros y fácilmente comprensibles (Alliende, 1980).

La brevedad está dada por:

- el predominio de palabras de pocas sílabas y estructuralmente simples (sin derivaciones complicadas y forzadas);

- oraciones cortas; y

— textos de reducido número de palabras, especialmente cuando el contenido no es predecible.

La concreción implica utilizar:

— oraciones de sujeto concreto singular y una constante apelación a la imaginación. El contenido del texto es perfectamente imaginable.

La sencillez se refiere a la utilización de textos no complejos.

— estructuras gramaticales caracterizadas por simples, con predominio de oraciones no complejas;

— la existencia de una estructura textual fácilmente reconocible. El texto puede ser reconocido como anécdota, chiste, rima, cuento, fábula, adivinanza, poema. Su desarrollo debe poder seguirse sin problemas, de acuerdo a los planteamientos expuestos en el criterio referido a los libros predecibles.

Las anaforizaciones deben ser mínimas. Uso mínimo de pronombres demostrativos, adverbios de lugar (allí, ahí), de tiempo (entonces, simultáneamente), pronombres personales de tercera persona en caso oblicuo (lo, les, le) y otros elementos que impliquen referencias poco claras a otros elementos del texto. Un texto puede poseer un vocabulario y una sintaxis fáciles, y sin embargo ser difícil para un lector inicial, por el excesivo uso de anaforizaciones.

En relación al apoyo gráfico, la letra debe ser grande; la línea no debe ser muy extensa; conviene eliminar la separación de palabras al final de línea; cada una debe coincidir con una unidad de sentido.

El resultado final de los factores anteriores debería ser claridad y comprensibilidad. Pero si a pesar de todo el texto sigue ofreciendo dificultades, la claridad se puede lograr: suprimiendo los elementos innecesarios, apelando a un cierto uso de la redundancia, acentuando algunos de los aspectos anteriores.

Los textos con estas características pueden ser muy limitados y majaderos si se transforman en únicos, pero sirven de punto de partida para empezar a leer textos progresivamente más complejos.

En esta etapa, por consiguiente, todas las características anotadas deberán irse moderando progresivamente para llegar a textos más largos, menos concretos y más abstractos; más complejos en lo gramatical, en lo conceptual y en la estructura textual; con menos redundancia y más uso natural y libre de la anáfora y de los elementos reproductores y sintetizadores de la lengua; menos familiares: más alejados en el tiempo, en el espacio, y por lo tanto más capaces de introducir a mundos nuevos; con menos apoyos gráficos; progresivamente más complejos en concordancia con el desarrollo de las habilidades lectoras de los alumnos.

10.3.   LAS ILUSTRACIONES

Tal como lo saben los educadores y los padres, las ilustraciones ayudan a los niños a aprender a leer. También son útiles como claves para decodificar palabras desconocidas y para comprender oraciones. Contribuyen, además, al control del vocabulario, dado que las historias ilustradas pueden ser dichas con pocas palabras. Las ilustraciones también ayudan a cubrir la brecha entre el lenguaje hablado y el lenguaje escrito mediante la representación de los hablantes y de los ambientes donde se desarrolla el diálogo o la acción. Contribuyen así a la representación visual de contenidos informativos referidos a personajes, objetos y localizaciones.

Las ilustraciones también ligan y enfatizan partes de la historia; pueden mostrar escenas desde el punto de uno o más personajes y representar, además, los pensamientos de un personaje. El estilo de la ilustración puede sugerir el género de la historia, si es realista o fantástica. También las ilustraciones pueden mostrar los gestos y la expresión facial de los personajes, los cuales son claves importantes para entender algunas motivaciones (Cfr.: Elster y Simons, 1985).

Los libros para lectores iniciales deberían tener ilustraciones representacionales y obvias con el fin de aportar claridad. Naturalmente, lo representacional y lo obvio no implican falta de imaginación, mal gusto o chatura. Las ilustraciones deben servir como guías o sugerencias a través de la historia, de manera que conviertan la lectura en una experiencia vivida, estimulante, de las respuestas orales, escritas y creativas.

Elster y Simons (1985) clasifican las ilustraciones de los libros de lectura inicial en dependientes e independientes de las historias. Las primeras juegan un papel importante en ayudar a los niños a leer palabras y en aclarar y expandir el significado. Estas "fuerzan" al lector a usar tanto las ilustraciones como las palabras para poder captar el contenido de la historia.

Por otra parte, las ilustraciones independientes de la historia permiten al lector basarse sólo en las palabras para poder comprender el texto, o bien usarlas como una clave contextual complementaria.

Las ilustraciones dependientes de la historia tenderían a dividir la atención del niño durante la lectura: para entender las palabras tienen que mirar las ilustraciones y viceversa. Esto sería difícil, especialmente para los niños con habilidades lectoras limitadas (Harber, 1980) y constituirían un factor de distracción en los lectores principiantes.

Cuando los niños comienzan a leer, deben aprender no sólo a decodificar palabras, sino también a descubrir el significado, aplicando distintas claves de reconocimiento (vocabulario visual, análisis fónico y morfémico, claves contextuales) y no sólo comprender sobre la base de la ilustración. Las ilustraciones dependientes del texto también inhiben en el niño su capacidad de crear sus propias imágenes. Un ejemplo exagerado lo constituyen los "comics" o historietas ilustradas.

11. PARTICIPACION DE LA FAMILIA

Un tópico de gran interés y preocupación de parte de los educadores lo constituye el compromiso activo de la familia en la educación de sus niños. Aparentemente, la vida escolar no siempre estimula el desarrollo de la cooperación y de las habilidades para trabajar en equipo. En general, una conducta valorada entre los educadores es decir: "Yo resuelvo sólo los problemas de mi trabajo". Rara vez hay expectativas de que los padres puedan colaborar y compartir las responsabilidades de la tarea educativa. Además, los programas de preparación de los educadores aportan pocas sugerencias para la interacción de apoyo entre padres y educadores. A partir de los modelos recibidos en su propia escolaridad infantil, los adultos que llegan a ser educadores en nuestra sociedad carecen generalmente de actitudes apropiadas y de habilidades para trabajar en cooperación con otros adultos.

La entrada del niño en la situación escolar marca el comienzo de un período crítico para el niño y también para los padres. En cuanto los padres confrontan nuevos conocimientos relacionados con la situación escolar y con las habilidades e intereses de sus hijos, ellos probablemente responderán a los estímulos positivos que los involucren en esta dimensión de la vida de sus hijos. Tal compromiso hará que apoyen más los esfuerzos de éstos relacionados con la escuela y no deleguen esa parte importante de la vida de sus hijos. Por el contrario, integrarán a los maestros como individuos significativos para la vida total de la familia.

La participación de los padres, desde su punto de vista, puede ser percibida como un compromiso con los intereses del niño en el ámbito familiar y escolar. Colaborarán así con la escuela en las decisiones relacionadas con las experiencias escolares del niño. Esto implica la aceptación de ellos mismos como educadores importantes y su disposición para entender las conductas de aprendizaje del niño.

Los padres deben ser estimulados en el sentido de que reconozcan que las habilidades requeridas para realizar una paternidad-maternidad efectiva no aparecen automáticamente en el momento del nacimiento de sus hijos, sino que hay que aprenderlas. Tal como se conocen los estadios de crecimiento y desarrollo de los niños, también se debería reconocer que los padres van desarrollándose en la adquisición y perfeccionamiento de sus habilidades parentales. Los padres, gradualmente, se dan cuenta de la importancia de su presencia y de su influencia sobre el desarrollo total del niño, en la medida en que ellos aprenden a establecer contacto con el desarrollo del niño y al mismo tiempo son perceptivos con los cambios que ocurren en su propio desarrollo personal, en cuanto padres.

Desde el punto de vista de los educadores, la participación de los padres incluye el reconocimiento y aceptación de su papel educativo y la decisión de estimularles para compartir las decisiones y acciones que afectan el proceso de enseñanza—aprendizaje de sus hijos. Para lograrlo, ellos deben revisar actitudes y habilidades relacionadas con el trabajo cercano y cooperativo con otros adultos. En otras palabras, ellos también deben desarrollarse como personas en sus relaciones con los padres.

En el aprendizaje de la lectura, la interacción con la familia, generalmente, se limita a hacer participar a los padres en "las tareas para la casa", o bien a reunir a los padres para informarles sobre el rendimiento de sus hijos o para dar pautas para ayudarles en sus dificultades de aprendizaje.

Uno de los cambios importantes en el aprendizaje de la lectura inicial, a partir de la década del 60, ha sido sistematizar la participación de los padres en el desarrollo de la lectura de sus hijos, de tal manera que la familia y los educadores se asocien frente al objetivo de que los niños aprendan a leer y lean cada vez más y selectivamente mejor.

Se describen, a continuación, algunos resultados de investigaciones. Se muestran, a manera de ejemplo, la aplicación de un programa de tutoría para la enseñanza de la lectura inicial de Milicic (1983) y el estudio de Niedermeyer (1979) sobre la aplicación de un programa de entrenamiento de padres para enseñar a sus hijos simultáneamente con la escuela. Finalmente, se aportan sugerencias prácticas para la interacción con los padres en la estimulación del lenguaje escrito.

11.1. REVISION DE INVESTIGACIONES

La revisión bibliográfica revela que la familia, especialmente los padres, y la comunidad constituyen un recurso poderoso para aumentar el rendimiento de sus hijos. Algunos estudios revelan conclusiones como las siguientes:

— Después de analizar las correlaciones entre rendimiento académico, aptitudes, factores socioeconómicos y factores instrumentales, McDonald (1976) concluye que sólo el 33% del aprendizaje del alumno puede ser atribuido a la enseñanza escolar. Los otros dos tercios de sus conocimientos proceden del hogar y de la comunidad.

— Un estudio de Nicholson (1980) en 689 padres de Nueva Zelandia sugiere, después de analizar los resultados, que:
   (1) Los padres están interesados en la lectura de sus hijos y sienten que pueden ayudar a estimularla. (2) Algunos padres muestran ansiedad en relación al rendimiento de sus hijos en la lectura. (3) Los padres necesitan saber por qué los maestros utilizan métodos de enseñanza de lectura distintos a los

que ellos conocían o pensaban que eran adecuados. (4) Los padres necesitan saber lo que hacen los maestros para poder apoyar sus enseñanzas.

Los estudios de Durkin (1966) sobre niños que habían aprendido a leer precozmente revelan ciertas constantes en relación a sus familias: todos los miembros leen sin excepción, y por lo menos uno de los padres es un lector asiduo; los padres aparecen como personas que disfrutan de estar con sus hijos; salen con ellos con mucha frecuencia, comentan las experiencias compartidas, contestan preguntas y las estimulan; no hacen intentos deliberados de enseñarles a leer; los hermanos mayores participan respondiendo las preguntas y peticiones de los menores relacionadas con el aprendizaje de la lectura, y a menudo juegan con ellos "a la escuela"; en los hogares hay materiales de lectura y también papel, lápiz y pequeñas pizarras.

- McKinney (1975) enseñó a un grupo de padres a prestar ayuda como tutores a sus hijos en lectura y matemáticas. Los padres recibieron dos horas de enseñanza semanal durante quince semanas. La evaluación posterior reveló que los niños cuyos padres les habían servido de tutores lograban un rendimiento significativamente más alto en ambas asignaturas y en sus actitudes hacia la escuela, en relación a los niños del grupo control cuyos padres no habían aprendido a enseñar a sus hijos. En relación a este último estudio, Raim (1980) llegó a la conclusión de que también los padres, cuando ayudan a sus hijos, obtienen un significativo mejoramiento en su propia lectura.

- Numerosas investigaciones (Kauffman et al., 1973; Coogan, 1963; Cassidy, 1975) afirman que los padres son buenos reveladores de la habilidad de sus hijos en lectura. Las madres también pueden predecir el rendimiento de sus hijos preescolares en las actividades de prelectura (Vukelich, 1978), medidas a través del test de aprestamiento *Metropolitan*, con un nivel de precisión que supera las expectativas.

- Tal como se ha planteado en el capítulo dedicado a los lectores precoces, se ha investigado particularmente sobre la importancia de que los padres lean cuentos a sus hijos. Donachy (1979) informa sobre un estudio realizado en Escocia, en el cual se estimulaba a los padres a que les leyeran libros a sus hijos regularmente. Los niños de la muestra tuvieron más éxito en el aprendizaje de la lectura que los que no habían tomado participación en el proyecto. Los primeros trabajos de Durkin (1966) demostraron que 190 niños, que habían comenzado a leer temprano sin instrucción formal, tenían experiencias de narraciones leídas por sus padres. Margareth Clark (1976) investigó las experiencias tempranas de los niños que ya leían con fluidez cuando ingresaron en el colegio. En ningún caso la lectura había sido enseñada formalmente, pero todos los niños tenían experiencias regulares con narraciones que les habían sido leídas por sus padres.

- Los estudios experimentales entre hermanos y compañeros mayores que realizan una enseñanza de tutores a los alumnos de menor edad revelan significativos resultados de aprendizaje cuando se les compara con grupos que no reciben este tipo de apoyo (Boyd, 1969; Bremmer, 1972; Shrertz, 1970; Morita, 1972; Milicic, 1983). Los estudios también revelan que los alumnos mayores que realizan la tutoría a menudo aprenden más que el alumno que la recibe (McWhorter y Levy, 1971). También arrojan resultados positivos los estudios realizados con alumnos de edad y niveles de lectura similares que realizan una tutoría mutua (Allen y Boraks, 1978).

La investigación sobre el papel de la familia y otros miembros de la comunidad en el aprendizaje de la lectura puede resumirse en las siguientes afirmaciones de tipo general:

— El educador debe sacar provecho de los recursos que le pueden brindar la familia y la comunidad; no debe olvidar que las dos terceras partes del aprendizaje del niño provienen de esas fuentes.

— Los buenos lectores y los lectores precoces provienen de hogares donde los padres valorizan la lectura; proporcionan un modelo de lectura a sus hijos y estimulan sus experiencias, los ayudan a desarrollar el lenguaje y les entregan materiales de lectura.

— Los padres, los hermanos, los compañeros mayores y los de igual edad son muy efectivos como tutores en la tarea de enseñar a leer. Los tutores, asimismo, obtienen significativos mejoramientos en sus habilidades lectoras y en su desarrollo cognitivo, afectivo y social.

— La gran mayoría de los padres siente grandes deseos de colaborar con los maestros en las tareas de enseñar a leer y de estimular la lectura de sus hijos, pero necesitan que se les oriente cómo hacerlo para que su buena voluntad sea efectiva.

— Los padres, los hermanos mayores o los alumnos de los cursos superiores pueden prestar trabajo voluntario o tutoría para ayudar al maestro en las actividades de lectura. Algunos padres que pierden la paciencia con sus hijos propios constituyen excelentes tutores de otros niños. La presencia de padres voluntarios o de tutores en la sala de clases o en su casa le proporciona al niño una oportunidad para aprender nuevas destrezas y modelos positivos. La relación tutorial es particularmente importante, dado que la mayoría de los maestros son personas requeridas por múltiples actividades y no alcanzan a tener una relación individualizada con sus alumnos, especialmente cuando los cursos son muy numerosos.

Por otra parte, los voluntarios o tutores, a su vez, obtienen beneficios personales a través de la mejoría de su autoestima, el interés por el proceso de aprendizaje, su responsabilidad y la extensión de los conocimientos en el área de estudio tutorada, en este caso, la lectura.

— La familia debe constituir una fuente de presión sobre la escuela en relación a la cantidad y calidad de la lectura de sus hijos, a través de una crítica constructiva y de un diálogo cordial. Al mismo tiempo, los padres deben informar a los educadores sobre el interés o el rechazo que manifiestan sus hijos hacia las actividades propuestas.

11.1.1. EL PROGRAMA DE ENSEÑANZA TUTORIAL DE MILICIC

Milicic (1983) informa sobre la aplicación de un texto programado de enseñanza de lectura inicial, diseñado sobre la base de sesiones de tutoría realizadas por alumnos de octavo año básico. Tenía como principal objetivo compensar los déficit en el aprendizaje de la lectura que presentaban alumnos de nivel socioeconómico bajo.

Los alumnos tutores se seleccionaron a partir de su interés explícito para enseñar a leer a sus compañeros pequeños. Para realizar su tarea, recibieron una preparación consistente en técnicas de enseñanza, a través de un texto programado (Milicic, 1985) y sesiones de supervisión. En las sesiones de supervisión se impulsaba a los tutores para que elaboraran materiales destinados a desarrollar funciones básicas como lenguaje, pensamiento, percepción visual, sicomotricidad, percepción auditiva y técnicas de reconocimiento y análisis de las palabras. Se recalcaban el valor afectivo de la relación tutor-alumno y la utilización del refuerzo durante las sesiones de trabajo. Las actividades que se programaban para cada sesión dependían de cada tutor. En este sentido el sistema daba la posibilidad de adaptarse a la situación de cada niño y estimulaba la creatividad del tutor.

La supervisión semanal del grupo permitía al encargado del programa conocer el funcionamiento de la relación pedagógica en la sesión de tutoría y orientar desde allí la acción y las estrategias pedagógicas futuras, dentro del marco teórico del texto programado.

La muestra se formó a partir de la evaluación de 120 niños de nivel socioeconómico bajo que iniciaban el primer año básico. La evaluación demostró que 62 de los niños presentaban puntajes bajo los límites esperados para su edad. Estos 62 niños fueron asignados, al azar, a un grupo experimental que recibió tratamiento, y a un grupo control, sin tratamiento tutorial. A los niños se les diagnosticó mediante la Prueba de Funciones Básicas (Berdicewski-Milicic, 1980), el test de inteligencia de Weschsler y el test de dislexia específica (Condemarín-Blomquist, 1970).

Se trabajó con el diseño experimental de Campbell y Stanley (1966), que contempla un grupo experimental y un grupo control, con evaluaciones pre y postratamiento. El análisis estadístico se hizo con el coeficiente de Kruskal Wallis. Las diferencias pretratamiento no fueron significativas en ninguna de las áreas evaluadas. La evaluación postratamiento se realizó después de siete meses de desarrollo del programa, cuando los niños finalizaban el primer año básico. Las diferencias no fueron significativas para los tests de funciones básicas, precálculo y test de Weschler. En cambio, resultaron altamente significativas para la prueba de lectura.

Algunas de las ventajas detectadas en los tutores fueron: mejoría en su autoestima, mayor interés en el proceso del aprendizaje de la lectura y un aumento del sentido de responsabilidad. El informe de Milicic sobre el efecto de programa en los tutores es coherente con el postulado de Gartner,

Kohler y Riessman (1971). Este afirma que en cierto sentido el aprendizaje a través de la enseñanza es una ilustración de la teoría del papel: cuando un individuo desempeña un nuevo papel, ya sea el de maestro o el de colaborador, en un contexto terapéutico, desarrolla nuevos patrones de conducta relacionados con ese papel, adquiere nuevas experiencias, nuevos sentimientos, nueva conciencia.

11.1.2. EL INFORME DE NIEDERMEŸER

El informe de Niedermeyer (1970) merece ser destacado en forma especial, porque demuestra que los padres pueden cooperar con los educadores en enseñar a sus hijos a aprender a leer. El estudio indicó que un programa cuidadosamente desarrollado, destinado a la instrucción escolar relacionada con el hogar, puede estimular niveles altos de participación de los padres y de aprendizaje por parte de los alumnos. El hallazgo de Niedermeyer es consistente con otros estudios en los cuales el programa de enseñanza hogareño fue ligado a objetivos específicos y medibles (Brzeinski, 1964; Wade, 1967; McManus, 1964; Weikart, 1978).

El programa utilizó un currículo de lectura preparado por el Laboratorio Regional Sudoriental de Inglewood (California). Participaron ochenta y nueve niños, repartidos en tres kindergarten y dos grupos comparativos.

El *grupo comparativo 1* se formó de la siguiente manera: En uno de los tres kindergarten de cada una de las dos escuelas que servirían de grupo control, se había enviado al hogar, en enero, un cuestionario a los padres como parte del procedimiento de evaluación para el programa de lectura. En un ítem se interrogaba a los padres para saber si ellos asistirían a sesiones formativas sobre un programa de aprendizaje de lectura apoyado por los padres. Cincuenta y cuatro padres de sesenta y dos niños de los dos kindergarten respondieron los cuestionarios y ocho de esos cincuenta y cuatro padres indicaron que no asistirían a las sesiones. Los cuarenta y seis alumnos restantes formaron el grupo de comparación 1.

En cuanto al *grupo comparativo 2,* fue formado por cuarenta y ocho alumnos (ocho de cada uno de las seis clases de las dos escuelas comparativas, seleccionados al azar entre los que contaban con el test de rendimiento inicial en lectura). Los puntajes de este test sirvieron como una variante concomitante cuando este grupo fue comparado con el grupo experimental que aplicaba el programa de aprendizaje apoyado por los padres.

Este programa de aprendizaje se diseñó con el fin de capacitar a los mestros para establecer un sistema de ayuda efectiva a los padres, de tal manera que les enseñaran a sus hijos las destrezas básicas de la lectura en sus hogares. El programa contaba con materiales programados, denominados ejercicios prácticos, los cuales estaban elaborados de manera que pudieran ser manejados tanto por los educadores como por los padres (o los hermanos mayores). Proporcionaban actividades para desarrollar cada uno de los cuatro objetivos del programa de lectura. Estos objetivos eran: reconocer visualmente, es decir, leer a primera vista noventa palabras de una sílaba; reconocer y decir sonidos vocal-consonantes finales y combinar sonidos iniciales y finales ya aprendidos para formar nuevas palabras.

El postest que se aplicó en todos los grupos estaba formado por muestras al azar de sonidos iniciales y finales y combinaciones de sonidos a partir de las palabras enseñadas en el programa. El test fue administrado individualmente tanto a la muestra del grupo experimental como a las de los grupos comparativos. La evaluación se efectuó dentro de las dos semanas posteriores a la finalización de la enseñanza de la unidad 8, por parte de cada educador.

Una semana después de haber pasado el postest se envió un cuestionario a los padres participantes en el programa. Este cuestionario tenía varios ítemes en relación al programa para los padres. Por ejemplo, en un ítem se les preguntaba cuántos de los cuarenta y ocho ejercicios habían sido realmente completados. La respuesta de los padres reveló que habían completado el 92%.

Los resultados del grupo experimental versus los dos grupos comparativos presentaron ventajas significativas en los puntajes de los ítemes de lectura inicial y en los ítemes de los postest de lectura.

El estudio de Niedermeyer indicó que un programa cuidadosamente desarrollado de enseñanza escolar relacionada con el hogar puede producir altos niveles de participación de los padres y de aprendizaje de los alumnos.

Los siguientes aspectos del programa serían reveladores del éxito obtenido:

— El programa de lectura se desarrolló con el fin de promover destrezas específicas de lectura: lectura de palabras a primera vista, reconocer y decir sonidos iniciales y finales, y combinar sonidos para formar nuevas palabras. Los padres fueron informados sobre estos objetivos durante sesiones de entrenamiento y durante el uso de los materiales que se les entregaban. Así, se había prevenido a los padres para no producir respuestas irrelevantes o muy difíciles.

Cada ejercicio práctico contenía 20 ítemes que requerían que el alumno seleccionara o elaborara una respuesta al estímulo impreso. Las instrucciones verbales eran dadas por los padres, luego de haberlas leído en un impreso que venía en el mismo ejercicio. El programa completo constaba de diez unidades para ser enseñadas durante el año: cada unidad tenía ocho ejercicios prácticos.

Para adquirir práctica sobre cómo enseñar estos ejercicios, los padres asistían a sesiones de noventa minutos en la escuela. Una semana antes, los padres recibían una invitación del director, en la cual se les recordaba el horario. También se les proporcionaban tres tipos de apoyo, con el fin de asegurar una alta asistencia: primero, un padre podía asistir a una sesión en la mañana o en la tarde, según sus posibilidades; segundo, la escuela proporcionaba una cuidadora gratis y películas, en el caso de que los padres tuvieran bebés o niños menores de edad; tercero, se les solicitaba que devolvieran una nota en la cual se avisara si ellos podían asistir a la sesión de orientación.

En relación a la evaluación del programa experimental, se aplicó un test de rendimiento inicial en lectura, sobre la base de las cuatro unidades enseñadas antes de febrero, tanto a los cuarenta y seis alumnos del grupo comparativo 1 como a los que asistían al programa experimental. Los puntajes de este test sirvieron como una covariable cuando se confrontaron los resultados de los postests de rendimiento lector entre el grupo comparativo 1 y el grupo experimental. Se utilizó un análisis de la covarianza dado que no era posible asignar a los padres y a los que no eran padres al azar.

— Los ejercicios prácticos que los padres utilizaban con sus hijos proporcionaban una práctica directa de los objetivos formulados en el programa de lectura. Estos ejercicios estaban altamente programados. Los estímulos visuales, la secuencia de estímulos, las instrucciones verbales y el número de respuestas prácticas eran estructurados y predeterminados para los padres.

— Las sesiones de entrenamiento para los padres, de noventa minutos de duración, estaban dirigidas enteramente a lo que los padres deberían hacer para trabajar con sus hijos en sus hogares.

— Los padres eran enseñados acerca de cómo usar los ejercicios prácticos y cómo responder apropiadamente a sus hijos. También se les proporcionaban a los padres pautas relativas a la extensión y frecuencia de las sesiones prácticas en el hogar. Los padres también practicaban los procedimientos de enseñanza en una situación estructurada ("role-playing"), en la cual ellos recibían retroalimentación inmediata en relación a la adecuación de sus conductas.

— Durante las sesiones de entrenamiento se les enseñaba a los padres a proporcionar recompensas al buen rendimiento de sus hijos en las sesiones prácticas. Se les daban numerosos ejemplos de recompensas adecuadas.

— El desenvolvimiento total del programa, incluso antes de la participación de los padres, se estructuró de manera que éstos generaran conductas positivas hacia su aplicacion.

En resumen, el programa de enseñanza apoyado por los padres contiene ciertos rasgos que pueden explicar el éxito de su aplicación: enseñanza basada en objetivos; materiales programados; entrenamiento a los padres, corto pero específico; procedimientos para recompensar y motivar a los padres, y un programa para el nivel de la sala de clases que generaba actitudes positivas de parte de los padres.

Hay que destacar el hecho de que el programa descrito y conducido por Niedermeyer está limitado a doce semanas de enseñanza de la lectura en el jardín infantil en un área de ingresos medios. Valdría también la pena desarrollar y evaluar la participación de los padres en otras áreas de los contenidos programáticos del jardín infantil y en diferentes niveles de población.

11.2. INTERACCION FAMILIA–ESCUELA

Generalmente los educadores necesitan contar con ciertas pautas para estructurar un diálogo con los padres, elaborar un plan de acción hogar-escuela y desarrollar la lectura de sus alumnos. También necesitan contar con argumentos válidos para responder a las peticiones de padres que están ansiosos por colaborar con la labor educativa, solicitan sugerencias prácticas para ayudar en las tareas de lectura que enfrentan sus hijos en el hogar o quieren estimular a sus hijos, especialmente a los que carecen de interés por la lectura.

A continuación se entregan sugerencias para comunicarse con los padres y para darles recomendaciones destinadas a estimular la lectura de sus hijos.

11.2.1. MODALIDADES DE COMUNICACION

Algunas formas propuestas para lograr esta comunicación incluyen las siguientes sugerencias (Confer: Criscuolo, 1979):

1) *Manuales o folletos:* muchos padres que desean ayudar a sus hijos en la lectura en el hogar necesitan apoyo de la técnica correcta. Los materiales elaborados con este fin en algunas instituciones proporcionan a los padres sugerencias de actividades para estimular los intereses de lectura en sus hijos: desarrollo de los sentidos a través de la observación de la naturaleza; comunicación entre padres e hijos a través de la lectura oral; viajes y paseos a diferentes ambientes, actividades y juegos para elaborar destrezas específicas de lectura, y listas de libros recomendados para que los padres les lean a sus hijos.

2) *Cartas, notas y charlas:* para poder desempeñar un papel activo, los padres necesitan información acerca de los progresos que realizan sus hijos en la lectura. Criscuolo (1980) sugiere que la escuela debe proporcionar retroalimentación a los padres tanto escrita como oral. Los informes sobre los progresos deberían describir el nivel de lectura que ha alcanzado el niño, las destrezas que maneja o las palabras que ha aumentado en su vocabulario visual o en otros ítemes de interés. Las charlas a los padres son convenientes para explicarles los puntajes de lectura, responder a las preguntas formuladas por ellos o dar sugerencias precisas.

Hicks (1979) propone una forma regular de información a los padres a través de notas breves enviadas al hogar, en las cuales se destaque o alabe algún aspecto del rendimiento de lectura; el completar sus hojas de trabajo, por ejemplo. Se les sugiere a los padres que feliciten a sus hijos por un logro positivo, destaquen la comunicación enviada por el educador, colgándola en un lugar destacado o mostrándosela a un familiar, por ejemplo.

3) *Medios audiovisuales:* los periódicos, la televisión y la radio constituyen vehículos para la comunicación con un público extenso. Los

educadores pueden dar entrevistas o solicitar que se desarrollen programas dedicados a la lectura.

4) *Lectura y listas de compras:* particularmente antes de la Navidad, Januca o los cumpleaños, la curiosidad de muchos padres y abuelos se focaliza en qué comprarles a los niños. Criscuolo propone listas preparadas de libros recomendables para regalarles a los niños.

5) *Cursos y talleres:* varios autores han descrito diferentes clases de cursos para padres. Baker y sus colaboradores (1975) describen cursos universitarios sobre literatura infantil para padres, sin créditos. Se presentan a los padres los libros adecuados para que los compartan con sus hijos. Un curso similar descrito por Trezise (1975) enseña a los padres durante seis semanas a conocer libros de cuentos y a compartirlos con sus hijos. Cada padre mantiene un registro de libros leídos y de sus propias respuestas, así como las respuestas de sus hijos frente a los libros.

Flood (1977) describe cómo los padres deben leer a sus hijos. Considera que el mejor estilo es el de la interacción verbal entre padre y niño: usar preguntas que preparen al niño para la lectura, conversar durante la lectura y establecer relaciones entre la historia y la experiencia del niño, proporcionar refuerzo positivo y emplear preguntas evaluativas después de haber finalizado el cuento.

Algunos cursos de educadores siguieron las proposiciones de Criscuolo (1979) para familiarizar a los padres con el proceso lector y con lo que ellos pueden hacer para reforzar el programa de lectura de la escuela. En el curso de Esworthy (1979), de seis semanas con dos horas diarias, durante tres sesiones se ayudaba a los padres a desarrollar su propio concepto sobre sus niños: otras tres sesiones se focalizaban en áreas específicas de destrezas que los padres podían trabajar con sus hijos en el hogar. El entrenamiento incluía la elaboración de materiales de enseñanza.

Varios de los cursos descritos en la literatura ayudan a estimular el rendimiento de sus hijos en la lectura a través de la elaboración y uso de juegos instruccionales o educativos. Burgess (1982) realizó un curso de ocho sesiones de dos horas para padres. En este curso, en primer lugar los padres compartían sus experiencias sobre los juegos de la semana. A continuación, el educador presentaba alguna información acerca de la lectura. Finalmente los padres preparaban un juego para llevarlo al hogar y usarlo con los preescolares. Los niños cuyos padres estaban en el grupo experimental dieron mejor puntaje en el test de aprestamiento *Metropolitan* y en el test de desarrollo del lenguaje de Huta que los niños cuyos padres no habían participado.

En el proyecto PROP (Vukelich, 1978), diseñado para ayudar a los padres a afianzar las habilidades y destrezas lectoras de los niños que iniciaban el aprendizaje, los padres elaboraron juegos y actividades durante 26 semanas con el fin de utilizarlos con sus hijos para desarrollar el lenguaje oral, la discriminación visual, la discriminación auditiva y el escuchar. El proyecto comparó el rendimiento de los niños cuyos padres participaban activamente con sus hijos versus con los que participaban mínimamente. El primer grupo hizo logros significativos en las mediciones de prelectura. Este programa se focalizó principalmente en la elaboración de juegos por parte de los padres para reforzar destrezas relacionadas con la vida diaria: un juego de signos de tránsito, un juego que requería leer las guías de televisión y un juego que usaba las destrezas del alfabeto tal como aparece en la guía de teléfonos. Se realizó un pretest a los padres antes de cada taller. En él los padres evaluaban el conocimiento de sus hijos sobre la destreza que sería afianzada, con el fin de que ellos pudieran complicar los juegos. Los diseñadores del programa también descubrieron el valor de preparar copias de las instrucciones de los juegos, porque a menudo los padres olvidaban cómo se jugaba exactamente cada juego.

6) *"Puertas abiertas" o "Sea Ud. hoy mi invitado":* Criscuolo (1979) sugiere que los padres pueden aprender mucho acerca de la lectura de sus hijos observando las clases de lectura. Se les puede avisar a los padres que ellos serán bien venidos si visitan el colegio en cualquier momento, y que pueden ser invitados a observar un programa de lectura en un horario específico. Después de tal observación, el educador o el especialista de lectura puede manifestar a los padres su deseo de conversar con él sobre sus observaciones.

7) *Letreros o carteles:* Goldstein (1977) propone utilizar letreros para publicitar pensamientos significativos sobre la lectura. Por ejemplo: "La lectura comienza en el hogar". "¿Le ha leído Ud. a su hijo hoy?" "Lea a su hijo 15 minutos diarios", etc.

III. EVALUACION

La evaluación del aprendizaje de la lectura se efectúa principalmente porque la mayoría de los educadores manifiesta la necesidad de saber cuándo iniciar a un niño en el aprendizaje formal de la lectura y cómo conocer las etapas que ya domina, con el fin de evitar los riesgos de un aprendizaje formal prematuro o de frustrar sus expectativas si ya está enfrentando el proceso lector.

La evaluación también interesa a los investigadores educacionales que intentan determinar cuáles son los factores que mejor predicen los resultados del aprendizaje lector a lo largo de la escolaridad. También se efectúa para identificar las habilidades y debilidades de los niños en determinados aspectos de su desarrollo, con el fin de implementarles programas de estimulación específicos.

La evaluación de esta etapa de ningún modo debe ser utilizada para promover de grado, poner calificaciones o excluir a un alumno de un establecimiento escolar determinado.

1. EVALUACION DEL APRESTAMIENTO PARA LA LECTURA

La evaluación del aprestamiento para la lectura generalmente incluye tests de inteligencia, tests de aprestamiento, observaciones informales y criterios de los padres y de los educadores.

La revisión de algunas investigaciones predictivas sobre el rendimiento lector, incluyendo la detección de trastornos en el aprendizaje, aporta ciertas conclusiones interesantes.

1.1. REVISION DE INVESTIGACIONES

En la década del 50, Robinson y Hall (1942) realizaron un estudio con el cual comprobaron que la correlación media entre el rendimiento lector y tres tipos de medida era: tests de madurez para la lectura, .58; de inteligencia, .51; escalas de clasificación elaboradas por los educadores, .62.

Vale la pena destacar que en este estudio de correlación el criterio de los maestros obtuvo el más alto puntaje. Robinson y Hall también concluyeron que con la combinación de dos o tres métodos de evaluación se obtenía mayor validez predictiva.

— En relación a los tests de aprestamiento, estos se diseñan, generalmente, para medir los factores que los autores consideran relacionados con el aprendizaje a leer; o sea, con la predicción de éxito en el aprendizaje de la lectura. Aunque los contenidos varían considerablemente y no todos los tests de aprestamiento los contienen en su totalidad, los factores más comúnmente encontrados son:

1) discriminación visual;
2) discriminación auditiva;
3) conocimiento de significados de palabras;
4) comprensión auditiva o destrezas de escuchar;
5) conocimiento del nombre de las letras;
6) destrezas visomotoras (copia de diseños);
7) memoria visual.

Generalmente los resultados de los tests de aprestamiento se correlanan con la edad mental. Engin et al. (1974) encontraron que la edad mental explicaba el 57 por ciento de la varianza en el puntaje total de los tests de aprestamiento comúnmente usados. Según Bilka (1972), los puntajes de los tests de aprestamiento son mejores predictores para niños que tienen una edad mental de 6 años y medio o más.

- Algunas investigaciones han empleado tests visomotores y otras tareas cognitivas para predecir el rendimiento en lectura. Por ejemplo, Jansky y De Hirsch (1972) administraron una batería de tests de desarrollo a 53 niños de inteligencia promedio de jardín infantil provenientes de clase media urbana. Los instrumentos de predicción incluyeron medidas de estabilidad conductual, fortaleza del yo, discriminación visual y auditiva, actitud frente al trabajo, funcionamiento motor fino y grueso, habilidad visomotora, lenguaje expresivo y receptivo y distintos tests de aprestamiento para la lectura que incluían denominación de letras, copiar letras, parear letras y palabras, ritmo y aprendizaje y reconocimiento de nuevas palabras.

Los criterios de medidas fueron obtenidos con los resultados de dos tests de rendimiento lector y un test de habilidad para deletrear, administrados al final del segundo grado. Los puntajes de las mediciones de lectura fueron combinados para formar un índice global de rendimiento lector.

Las correlaciones significativas fueron las siguientes: Test de inteligencia (r= .35); estabilidad conductual (r= .46); "fortaleza del yo" (r= .43); denominación de letras (r= .55). Es interesante destacar que esta última correlación fue la más alta de todas las obtenidas y constituye la destreza relacionada más directamente con la habilidad lectora. También hubo correlaciones significativas entre el rendimiento lector y todas las medidas de funcionamiento verbal.

Este hallazgo es coherente con el punto de vista de que el éxito en la lectura está influenciado, significativamente, por las diferencias individuales en la habilidad verbal.

Probablemente, el más extenso de todos los estudios productivos lo constituye el realizado por Satz y sus colaboradores (1978) en 497 niños de kindergarten. Las hipótesis de estos investigadores, en relación a los estudiantes disléxicos, era que la dificultad lectora se originaba por una "laguna maduracional" caracterizada por deficiencias perceptivas y perceptivo-motoras que aparecían temprano en el desarrollo (5 a 8 años), y también por deficiencias conceptuales y de lenguaje que aparecían en edades aproximadas de 9 a 12 años. Predijeron, entonces, que los niños que asistían a los kindergarten y mostraban alteraciones en los tests de integración visomotora, discriminación visual y otras funciones sensoriomotoras, podían, subsecuentemente, presentar problemas de aprendizaje en la lectura.

Contrariamente a las expectativas, las medidas de discriminación visual y habilidad visomotora obtenidas en el kindergarten identificaron correctamente sólo al 1 a 2 por ciento de lectores. va fueran buenos o deficientes.

- En relación a la habilidad visomotora, Stevenson y sus asociados (1976) evaluaron a párvulos de clase media de inteligencia promedio con un número de tests cognitivos y sicométricos y correlacionaron el rendimiento obtenido en los tests con el rendimiento lector en primero, segundo y tercer grado. El test gestáltico de Bender, los tests de memoria visual y de aprendizaje visual de pares asociados mostraron que no predecían bien el rendimiento lector. En contraste, los tests de habilidad verbal, aprendizaje visoverbal y discriminación de letras y de palabras también predijeron bien un posterior rendimiento lector.

Desde otro punto de vista, Clark (1976) confirma la contraindicación de predecir la habilidad lectora a partir de las medidas de habilidad visoperceptivo-motora, como las mostradas por el test de Bender, el test de percepción visual de Frostig y otros. La investigadora evaluó una variedad de destrezas y habilidades en un grupo de preescolares que eran lectores precoces antes de su aprendizaje formal. Muchos de estos niños mostraron resultados deficientes en medidas de funcionamiento visomotor, las cuales, en forma muy clara, no pesaron en su habilidad para aprender a leer. Es interesante destacar que estos niños tenían excelentes habilidades verbales, sugeridas por la autora como importantes para el éxito en la lectura.

— Además de los tests que implican dibujos, como el Bender, Frostig o Goodenough, también son populares los tests que implican pareo visual. Esta técnica, en general, requiere que el niño localice figuras idénticas a un modelo o prototipo entre un número de ítemes que aparecen como distractores. Estos tests han sido utilizados no sólo para evaluar la percepción de formas, sino la orientación de la forma, el análisis visual y la velocidad del procesamiento perceptual. Barret (1965) revisó un considerable número de estudios realizados entre 1928 y 1965, y encontró evidencias de que las medidas de discriminación visual que empleaban estímulos verbales o no verbales frecuentemente se correlacionaban con el rendimiento lector en primer grado. La mayoría de los estudios empleaban el pareo visual como medida de discriminación, y la correlación fue entre baja y moderada (.30 a .60). Los tests que incluían discriminación de letras y de palabras eran mejores predictores de éxito en la lectura que los que incluían discriminación de cuadros y de figuras geométricas. Barret también sugiere que las medidas que implican discriminación y conocimiento de nombres de letras predicen mejor que los tests que sólo requieren pareo de letras. Este hallazgo ha sido verificado por Samuels (1972) y Calfee (1977).

— Varios autores hacen referencia a la utilidad de la teoría piagetiana para evaluar el desarrollo cognitivo en relación a la lectura. Por ejemplo, Almy (1974) encontró que los alumnos de jardín infantil y de primer grado que no mostraron buen rendimiento en las medidas piagetianas de conservación también rindieron en forma deficiente en los tests de aprestamiento y en otras medidas de habilidad verbal y no verbal. Almy (1974) sugiere que las operaciones lógicas, incluidas bajo la habilidad para conservar, pueden ser buenos indicadores de éxito en la lectura.

Raven y Salzer (1974) también plantean que las operaciones de reversibilidad y descentración son especialmente importantes para aprender conceptos como el código alfabético, las constantes grafofónicas y ortográficas (como en *casa-masa-pasa*), la equivalencia entre letras altas y bajas y otras relaciones que implican categorización.

Por otro lado, Vernon (1965) no encontró correlación significativa entre un número de tareas piagetianas y el rendimiento lector. Sus resultados provienen de un extenso estudio factorial que evaluaba la habilidad lectora y una variedad de medidas verbales y no verbales. Vellutino (1979) plantea que deben ser interpretados con cautela los resultados que establecen correlaciones entre el aprestamiento para la lectura y la habilidad para conservar, porque ambos conceptos no están suficientemente delimitados como para extraer conclusiones definitivas.

Se describen a continuación la prueba de funciones básicas (P.F.B.), de Olga Berdicewski y Neva Milicic; el test ABC, de Lorenzo Filho; el test de aprestamiento para la lectura *Metropolitan,* de Gertrude Hildreth y Nellie Griffith; la batería de André Inizan, y la batería diagnóstico de la madurez lectora (Badimale), de Santiago Molina García.

1.2. PRUEBA DE FUNCIONES BASICAS

Esta prueba fue construida y estandarizada para Chile por Olga Berdicewski y Neva Milicic (1976). Constituye una prueba de papel y lápiz con ítemes de tipo objetivo y de aplicación colectiva, destinada a niños entre 5.6 y 7.6 años. Evalúa tres funciones sicológicas básicas, que se relacionarían, a juicio de las autoras, con la lectura y la escritura: (1) coordinación visomotora; (2) discriminación auditiva, y (3) lenguaje.

El estudio de las características sicométricas del instrumento tiene una confiabilidad global de 0.82. Un estudio de validez concurrente con el test ABC de Filho muestra una correlación de 0.62. Para establecer la validez predictiva se consideró el juicio del maestro. Los niños con un promedio de alto rendimiento en la prueba tenían un rendimiento escolar significativamente más alto que los niños con bajo rendimiento en la misma prueba.

La prueba consta de los siguientes subtests:

Subtest 1: prueba de coordinación visomotora. Este subtest consta de 20 ítemes basados en el tipo de conductas motoras que normalmente han adquirido los niños entre los 5.6 y los 6 años, como, por ejemplo, la capacidad para reproducir formas geométricas simples, manejo de la línea curva, control de los movimientos en distintas direcciones y reproducción de diseños, ateniéndose a las relaciones de distancia, posición y tamaño.

Subtest 2: discriminación auditiva. Este subtest consta de 28 ítemes e intenta medir la capacidad de percibir estímulos verbales de tono bajo asociado a un correlato visual; la conciencia auditiva que permite discriminar el sonido que producen diferentes objetos; el reconocimiento de sonidos iniciales y finales de las palabras; y el reconocimiento de la duración de los sonidos.

Subtest 3: lenguaje. Este subtest consta de 14 ítemes que comprueban el uso de sustantivos, adjetivos, verbos y adverbios de lugar; el manejo de categorías conceptuales y la capacidad de abstracción.

1.3. TEST ABC DE LORENZO FILHO

Este test fue elaborado por Lorenzo Filho hace varias décadas (hay una edición de Kapelusz en 1960). Es una prueba de aplicación individual destinada a medir, a juicio del autor, la madurez de un niño para enfrentar la lectura y la escritura. Intenta también predecir el tiempo que tardará el niño en adquirir ambos aprendizajes. El test concede un máximo de 24 puntos y da un puntaje en términos absolutos, es decir, sin relacionar el resultado con la edad cronológica del niño.

En relación a las características sicométricas del instrumento, sólo hay un dato proporcionado por el Instituto de Investigaciones del Ministerio de Educación de Chile, que da un 0.58 de validez predictiva (ligeramente inferior al encontrado por Filho en Brasil).

El test ABC consta de 8 subtests:

Subtest 1: evalúa la coordinación visomotora del niño. Para lo cual se le solicita que reproduzca tres figuras geométricas.

Subtest 2: intenta medir la memoria visual y la capacidad de atención. El niño debe recordar siete figuras vistas en una cartulina que se le expone por un espacio de 30 segundos. Las figuras son de tamaño relativamente grande y familiares para el niño.

Subtest 3: mide la coordinación visomotora. Para lo cual se le pide al niño que reproduzca en el aire tres figuras realizadas por el examinador.

Subtest 4: intenta evaluar la memoria auditiva mediante la repetición por parte del niño de una serie de palabras de uso común.

Subtest 5: evalúa la capacidad de comprensión auditiva y recuerdo. El niño debe repetir un cuento corto compuesto de 39 palabras que relata tres acciones y señala tres detalles importantes en un contexto de trama simple.

Subtest 6: evalúa el lenguaje expresivo y las alteraciones en el nivel de la articulación. El niño debe repetir diez palabras poco conocidas y largas; por ejemplo: *constantinopolitismo.*

Subtest 7: al igual que el subtest 1, también evalúa la coordinación visomotora. El niño debe recortar en un minuto (máximo) una línea curva y luego una quebrada.

Subtest 8: también evalúa, como el subtest 3, la coordinación visomotora y la resistencia a la fatiga. El alumno debe dibujar puntos en un cuadriculado en un lapso de 30 segundos.

1.4. TEST DE APRESTAMIENTO *METROPOLITAN* (M.R.T.)

Este test, comúnmente utilizado en los Estados Unidos, fue diseñado y estandarizado por Gertrude Hildreth y Nellie Griffith en 1950, y adaptado al español en 1965 por Abarca, S. et al. Constituye una prueba de aplicación tanto individual como colectiva destinada a evaluar las funciones que a juicio de las autoras constituyen un prerrequisito para el aprendizaje exitoso de la lectura. Las funciones consideradas por las autoras son: un adecuado nivel de funciones lingüísticas y de coordinación muscular; conocimiento de números; un desarrollo de los procesos perceptivos visuales y auditivos, y capacidad para atender al trabajo en grupo.

Las características sicométricas del M.T.R. dan un coeficiente de confiabilidad de 0.83 para madurez de la lectura, 0.84 para madurez numérica y 0.89 para madurez general. Estos coeficientes de confiabilidad son logrados a través de la aplicación de formas paralelas con intervalos de pocos días.

La modalidad del M.R.T. en uso en el idioma inglés, a partir de la revisión hecha por las autoras en 1965, consta de las formas A y B, e incluye: significado de palabras, destrezas de escuchar, parear, conocimiento del alfabeto, números y copia. La adaptación realizada por Abarca et al. tiene los siguientes subtests:

Subtest 1: significado de palabras. Consta de 21 ítemes; en cada uno hay cuatro cuadros, entre los cuales el niño debe seleccionar el que ilustra la palabra que el examinador dice.

Subtest 2: comprensión de frases. Este subtest consta de 7 ítemes, similares al subtest 1, diferenciándose en que el examinador dice frases en vez de palabras.

Subtest 3: información. Consta de 14 ítemes. En cada uno el niño escucha una definición dada por el examinador y debe seleccionar el cuadro que corresponde entre cuatro alternativas.

Subtest 4: pareo. Consta de 19 ítemes que intentan evaluar el reconocimiento de semejanzas y diferencias visuales a través de formas geométrica, números, letras y palabras. Cada ítem contiene cinco dibujos y el niño tiene que hacer un círculo que sea igual al que sirve de modelo.

Subtest 5: número. Este subtest comprende 25 ítemes que abarcan una variedad de conceptos y operaciones numéricas simples.

Subtest 6: copia. Este último subtest exige que el niño copie figuras geométricas, números y letras.

1.5. BATERIA DE ANDRE INIZAN

Este instrumento de predicción, que consta de una batería de predicción y una batería de lectura, fue creado por André Inizan y sus colegas del Centro Pedagógico de Beaumont (1976). Su objeto: ser utilizado por sicólogos y maestros con el fin de permitir la medición, en todo niño candidato al aprendizaje de la lectura, de la oportunidad y duración probable de ese aprendizaje. Su aplicación puede ser individual o colectiva.

La batería predictiva constituye una síntesis original de ítemes extraídos del test ABC de Filho, de los cubos de Goldstein-Kohs, Galifret-Granjon y Santucci (1963) y de las pruebas de ritmo de M. Stamback (1963), organizados en el siguiente orden:

Organización en el espacio

1) Copia de figuras geométricas (F.G.).
2) Reconocimiento de diferencias perceptivas entre dibujos de formas simétricas (H).
3) Construcción con cubos de dibujos geométricos (K).

Lenguaje:

4) Recuerdo inmediato de una historia corta (R.H.).
5) Recuerdo inmediato de nombre de objetos familiares observados bajo la forma de dibujos (R.D.).
6) Articulación (A).

Organización temporal:

7) Repetición de un ritmo de percusión (R.R.).
8) Copia de estructuras rítmicas presentadas en forma de sucesión de trazos (C.R.).

La batería de lectura, por otra parte, fue elaborada por Inizan y sus colaboradores, con el fin de apreciar en los niños pequeños su conocimiento de la lengua escrita. Consta de cuatro pruebas:

1) Lectura de palabras familiares (L.F.).
2) Dictado de palabras familiares (D.F.).
3) Lectura de palabras extrañas (L.E.).
4) Comprensión de lectura silenciosa.

La validación de las ocho pruebas de predicción da un índice global de 83.

1.6. BATERIA DIAGNOSTICA DE LA MADUREZ LECTORA

La Batería Diagnóstica de la Madurez Lectora (Badimale), de Santiago Molina García (1984), catedrático de Pedagogía Terapéutica de la Escuela Universitaria del Profesor de E.G.B de Zaragoza, constituye una selección de tests de reconocida validez y confiabilidad, representativos de los factores neuropsicológicos más directamente condicionantes del aprendizaje de la lectura, investigados por el autor en su tesis doctoral presentada en la Universidad Complutense (1980).

La prueba es de administración individual, con una duración de 20 a 30 minutos aproximadamente y destinada a niños de ambos sexos entre 5 y 6 años de edad de desarrollo psicofísico.

La batería está integrada por los siguientes siete tests:

1. Organización perceptiva de Hilda Santucci (O.P).
2. Reproducción auditivo-manual de estructuras rítmicas de Mira Stambak (R.E.R).
3. Seriación óculo-manual de las estructuras rítmicas de Mira Stambak (S.E.R).
4. Concreción-abstracción lexical, tomando como referencia la prueba de vocabulario del W.P.P.S.1 (C.A.L).
5. Memoria auditivo-vocal, tomando como referencia la prueba de repetición de frases del W.P.P.S.1 (M.A.V).
6. Reconocimiento de diferencias espaciales entre dibujos semejantes tomando como referencia las pruebas de Horts (R.D.E).
7. Orientación derecha-izquierda, tomando como referencia las pruebas de Piaget-Head, según la adaptación de Galifret-Granjon (O.D.1).

El material empleado es el siguiente:

Manual.
Cuadernillo de las pruebas.
Juego de 10 cartulinas.
Goma de borrar.
Papel blanco.

El estudio de las características psicométricas del instrumento muestra un índice de confiabilidad de 0.94 según la fórmula propuesta por Spearman-Brown. En relación a la validez, el autor muestra un índice de homogeneidad de la batería, para lo cual establece una matriz de correlaciones con los coeficientes de correlación resultantes entre los siete tests y entre cada uno de ellos y el total de la batería. El autor también establece la validez con respecto a un criterio sobre la base de la Prueba de Lectura (Nivel 1) de María Victoria de la Cruz, obteniendo un coeficiente de correlación múltiple de 0.69.

1.7. PROCEDIMIENTOS INFORMALES

Cuando los educadores carecen de tests estandarizados para evaluar el nivel de aprestamiento de sus alumnos, deben basarse en sus propias observaciones. Los estudios muestran que la estimación de los maestros puede predecir el éxito o el fracaso en el futuro aprendizaje lector, aproximadamente con la misma eficacia con que lo hacen los buenos tests de aprestamiento. Heilman (1972) cita el estudio de Karlin (1960): más de cien alumnos de primer grado habían sido evaluados a través del test de aprestamiento *Metropolitan* (M.R.T.), y llegó a la conclusión de que la predicción sobre el éxito en el aprendizaje de la lectura basada en el puntaje del test era sólo superior en un 4 por ciento a la predicción dada por los maestros, sin conocer los resultados del M.R.T.

Curiosamente, también las madres pueden predecir las destrezas de aprestamiento de sus hijos, tal como aparecen medida en el M.R.T. (Vukelich y McAdam, 1978). Los maestros eficientes y experimentados son capaces de juzgar el aprestamiento de la mayoría de sus alumnos después de algunas semanas de actividad. Las predicciones tienden a ser más precisas cuando el maestro utiliza escalas o inventarios que le ayudan a formarse opiniones más específicas y a clarificar sus juicios sobre sus alumnos.

Cuando el maestro no anota sus observaciones o tiende a realizar consideraciones globales se ve influenciado, a veces, por aquellos niños que poseen muchas destrezas verbales y sociales y propende a considerar que tienen mejor nivel de aprestamiento que los niños callados o tímidos.

En la siguiente pauta de observación (que puede transformarse en escala) se enfatizan aspectos relacionados con el interés por la lectura y algunos aspectos lingüísticos que las investigaciones descritas anteriormente señalan como correlacionados con el éxito en el aprendizaje de la lectura. Las conductas observables son las siguientes (Alliende y Condemarín, 1982):

- Solicita que le cuenten y le lean cuentos.
- Mira detenidamente libros y revistas.
- Cuenta cuentos, narra lo que le sucede.
- Reconoce palabras en envases, letreros, bebidas, helados, signos del tránsito, medios de locomoción.
- Pregunta: "¿Qué dice ahí?", mostrando las palabras o los títulos.
- Pregunta cuando escucha una lectura: "¿En qué parte dice eso?"
- Recita poemas y canta la letra de canciones.
- Solicita que le regalen libros o revistas.
- Conoce nombres de letras e intenta escribirlas.
- Solicita que se le enseñe a escribir su nombre.
- Puede seguir la secuencia de un libro en que se narra una historia mediante ilustraciones.
- Les dicta espontáneamente a los adultos temas como recados, cartas o tarjetas.
- Cuenta cuentos; narra lo que le sucede.
- Reconoce partes de palabras.
- Nota similaridades entre una palabra y otra.
- Nota diferencias entre una palabra y otra.
- Se aprende de memoria un cuento leído por un adulto e imita la acción de leerlo.
- Muestra interés en signos y símbolos.
- Puede seguir la lectura visualmente mientras la escucha; es decir, puede parear las palabras oídas con las escritas.

- Inventa un argumento a partir de una lámina.
- Disfruta recorriendo librerías junto a un adulto.
- Responde a las preguntas que se le formulan.
- Detecta similaridades entre los sonidos de las palabras.
- Discrimina entre sonidos de diferente timbre y altura.
- Puede denominar con rapidez y precisión una serie de objetos.
- Maneja un vocabulario variado y preciso en relación a los objetos y sucesos comunes.
- Emplea estructuras gramaticales variadas para expresarse con una fluidez razonable.
- Puede trabajar en forma independiente.
- Comparte una actividad de trabajo en grupo.
- Comparte sus materiales.
- Puede esperar su turno.
- Puede mandar y obedecer en un grupo.
- Se concentra en la actividad en un lapso razonable.

2. EVALUACION DE LA LECTURA EN EL PRIMER GRADO

La evaluación de la lectura inicial tiene como principal objetivo determinar el nivel de especificidad sobre el cual basar la enseñanza. Desde este punto de vista los procedimientos que se empleen no deben existir aislados sino que deben relacionarse con el currículo y con los objetivos de la enseñanza. Por supuesto, esta afirmación implica que los objetivos deben poseer una base empírica y que los tests deben ser útiles para establecerla. Los tests deben emplearse, entonces, no sólo para analizar el rendimiento del alumno sino también para que el educador observe cómo el alumno está adquiriendo el proceso lector.

2.1. TESTS REFERIDOS A NORMAS

Como ilustración de tests referidos a normas se describen el test exploratorio de dislexia específica (T.E.D.E.) y el test de comprensión lectora (C.L.P.).

2.1.1. TEST EXPLORATORIO DE DISLEXIA ESPECIFICA (T.E.D.E.)

El test exploratorio de dislexia específica (T.E.D.E.) (Condemarín y Blomquist, 1971) tiene por objetivo determinar el nivel lector del niño sobre la base de lectura de sílabas en complejidad creciente y explorar signos disléxicos en la lectura oral.

La prueba está elaborada para que el niño responda en forma oral, pero algunos ítemes sólo debe mostrarlos con el dedo. La administración es individual.

La prueba consta de 171 ítemes. Está dividida en dos partes. La primera determina el nivel lector sobre la base de sílabas de complejidad progresiva y tiene 100 ítemes; la segunda parte detecta los errores que comete el niño más distintivos de alteraciones primarias del aprendizaje lector (dislexia) y consta de 7 ítemes.

La aplicación experimental del test referente al análisis de ítemes fue realizada por Avendaño et al. (1974) y la obtención de normas estandarizadas fue realizada por Berdicewski, Milicic y Orellana (1983). La muestra abarcó a un total de 480 niños de la Región Metropolitana de Santiago de Chile, estratificados por edad, sexo y nivel socioeconómico.

El estudio sicométrico se realizó con el método de consistencia interna, partiendo de los datos del análisis de ítemes. Para ello se utilizó la fórmula de Kuder-Richarson con el grupo total de sujetos. La primera parte referente al nivel lector mostró una confiabilidad de 0.95; la segunda parte referida a la detección de errores específicos arrojó un coeficiente de 0.96.

Para la corrección se computan en forma independiente las dos partes de la prueba; vale decir, se obtiene un puntaje en nivel lector y otro en la detección de los errores específicos.

Para computar el nivel lector se cuentan ítemes respondidos en forma correcta, pudiendo obtenerse un máximo de 100 puntos.

Para computar los errores específicos se cuentan los errores cometidos por el niño y se restan del puntaje máximo posible de esta parte de la prueba, vale decir, 71 menos el número de errores. Se muestra así que a mayor puntaje, mejor es el resultado obtenido de la prueba.

Las normas del T.E.D.E. se dan para el "nivel lector", y como para la detección de los "errores específicos", con dos puntos de referencia. En primer término se compara el puntaje bruto del sujeto con respecto a su grupo de edad, en segundo lugar el mismo resultado se interpreta en relación al curso del sujeto. La elaboración de las normas se realizó en percentiles y en puntaje T. Los percentiles permiten localizar al sujeto en esta prueba con referencia a las variables de edad y curso. Así, si un puntaje bruto corresponde, por ejemplo, a un percentil 60, querría decir que el niño tiene un rendimiento mediano, ya que un 60 por ciento del grupo con el cual se compara rinde menos que él y un 40 por ciento está sobre su nivel de rendimiento.

El puntaje T es un puntaje estándar con un promedio teórico de 50 y una desviación típica de 10, lo que da una escala entre 20 y 80 puntos. Esta escala sitúa al sujeto en "unidades de desviación estándar" con respecto al curso y edad y una base común que es el promedio y desviación estándar teórica.

En la estandarización del test, las autoras dan normas en percentiles y puntaje T para las dos partes del instrumento para niños entre 6 y 10 años 11 meses, por edad y cursos. Se muestran a continuación sólo los cuadros correspondientes a los 6 y 6 años 11 meses —por constituir las edades más frecuentes que corresponden a la lectura inicial— y las tablas correspondientes al primer año de enseñanza general básica.

CUADRO Nº 1

NORMAS EN PERCENTILES PARA "NIVEL LECTOR"
EN NIÑOS DE 6 AÑOS A 6 AÑOS 11 MESES

Puntaje	Percentil	Puntaje	Percentil
0 - 3	1	85	55
4 - 5	2	86	58
4 - 7	4	87	63
8	5	88	69
9 - 13	6	89	76
14 - 15	7	90	77
16 - 20	8	91	78
21	9	92	82
22 - 25	10	93	87
26 - 28	11	94	90
29 - 32	12	95	94
33 - 35	13	96	96
36 - 37	14	97	97
38 - 39	15	98	98
40 - 44	16	99 - 100	100
45 - 53	18		
54	19		
55 - 60	21		
61 - 63	22		
64 - 65	24		
66 - 68	27		
69	29		
70 - 71	30		
72 - 73	32		
74 - 75	33		
76	35		
77	37		
78	40		
79	42		
80	45		
81	47		
82	48		
83	49		
84	51		

Nota: La reproducción de las normas contenidas en los Cuadros 1 a 8 cuenta con la
autorización de las autoras.

NORMAS EN PERCENTILES PARA NIVEL LECTOR EN NIÑOS DE
PRIMER AÑO DE ENSEÑANZA GENERAL BASICA

Puntaje	Percentiles
0	3
1	9
3	12
4 - 5	15
6 - 8	24
9 - 11	30
12 - 13	33
14 - 15	36
16 - 21	39
22 - 25	45
26 - 28	48
29 - 32	52
33 - 37	55
38 - 53	58
54 - 59	61
60 - 63	64
64 - 65	70
66 - 68	76
69	79
70 - 75	82
76 - 88	85
89 - 91	88
92 - 93	91
94	94
95	97
96 - 100	100

CUADRO Nº 3

NORMAS PARA PERCENTILES PARA ERRORES ESPECIFICOS
PARA NIÑOS DE 6 AÑOS A 6 AÑOS 11 MESES

Puntaje	Percentiles	Puntaje	Percentiles
0 - 2	5	60	54
3	6	61	56
4	9	62	59
5	10	63	64
6	11	64	67
7	13	65	72
8	14	66	79
9 - 11	15	67	89
12 - 15	16	68	92
16	17	69	94
17 - 23	18	70	99
24	19	71	100
25 - 27	20		
28 - 29	22		
30 - 31	23		
32	25		
33	26		
34 - 36	27		
37 - 45	28		
46	29		
47	30		
48 - 49	32		
50 - 52	33		
53	34		
54	36		
55	37		
56	39		
57	42		
58	45		
59	48		

CUADRO N° 4

NORMAS EN PERCENTILES PARA ERRORES ESPECIFICOS EN
NIÑOS DE PRIMER AÑO DE ENSEÑANZA GENERAL BASICA

Puntaje	Percentiles
0 - 3	27
4	33
5 - 6	36
7 - 8	39
9 - 11	42
12 - 14	45
25 - 27	48
28 - 31	51
32 - 40	54
41 - 45	57
46 - 48	60
49 - 51	63
52 - 54	66
55 - 59	69
60	72
61	75
62 - 64	81
65	87
66 - 69	90
70	96
71	100

CUADRO Nº 5

NORMAS EN PUNTAJE T PARA "NIVEL LECTOR"
EN NIÑOS DE 6 AÑOS A 6 AÑOS 11 MESES

Puntaje	Puntaje T	Puntaje	Puntaje T
0 - 3	27	44 - 53	41
4 - 5	29	54 - 62	42
6 - 7	32	63 - 64	43
8 - 13	34	65 - 68	44
14 - 15	35	69 - 72	45
16 - 20	36	43 - 75	46
21 - 25	37	77 - 78	47
26 - 32	38	79	48
33 - 37	39	80 - 82	49
38 - 43	40	83 - 84	50
		85 - 86	52
		87	53
		88	55
		89 - 90	57
		91	58
		92	59
		93	61
		94	63
		95	66
		96	68
		97	69
		98	71
		99 - 100	80

NORMAS EN PUNTAJE T PARA "NIVEL LECTOR" EN NIÑOS
DE PRIMER AÑO DE ENSEÑANZA GENERAL BASICA

Puntaje	Puntaje T
0	31
1	37
3	38
4 - 5	39
6 - 8	43
9 - 11	45
12 - 13	46
14 - 21	47
22 - 28	49
29 - 32	51
33 - 53	52
54 - 59	53
60 - 63	54
64 - 65	55
66 - 68	57
69	58
70 - 75	59
76 - 88	60
89 - 91	62
92 - 93	63
94	66
95	69
96 - 100	80

CUADRO Nº 7

NORMAS EN PUNTAJE T PARA ERRORES ESPECIFICOS
EN NIÑOS DE 6 AÑOS A 6 AÑOS 11 MESES

Puntaje	Puntaje T
0 - 3	34
4 - 5	37
6	38
7 - 8	39
9 - 16	40
17 - 24	41
25 - 29	42
30 - 32	43
33 - 46	44
47 - 49	45
50 - 54	46
55 - 56	47
57	48
58 - 59	49
60	51
61 - 62	52
63 - 64	54
65	56
66	58
67	62
68	64
69	66
70	73
71	80

CUADRO Nº 8

NORMAS EN PUNTAJE T PARA ERRORES ESPECIFICOS EN NIÑOS DE PRIMER AÑO DE ENSEÑANZA GENERAL BASICA

Puntaje	Puntaje T
0 - 3	44
4 - 6	46
7 - 8	47
9 - 11	48
12 - 27	49
28 - 31	51
32 - 45	52
46 - 51	53
52 - 54	54
55 - 59	55
60	56
61	57
62 - 64	59
65	61
66 - 69	63
70	68
71	80

2.1.2. LA PRUEBA DE COMPRENSION LECTORA DE COMPLEJIDAD LINGÜISTICA PROGRESIVA (C.L.P.)

La prueba aludida, elaborada por Felipe Alliende, Mabel Condemarín y Neva Milicic (1982), se compone de cinco formas correspondientes a cinco niveles de lectura, y consta de 33 subtests. La prueba está construida sobre la base de un desarrollo gradual de habilidades lingüísticas específicas del acto de leer y puede ser aplicada en forma individual o colectiva sin límite de tiempo.

El instrumento está dirigido a los educadores para que, a la luz de los resultados obtenidos, adapten su enseñanza a las necesidades individuales y/o grupales de sus alumnos y seleccionen, adapten o elaboren los textos adecuados para que los alumnos sigan desarrollando su comprensión lectora.

Los autores sintetizan el aprendizaje de la lectura en tres operaciones:

— traducir los signos escritos a sus correspondientes expresiones orales (primera operación);

— dar a cada palabra o expresión escrita el sentido correcto dentro del texto y retener dicho sentido (segunda operación).

— descubrir, retener y manejar las relaciones que guardan entre sí los diversos elementos del texto y determinar sentidos globales (tercera operación).

Teniendo en cuenta las consideraciones anteriores, la prueba ha sido construida sobre la base de un desarrollo gradual de habilidades lingüísticas específicas correspondientes a la segunda y tercera operación de las lecturas señaladas. Las habilidades están divididas en cuatro niveles: el de la palabra, el de la oración o frase, el del párrafo (texto simple) y el del trozo (texto complejo).

La elaboración experimental de la prueba se llevó a cabo en tres aplicaciones. Se inició con una aplicación piloto y fue seguida por dos aplicaciones experimentales: la primera destinada al análisis de ítemes y la segunda a la obtención de normas.

La *aplicación piloto* se realizó para verificar la atingencia de los estímulos, las ilustraciones y las instrucciones de la prueba originalmente elaborada por los autores.

La *aplicación experimental para el análisis de ítemes* estuvo destinada a obtener diversos índices sicométricos del instrumento una vez efectuadas las modificaciones que se detectaron como necesarias a través de la aplicación piloto. En esta etapa se determinó por curso, de primero a sexto año de educación general básica, el grado de dificultad de cada ítem, la correlación ítem test (r.p.b.) y el estudio de la confiabilidad y validez predictiva del instrumento.

En esta etapa la muestra estuvo constituida por 900 alumnos de ambos sexos de primero a sexto año de educación general básica de colegios fiscales y particulares de la Región Metropolitana de Santiago de Chile.

La *aplicación experimental para la obtención de normas* se realizó después de una reestructuración de la prueba, basada fundamentalmente en los resultados de la anterior aplicación experimental. Esta etapa estuvo destinada a dotar a las seis formas elaboradas de puntajes significativos expresados en percentiles por curso y Puntajes Z por curso para la forma en su conjunto y para cada uno de los subtests que la componían. En esta aplicación se utilizó una nueva muestra compuesta por 612 alumnos de ambos sexos de primero a sexto año de educación general básica de colegios fiscales y particulares de la Región Metropolitana de Santiago de Chile.

Se determinó la confiabilidad de las formas definitivas del instrumento, así como su validez predictiva y concurrente. Durante esta segunda aplicación experimental se determinó también la relación entre los puntajes obtenidos y las variables sexo y nivel socioeconómico.

El estudio sicométrico del instrumento mostró una confiabilidad de 0.95 y una validez concurrente de 0.75, ambas medidas a través de la fórmula de Pearson.

El instrumento está compuesto por un manual y cuadernillos para uso del niño. En el manual se da la fundamentación teórica de la prueba, la descripción de los ítemes; se da cuenta de la elaboración experimental, de los instrumentos necesarios para su aplicación, de la pauta de corrección y se presentan algunos anexos.

2.1.3. PRUEBA C.L.P.: FORMAS PARALELAS

La Prueba de Comprensión Lectora de Complejidad Lingüística Progresiva, Formas Paralelas, para ocho niveles de lectura, es un instrumento estandarizado para medir la capacidad de lectura en las etapas de su inicio y desarrollo que habitualmente se producen en los ocho años de educación general básica.

El instrumento se presenta a través de un manual y 16 cuadernillos para uso del alumno. El manual incluye la fundamentación teórica y estadística en que se basó la elaboración de la Prueba y se estructura de la siguiente forma:

1. La definición de la comprensión de la lectura y su medición.
2. Las características de la Prueba en relación a las operaciones y áreas que abarca, los niveles de lectura y las características de los subtests.
3. Los resultados experimentales referidos a los tipos de aplicaciones, a las características sicométricas del instrumento y a la relación de los puntajes con las variables de sexo y nivel socioeconómico.
4. La obtención de normas en percentiles y en puntajes Z y T.

El manual se complementa con 5 anexos. Los dos primeros dan cuenta del porcentaje de respuestas correctas para cada ítem obtenido en las aplicaciones experimentales y de la relación entre los puntajes y las variables de sexo y nivel socioeconómico. Los anexos siguientes incluyen las instrucciones, la pauta de corrección y el análisis de tres protocolos.

En los 16 cuadernillos que complementan la obra aparecen 76 subtests distribuidos entre los ocho niveles de lectura con dos formas paralelas para cada uno de éstos, correspondiendo ocho cuadernillos a la Forma A y ocho a la Forma B. El fin fundamental de estas formas paralelas es poder comprobar los progresos del lector dentro del nivel en que se encuentre.

2.2. EVALUACION INFORMAL

Al planificar y evaluar un programa de lectura inicial, los educadores, a menudo, necesitan tipos de información que no aparecen en los procedimientos estandarizados. En este caso es necesario utilizar instrumentos informales de evaluación que pueden ser aplicados regularmente y utilizados, en forma rápida y efectiva, en gran número de situaciones dentro de la sala de clases.

Existen varios tipos de evaluación informal: observación del educador, pruebas informales e inventarios informales de lectura. Estos últimos no se describen en este libro, por corresponder más específicamente a las etapas de lectura de los cursos intermedios, en los cuales el niño ya ha aprendido a leer. Lo mismo es válido en relación al análisis de las discrepancias ("mis-cues") sugeridas por Kenneth Goodman (1969).

2.2.1. OBSERVACIONES DEL EDUCADOR

Esta constituye una técnica naturalística de evaluación, y a menudo es desvalorizada; sin embargo, es el medio más viable mediante el cual los educadores pueden diagnosticar las destrezas y habilidades lectoras en la situación de la sala de clases. El educador alerto tiene incontables oportuni-dades de recoger información acerca de los progresos y de las necesidades de sus alumnos y así comprender los problemas que un niño presenta cuando enfrenta una tarea específica.

La observación puede ser útil para evaluar los distintos aspectos del reconocimiento de palabras (vocabulario gráfico, análisis fónico, morfémico, utilización de claves contextuales), la lectura oral, los intereses y las actitu-des frente a la lectura.

A algunos educadores les parece que la observación es difícil, porque ellos no saben qué mirar. Es necesario, entonces, elaborar pautas que orienten la percepción de aspectos específicos; por ejemplo, en relación a las actitudes e intereses:

— ¿Asiste regularmente a clases?
— ¿Realiza con agrado las tareas?
— ¿Necesita y/o solicita ayuda?
— ¿Trae libros y revistas a la sala de clases?
— ¿Participa con agrado en las actividades de práctica de la lectura, como por ejemplo: "La hora del libro" o el "Programa de lectura silenciosa sostenida" (ver página 172).

También el educador puede tener pautas de observación referidas a habilidades específicas, como: conocimiento del nombre de las letras, voca-bulario gráfico, análisis fónico o morfémico.

Las observaciones del maestro pueden ser sistematizadas mediante el uso de registros anecdóticos. Su forma más simple consiste en poseer un archivador donde se guarden las observaciones fechadas, recogidas de mane-ra incidental o sistemática, en un orden cronológico. También pueden incluirse muestras de observaciones, los trabajos de los alumnos y las observaciones de los padres. Esta recolección de la información es un medio útil para apoyar el aprendizaje de los niños y para comunicarse con los padres.

2.2.2. PRUEBAS INFORMALES

El educador generalmente tiene práctica en elaborar pruebas para controlar las habilidades de reconocimiento de palabras, comprensión o cual-quier otra destreza asociada con la lectura inicial. Se presentan algunos síes y noes recomendables frente a la elaboración de pruebas por parte del educador:

Sí	No
[1] Cuidar que las instrucciones sean fácilmente entendidas por los alumnos.	[1] Evitar que las instrucciones sean más difíciles de leer que las habilidades que se pretenden evaluar.
[2] Presentar las pruebas en situaciones naturales, como un tipo de comunicación semejante a la establecida en la situación de aprendizaje.	[2] Evitar los ambientes formales y tensos que fomenten el nerviosismo entre los alumnos.
[3] Tener claramente definidos los contenidos que se pretenden evaluar y asegurarse de que los materiales que se presentan corresponden a los objetivos.	[3] No presentar contenidos tan difíciles que los niños no pueden resolver o tan fáciles que les aburran rápidamente; no pretender evaluar en una sola prueba *todas* las habilidades lectoras.
[4] Controlar que las exigencias de escritura al responder los ítemes no sean excesivas.	[4] No transformar una prueba de lectura en una evaluación de la caligrafía, ortografía y redacción.
[5] Descubrir por qué los niños responden de determinada manera.	[5] No presumir que las respuestas negativas significan que el niño no domina una habilidad o viceversa.
[6] Realizar preguntas que le permitan al niño poner en juego sus habilidades de pensamiento.	[6] No evaluar mecánicamente.
[7] Permitir que los niños demuestren su comprensión a través de otras modalidades, como responder al ítem en voz alta o a través de un dibujo.	[7] No evaluar exclusivamente a través de la escritura y de la lectura silenciosa.

[8] Conocer a través de la prueba las habilidades y los déficit para ayudarlos a desarrollar sus habilidades lectoras.	[8] No emplear la prueba como un simple medio de calificación o descalificación del alumno.

Ejemplos de prueba informal los constituyen el test de reconocimiento de palabras y el test de análisis fónico y morfémico.

2.2.2.1. *Test de reconocimiento de palabras*

En los tests de reconocimiento de palabras, éstas se presentan aisladas, con el fin de evaluar el vocabulario que el niño es capaz de reconocer en forma inmediata y las estrategias que usa al analizar las palabras.

Las listas de palabras deben ser muestras de distintos niveles de vocabulario comúnmente conocido por los alumnos. Pueden extraerse palabras de los libros de lectura usados por los niños que representan niveles lectores; o bien, basarse en recuentos de palabras de mayor frecuencia de uso, como el listado de Rodríguez Bou (1952).

Las palabras de la lista deben ser dactilografiadas o escritas con letra imprenta claramente legible, en sendas tarjetas de unos 8x13 cms. Cada tarjeta se presenta rápidamente al niño, como un "flash". Puede hacerse con un taquistoscopio o simplemente con la mano.

El puntaje se obtiene según el porcentaje de palabras reconocidas inmediatamente. Así, si en una lista de 20 palabras, el niño reconoce correctamente 18, su puntaje básico sería 90 por ciento. Si él corrige en forma espontánea las palabras sin verlas nuevamente, se le puede agregar +2. Su puntaje sería entonces: 90 por ciento + 2.

Las tarjetas deben ser mostradas claramente. El educador no debe proporcionar ningún tipo de apoyo. Es importante también registrar las respuestas inmediatamente para obtener mayor precisión.

Un ejemplo de registro es el siguiente:

Nombre: José	Edad: 7 años	Fecha: 4/mayo
Estímulo	**"Flash"**	
1. la	✓	
2. mamá	✓	
3. osa	✓	
4. foca	✓	
5. papá	✓	
6. casa	✓	
7. puma	✓	
8. suma	✓	
9. que	*pue*	
10. paloma	✓	
11. camina	✓	
12. una	✓	
13. peineta	✓	
14. yate	*iate*	
15. flores	o	
16. soy	✓	
17. viene	✓	
18. bota	*dota*	
19. cuatro	o	
20. tiene	*viene*	
	75% + 1	

El √ indica una respuesta correcta instantánea; o = sin respuesta o que el niño dice no conocerla; las respuestas no correctas se registran literalmente; una respuesta incorrecta seguida por un √ significa que el alumno corrigió la palabra espontáneamente.

Las palabras que el niño no reconoce a primera vista pueden ser presentadas nuevamente, sin tiempo fijo, para observar las técnicas que el niño aplica para analizarlas. Se anota literalmente la respuesta, y en este caso el test pasa a constituir un test de habilidades fónicas y/o morfémicas.

2.2.2.2. Test de análisis fónico y morfémico

Para la elaboración del test de análisis fónico y morfémico, el educador puede basarse en la jerarquía que corresponda al método de lectura que él emplea o bien en la sistematización propuesta en este libro. Asimismo, las sugerencias dadas para las actividades fónicas y morfémicas pueden ser transformadas en ítemes de un instrumento informal.

Algunos ejemplos de ítemes son los siguientes:

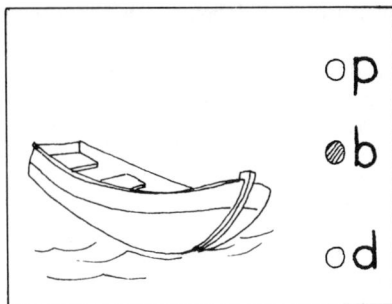

Pinta el círculo de la letra que corresponde al primer sonido de *bote*.

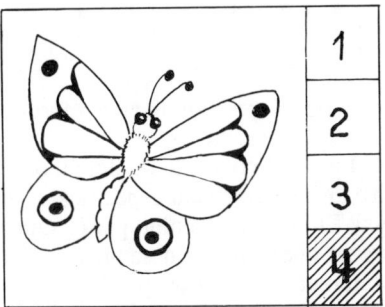

Pinta el número que corresponde al número de sílabas de *mariposa*.

Elige la letra que falta.

Elige las letras que faltan.

Naturalmente, en esta etapa las instrucciones deben ser dadas en voz alta.

Los resultados que arrojan los tests de análisis fónico deben ser registrados para su posterior utilización en el plan de enseñanza y para comparar el rendimiento del niño consigo mismo. Por ejemplo:

Alumnos	Grupos consonánticos											
	br	bl	cr	cl	dr	fl	gl	gr	pr	pl	tr	tl
Luisa	+	+	−	−	−	+	+	+	+	+	+	−
María	−	−	+	+	−	+	+	+	+	+	+	+
Roberto	+	+	+	+	+	+	+	+	+	+	+	+
Sebastián	−	+	+	+	−	+	−	−	+	−	−	−

Además de los tests estandarizados y de los procedimientos informales, es importante aludir a los tests con referencia a criterios.

Esta modalidad de evaluación está ligada al concepto de dominio: el propósito de tales tests es medir el logro de una conducta específica o un rendimiento en una determinada situación. El puntaje obtenido por el alumno se focaliza en las habilidades o destrezas que él puede desempeñar. Por ejemplo, un test de análisis fónico, con referencia a criterios, puede establecer que un puntaje sobre 80 por ciento es necesario para que el aprendizaje haya sido logrado. El puntaje que logran los otros alumnos no es importante. La cuestión central es si ese estudiante demuestra poseer el nivel requerido de eficiencia en tal habilidad; es decir, si él ha logrado ese objetivo de enseñanza específico.

2.2.2.3 Test de conceptos sobre lenguaje escrito para prelectores

Como lo indica su nombre, el "Test de Conceptos sobre Lenguaje Escrito para Prelectores", tiene como objetivo explorar los conceptos que tienen los niños sobre el lenguaje escrito. Su contenido se enmarca teóricamente en el constructo denominado "conciencia lingüística" acuñado por Ignatius Mattingly (1972), quien lo introdujo al analizar los requisitos que planteaba el aprendizaje de la lectura y escritura, en cuanto acceso a los aspectos formales del lenguaje. Algunos de los conceptos que explora el T.C.L. están inspirados en el artículo de Marie M. Clay: "Concepts about Print in English and other Languages" (The Reading Teacher, Enero 1989, pp. 268-76).

La conciencia lingüística forma parte de las habilidades metalingüísticas, que se manifiestan como la capacidad para reflexionar sobre el lenguaje, separando la forma del significado. A diferencia de las operaciones normales del lenguaje que involucran un procesamiento automático, las operaciones metalingüísticas requieren un "procesamiento control", un pensar consciente y deliberado.

Los conceptos explorados en el presente test son los siguientes:

1. ¿Puede el niño(a) diferenciar un libro de una revista y de un periódico?

2. ¿Conoce la tapa o cubierta de un libro o revista?

3. ¿Si se le presenta un libro al revés, corrige su posición al tomarlo?

4. Cuando hojea un libro o revista, ¿parte desde su comienzo?

5. ¿Reconoce que los contenidos escuchados aparecen en las palabras impresas y no en las ilustraciones?

6. ¿Conoce la palabra "página" u "hoja"?

7. ¿Puede identificar el título del libro?

8. ¿Puede identificar una línea?

9. ¿Sabe que las líneas se "leen" de izquierda a derecha?

10. ¿Sabe lo que es una letra?

11. ¿Puede diferenciar letras de números?

12. ¿Sabe lo que es una palabra?

13. ¿Puede diferenciar letras mayúsculas de minúsculas?

14. ¿Reconoce los signos de puntuación?

15. ¿Sabe lo que es una sílaba?

16. ¿Sabe lo que es una oración?

17. ¿Sabe lo que es un párrafo?

Usuarios

Los ítemes sugeridos pueden ser aplicados en alumnos desde Jardín Infantil hasta Segundo Año de E.G.B.

Materiales

Utilizar un libro con tapa, una revista y un diario de la localidad.

Administración

1. Colocar frente al niño(a) un libro, una revista y un periódico.

2. Decirle que necesita su ayuda para saber como se dicen algunas cosas.

3. Preguntarle: ¿Qué es esto? Señalar alternativamente el libro, la revista y el periódico.

4. Mostrarle la tapa del libro y/o de la revista, preguntarle cómo se llama esa parte.

5. Presentarle el libro al revés y observar si corrige su posición al tomarlo.

6. Decirle: —Mira este libro. Observar si al hojearlo lo hace desde el comienzo.

7. Seleccionar del libro o de la revista un texto corto, significativo y acompañado de una ilustración. Leer el texto en voz alta y luego preguntarle: —¿Dónde aparece lo que acabas de escuchar? Observar si el niño muestra el texto escrito o la ilustración.

8. Decirle: —Muéstrame una página (o una hoja) y observar si entendió. En caso de duda preguntarle: —Muéstrame otra página.

9. Preguntarle: —¿Dónde aparece el título de este libro?
Si el libro contiene cuentos, se le puede formular la misma pregunta en relación a sus títulos.

10. Decirle: —Muéstrame una línea. Observar si entendió la instrucción.

11. Decirle: —Enséñame por favor por dónde debo comenzar a leer esta línea... ¿Cómo debo seguir?

12. Preguntarle ¿qué es esto? y mostrar consecutivamente:
— una letra
— un número
— una palabra
— una mayúscula y luego una minúscula
— signos de puntuación como punto y coma
— una sílaba
— una oración
— un párrafo

13. Anotar las respuestas del niño.

14. Darle las gracias por la ayuda prestada.

Nota: Debido a su complejidad creciente, la prueba debe detenerse si el niño no sabe decir la palabra "palabra".

Los ítemes del Nivel Lector del T.E.D.E. (página 211) pueden ser considerados como una extensión de la conciencia lingüística a nivel de nombre de letras del alfabeto y fonemas.

Registro

Coloque Sí o No bajo el número que corresponda a un niño(a), de acuerdo a su respuesta frente a los ítemes del listado de conceptos explorados por el test. Por ejemplo:

Habilidad	*Niños*									
	1	2	3	4	5	6	7	8	9	10
1. ¿El niño(a) diferencia un libro de una revista y de un periódico?										
2. ¿Conoce la tapa o cubierta de un libro o revista?										
3. ¿Cuando se le presenta un libro al revés, corrige su posición al tomarlo?										
Etc...										

CONCLUSION

El conjunto de estudios, observaciones, recomendaciones y procedimientos de evaluación de este libro muestra que la iniciación a la lectura requiere la toma de una serie de decisiones muy variadas y complejas.

Las diversas posiciones de los autores y los resultados de las investigaciones muestran que no hay un solo modo de encarar este aprendizaje tan importante.

Esperamos que a través de las indicaciones de este libro los educadores puedan seleccionar sus opciones en forma más fundada y coherente.

ANEXO
PROGRAMA DE LECTURA TEMPRANA

El Anexo "Programa de Lectura Temprana" sintetiza las principales actividades presentadas en el capítulo II, referido a la Práctica.

Las actividades que se sugieren en este Programa están principalmente dirigidas a la educadora de párvulos, a los profesores de primer grado y a los niños. Estas actividades se complementan con la especificación de sus objetivos, la identificación de las habilidades a desarrollar, y la señalización de algunos materiales de apoyo.

La sistematización planteada en este Anexo sólo tiene un carácter de sugerencias para realizar una mediación eficiente en el desarrollo del aprendizaje de la lectura. Ellas deben ser complementadas, omitidas, reformuladas y contextualizadas sobre la base de la experiencia y creatividad de la educadora y las necesidades, intereses y nivel de desarrollo cognitivo de los niños.

Objetivo específico	Habilidades a desarrollar	Actividades sugeridas para la educadora	Actividades de los niños	Material de apoyo
1) Escuchar comprensivamente cuentos leídos mientras se sigue visualmente el texto impreso.	– Expresar oralmente cuentos y leyendas. – Anticipar contenidos a partir de claves lingüísticas o pictóricas. – Parear las palabras escuchadas	– Seleccionar textos de cuentos, fábulas, chistes o leyendas conocidos oralmente por los niños y claramente estructurados. – Motivar la actividad a través de anticipar el contenido por parte de los niños, a través del recuerdo oral del cuento.	– Recordar y comentar aspectos del cuento conocido oralmente; personaje(s), escenas, secuencia(s), final. – Seguir visualmente la lectura de la educadora pareando las palabras escuchadas con sus equivalentes gráficos.	– Cuentos entretenidos y con legibilidad física adecuada: letra grande, líneas espaciadas, papel no transparente, con ilustraciones. – Fábulas, leyendas, chistes.

- con las palabras impresas.
- Identificar un texto conocido oralmente con su equivalente escrito.
- Familiarizarse con el vocabulario, las estructuras morfosintácticas y los signos característicos de los cuentos y otros materiales literarios.
- Memorizar cuentos y estructuras narrativas.
- "Almacenar" en la memoria de largo tiempo rasgos distintivos de los signos específicos de lenguaje escrito.

- Escribir el tema sobre el pizarrón, una cartulina o proyectarlo.
- Leer con entonación y clara articulación mostrando cada palabra con el dedo índice o con un puntero.
- Si se lee el cuento a un solo niño, ubicarlo al lado izquierdo, o derecho si es zurdo.
- Releer el cuento tantas veces como el o los niños lo soliciten.
- Alternar los cuentos narrados oralmente con la lectura de los mismos y viceversa.
- Estimular la autoformulación de preguntas y los comentarios a través de la propia autoformulación de preguntas y comentarios en voz alta.
- Estimular la captación de la estructura narrativa del cuento enfatizando la presentación del o de los personajes y su ambiente; el

- Solicitar que se les relea el cuento.
- Escuchar un mismo cuento en su versión narrada o leída.
- Autoformularse preguntas sobre el cuento.
- Hacer preguntas a la educadora y a los otros compañeros. Comentar.
- Recordar categorías narrativas a través de completar oralmente una "cloze" oral.
Por ejemplo:
Había una vez _____
Sucedió que _____
Entonces _____ tra-
tó de _____
logró que _____
finalmente _____

- Pizarra, cartulina o retroproyector de transparencias o de diapositivas.

235

Objetivo específico	Habilidades a desarrollar	Actividades sugeridas para la educadora	Actividades de los niños	Material de apoyo
		comienzo o acto precipitante del episodio. La reacción ante el acto, el objetivo planteado, las tentativas para lograrlo, el resultado y el final a través de ejercicios de completar el cuento (macro "cloze" oral).		
2) Tomar conciencia de algunas características específicas del lenguaje escrito.	– Reconocer las palabras como unidades tipográficas separadas por un espacio en blanco. – Observar que las palabras se desplazan de izquierda a derecha. – Identificar signos característicos del lenguaje escrito.	– Imitar en el pizarrón el desplazamiento de las palabras de izquierda a derecha con líneas cortadas de largo distinto. – Destacar las palabras como unidades separadas por espacios en blanco, a través de hacer un círculo o subrayar las palabras, y de pintar los espacios entre una y otra. Estimular a los niños a hacer lo mismo. – Destacar los signos de exclamación y pausas.	– Imitar el movimiento del dedo índice o del puntero que efectúa la educadora mientras lee cuentos. – Mostrar con un puntero el desplazamiento de las líneas en el pizarrón. – Imitar los trazos en la mesa de arena, sobre hojas de papel empleando tiza o lápices. – Pintar los espacios entre palabra y palabra.	– Libros - revistas. – Pizarrón, mesa de arena, cartulina, puntero, tiza, papel. – Párrafos con letras de imprenta mayúsculas y minúsculas y con signos de expresión y lápices de colores.

236

				Recursos
3) Traducir los contenidos literarios a otras modalidades lingüísticas y expresivas.	– Expresar oralmente los cuentos escuchados. – Expresar los cuentos, narraciones y leyendas, chistes, fábulas a través de la mímica y la dramatización. – Dibujar, pintar y modelar personajes, ambientes y situaciones. – Copiar palabras y signos.	– Modelar ante los alumnos las acciones de recontar, es decir, parafrasear el cuento diciéndolo con las propias palabras. – Estimular la expresión oral espontánea sin efectuar correcciones que interrumpan la fluidez de la comunicación. – Organizar juegos dramáticos sobre el contenido de los cuentos. – Fomentar las expresiones plásticas y el dibujo. – Estimular los intentos de copia de palabras y signos.	– Recontar el cuento utilizando las propias palabras. – Dramatizar el contenido del cuento mediante mímica, juegos sociodramáticos o títeres. – Dibujar, pintar, recortar, modelar los personajes y/o escenas. – Imitar palabras y signos sobre la mesa de arena, pizarras individuales, cartulina.	– Teatro de títeres. – Papel, cartulina, lápices de colores, plasticina, témpera, recortes de revista. – Pizarras individuales. – Mesa de arena.
	– Explicar la función a través de dramatizar.		– Hacer un círculo a las palabras, o bien subrayarlas. – Contar palabras en oraciones cortas. – Subrayar signos tales como: puntos, comas, signos de interrogación y/o exclamación.	

Objetivo específico	Habilidades a desarrollar	Actividades sugeridas para la educadora	Actividades de los niños	Material de apoyo
4) Formar el hábito de la lectura y las actitudes positivas frente al acto de leer.	– Elegir libremente materiales de lectura. – Mantener la atención durante un tiempo fijo en la actividad de hojear y mirar materiales impresos. – Imitar el modelo lector dado por la educadora. – Expresarse oralmente en forma espontánea. – Adquirir destrezas en el manejo de libros, revistas y folletos. – Interesarse por los agentes participantes en la elaboración de los materiales impresos.	– Estructurar y denominar la actividad de leer en silencio con materiales elegidos libremente: por ejemplo "La hora del libro". – Realizar la actividad diariamente a la misma hora para que los niños la incorporen a su rutina escolar. Comenzar con sesiones de 3 a 5 minutos con grupos de 4 a 7 niños. – Tener libros y revistas al alcance de los niños para facilitar la elección. Agregar nuevos materiales y retirar los materiales muy usados. – Leer en silencio un libro o revista de su elección, ante los niños. – Responder a las preguntas que le soliciten los niños. Por ejemplo: ¿qué dice esta palabra?	– Leer en silencio, sin interrupciones, durante un tiempo determinado. Es decir, imitar, leer u hojear libros, revistas, mirar láminas, observar las palabras. – Elegir libremente libros, folletos o revistas. – Observar, leer en silencio al educador. – Formular preguntas a la educadora frente a los libros y revistas. – Escuchar sus respuestas con atención.	– Libros. – Revistas. – Recorte de textos escritos pegados sobre cartulina.

- Al finalizar la actividad no plantear preguntas ni requerir actividades tipo "tareas".
- Guiar a los niños a tratar los textos con respeto, sin doblarlos, descuadernarlos, rayarlos o tratarlos en forma ruda.
- Informarles que los textos tienen autor(es), que son producto de un trabajo participativo de editores, ilustradores, diagramadores, libreros.
- Visitar librerías, una editorial o imprenta.

- Colocar el libro o revista en la posición correcta, dar vuelta las páginas cuidadosamente, una por una y de adelante hacia atrás.
- Asistir con la educadora o con los padres a librerías y a conocer una imprenta o editorial.

5) Jugar a leer textos predecibles.

- Recordar y expresar orales tradicionales.
- Identificar textos tradicionales orales con su equivalente escrito a través de claves visuales y/o pictóricas.
- Seguir visualmente la lectura del

- Recordar y estimular a los alumnos a decir juegos verbales, adivinanzas y trabalenguas conocidos.
- Jugar a la ronda y cantar canciones infantiles junto con los niños.
- Presentar textos que reproduzcan por escrito textos orales conocidos por los niños.

- Escuchar y expresar contenidos tradicionales orales.
- Expresar, recitar, jugar y cantar rondas y canciones.
- "Leer" simultáneamente con la educadora. Es decir, seguir visualmente el texto.
- Imitar la lectura de corrido, es decir, "jugar a

- Lecturas predecibles sobre la base de cantos, poemas, adivinanzas, trabalenguas, juegos verbales y cuentos.

Objetivo específico	Habilidades a desarrollar	Actividades sugeridas para la educadora	Actividades de los niños	Material de apoyo
	educador pareando de las palabras escuchadas con su equivalente gráfico. – Memorizar textos y jugar a leerlos de corrido.	– Seleccionar algunas páginas cada día y leerlas en voz alta, mostrando cada palabra para que el niño la paree visual y auditivamente. – Repetir las lecturas tantas veces como los niños las soliciten. – Estimular a los niños a que "jueguen" a leer, tantas veces como deseen hacerlo. – Modificar el texto si los niños expresan los contenidos de las lecturas predecibles con otro vocabulario. – Transcribir al lenguaje escrito "slogans" publicitarios, canciones o estribillos para leerlos simultáneamente con los niños y en forma repetida. – Estimular los intentos de los niños de reproducir palabras y/o frases.	leer", los cantos, adivinanzas, juegos verbales, rondas y trabalenguas. – Adivinar y decir adivinanzas. – Decir los textos de memoria imitando su lectura de corrido. – Identificar el texto escrito que corresponde al texto oral por la ilustración y/o las palabras impresas. – Jugar a leer "slogans" publicitarios, canciones o estribillos. – Copiar palabras sobre mesa de arena y otros materiales.	– "Slogans" y estribillos. – Mesa de arena. – Pizarra. – Cartulina.

| 6) Inmersión en un ambiente letrado. | – Identificar su nombre.
– Reconocer a primera vista palabras en contextos naturales significativos.
– Mediatizar instancias comunicativas escritas.
– Estimular expresiones grafomotrices y artísticas relacionadas con el lenguaje escrito. | – Rodear la sala de un ambiente letrado.
– Implementar la sala de clases y el ámbito escolar por donde se desplaza el niño, con rótulos y oraciones escritas que transcriban el lenguaje oral.
– Tener un diario mural permanente o un tablero de avisos donde se escriban con caracteres de imprenta los nombres de los niños destacados en alguna actividad. Por ejemplo: los encargados de realizar distintas funciones dentro de la sala, como sacudir, alimentar a un animalito, o regar las plantas. También pueden colocarse las tarjetas de saludos, cartas, recados, recortes o cualquier material impreso aportado, en lo posible, por los propios niños.
– Escribir el nombre del niño con caracteres "script" sobre su delantal o en una tarjeta que pueda prenderse a | – Ayudar a la educadora a rotular la sala de clases.
– Parear rótulos con tarjetas.
– Colocar tarjetas con nombres en el diario mural.
– Reconocer el nombre propio y el del compañero en los cuadernos, delantal, pedir diario mural.
– Observar diferencias y semejanzas entre los nombres.

– Identificar su nombre en distintos contextos. | – Diario mural.
– Oración-calendario.
Por ejemplo:
"La fecha de hoy es —— de —— de 19——".
– Carteles para uso del educador con "Buenos días", "Hola", "Muy bien", "Hasta mañana".
– Rótulos para los elementos permanentes de la sala de clases: pizarra, ventana, puertas y para las diferentes áreas por donde circula el niño: gimnasio, sala de juegos, biblioteca, baño.
– Indicaciones escritas, como "Salida", "Entrada", "Recién pintado", "No tocar", "Escuche a los otros", "Atención", "Regar todos los días", "Eche la basura en este lugar".
– Mesa de arena, hojas de periódicos, cuadernos, cartulina. |

Objetivo específico	Habilidades a desarrollar	Actividades sugeridas para la educadora	Actividades de los niños	Material de apoyo
		su vestuario. También puede estar escrito con letras destacadas en sus libros, cuadernos. – Utilizar las instancias comunicativas con los padres para el lenguaje escrito. Por ejemplo: Enviar notas escritas a los padres en letras "script" con recados, recordatorios, felicitaciones, y entregar a los niños tarjetas con sus actividades, materiales o tareas. – Estimular los intentos de escritura. – Recortar o fotocopiar los logotipos de propaganda de artículos alimenticios, bebidas, TV, que los niños reconocen, a primera vista, sobre la base de la información redundante dada por la configuración, el co-	– Llevar comunicaciones escritas a los padres. Traerlas. – Adivinar el contenido de las comunicaciones. – Jugar a leer las comunicaciones. – Decorar, dibujar, pintar tarjetas de saludos, felicitaciones. – Escribir copias de rótulos sobre mesa de arena, hojas de periódicos, cuadernos, cartulina. – Recortar, copiar y pintar logotipos.	– Tarjetas de palabras de logotipos sin caracteres "script".

lor, la forma de las letras o el contexto del envase.

7) Formar un conjunto progresivo de palabras impresas reconocibles a primera vista ("vocabulario visual").

– Reconocer palabras, aisladas de sus contextos naturales.
– Identificar un conjunto de palabras claves.
– Reconocer palabras asociando su forma al significado.
– Estimular la imaginería visual.
– Traducir las palabras impresas a otras modalidades expresivas y artísticas.

– Extraer la información redundante y aislar las palabras de su contexto o logotipos.
– Escribirlas con caracteres de imprenta.
– Estimular a los niños a parear la palabra escrita con su correspondiente representación contextual.
– Incrementar el vocabulario gráfico de palabras que el niño reconoce a primera vista, dentro de sus contextos naturales, con un conjunto de "palabras claves" que le servirán al niño para identificar sonidos iniciales.
– Colocar las "palabras claves" permanentes a la vista de los niños, reproducirlas en dos conjuntos de tarjetas individuales: uno con las palabras y otro con la ilustración.

– Parear palabras con sus correspondientes logotipos. Proceder a la inversa.
– Parear palabras con su ilustración.

– Láminas separadas con "palabras claves" figurativas e inconfundibles.
– Tarjetas individuales de "palabras claves".
– Tarjetas individuales de ilustraciones.

243

Objetivo específico	Habilidades a desarrollar	Actividades sugeridas para la educadora	Actividades de los niños	Material de apoyo
		– Seleccionar las palabras conocidas por el niño que hayan estado ante su vista en la sala de clases (palabras claves) o extraídas de las otras fuentes ya citadas y presentarlas en tarjetas aisladas con el fin de hacer ejercicios como los siguientes: – Pedirles a los niños que pareen las tarjetas con su correspondiente ilustración y viceversa. – Proceder a la inversa, colocar una serie de ilustraciones y pedirles a los niños que la pareen con su correspondiente palabra. – Poner una palabra y varias ilustraciones. El niño debe seleccionar la ilustración que corresponde a la palabra.		– Algunas "palabras claves" que representen figuras inconfundibles pueden ser las siguientes: A = ala – anillo. B = bote – bota – burro. C = camello – caballo. CH = chaleco – chancho. D = dado – delantal. E = elefante – espejo. F = foca – faro. G = gato. H = hipopótamo. I = iglesia – indio. J = jirafa – jarro. L = luna – lápiz. M = mariposa – mamá. N = naranja. O = ojo – oso. P = perro – pañuelo. Q = queso. R = remo – reloj.

Proceder a la inversa:
– Utilizar el arte para aprender de palabras. Estimular a los niños a pintar, decorar, recortar ("collage") palabras.
– Estimular a los alumnos a emplear su imaginería sobre la base de la palabra y ellos ven su referente. Por ejemplo: "casa", "manzana" o "muñeca". Pedirles que describan las características de lo que vieron en su imaginación: la manzana puede ser roja, grande y jugosa. Solicitarles que dibujen lo que imaginaron.
– Jugar a la mímica. Por ejemplo, el educador realiza la mímica correspondiente a la palabra "gato" y el niño muestra la tarjeta con la palabra escrita.

– Pintar, decorar, hacer "collages" de palabras.

– Imaginar palabras a través de la visualización.
– Describir las características del significado de la palabra imaginada.
– Dibujar las características imaginadas.

– Efectuar la representación mímica de las palabras que muestre el educador. Por ejemplo: imitar un "gato".
– Mostrar la tarjeta que corresponde a la mímica del educador o de otro compañero.

S = sol – silla.
T = tambor – tenedor.
U = uva.
V = vaca – vela.
Y = yugo – yema.
Z = zorro – zapallo.

– Caja de palabras o "alcancía" o para guardar las palabras.

Objetivo específico	Habilidades a desarrollar	Actividades sugeridas para la educadora	Actividades de los niños	Material de apoyo
8) Reforzar el reconocimiento de palabras totales a partir de sus rasgos distintivos visuales hasta lograr su automatización.	– Asociar palabras a su significado en contextos lúdicos. – Definir oralmente palabras impresas. – Asociar definiciones orales con la palabra que las rotulan. – Categorizar palabras. – Identificar palabras en forma progresivamente más rápida. – Interesarse en reconocer y coleccionar nuevas palabras a partir de su totalidad.	– Confeccionar una "alfombra mágica" y efectuar actividades como las siguientes: – La educadora dice una palabra o muestra su ilustración y el niño se para sobre ella. – A la inversa, el niño se detiene ante una palabra y el educador u otro compañero muestra su ilustración. – Uno o más alumnos caminan sobre la "alfombra". Se detienen ante una orden dada por el educador y dicen la palabra que está debajo de su pie derecho o izquierdo. – Estimular a los niños a "pescar" palabras. – Presentar situaciones que impliquen reconocer a primera vista las palabras para	– Reconocer palabras a través de actividades lúdicas en la "alfombra mágica", tales como: – Pararse sobre la palabra que la educadora dice en voz alta o a través de su ilustración. – Pararse ante una alfombra cantando o siguiendo el ritmo. Detenerse ante la orden dada por la educadora y decir la o las palabras que quedan bajo sus pies. – Parear palabras con sus ilustraciones con juegos tipo "veleta". – Jugar "al pescador". – "Pescar" palabras, las cuales son ganadas si se las reconoce inmediatamente. Hacer compe-	– "Alfombra mágica" de género, cartón o tiza sobre el suelo, con las palabras que serán leídas por los niños. – Dividir un círculo grande en secciones. Escribir una palabra en cada sección. Colocar un puntero terminado en flecha en el centro de tal manera que se pueda mover en forma independiente. Las palabras pueden ser reemplazadas por números. – Construir dos círculos de distinto tamaño y unirlos por el centro, de manera que el círculo menor pueda girar sin mo-

llegar a una meta. Pedirles a los niños que pinten o subrayen cada palabra leída.
- Realizar juegos de adivinanzas sobre la base de las palabras conocidas. Por ejemplo, la educadora dice: "Estoy pensando en un animal que es el mejor amigo del hombre", y ladra. Los niños muestran la tarjeta perro. Proceder a la inversa.
- Categorizar las palabras conocidas utilizando las tarjetas. Rotular las categorías. Por ejemplo: Colores, personas, animales, alimentos, partes del cuerpo, y pedirles a los alumnos que coloquen las palabras en la columna que corresponda.
- Colocar una tarjeta que no corresponda a la categoría y pedirles a los niños que la identifiquen.

tencia de "pesca" entre dos o tres compañeros.
- Leer palabras para alcanzar una meta. Pintarlas; que subrayen o pinten cada palabra reconocida a primera vista.
- Mostrar la tarjeta que corresponda a la definición dada por la educadora.
- Decir la definición que corresponda a la tarjeta con una palabra figurativa presentada por la educadora.
- Colocar tarjetas dentro de la categoría que le corresponda.
- Identificar la tarjeta que no corresponda dentro de la categoría.

ver el otro. En el círculo mayor se colocan palabras y en el menor sus ilustraciones. ✓
- Juegos tipo lotería y dominó de palabras.
- Caña con un imán y tarjetas de palabras con un "clip".
- Cartulina o ilustraciones con palabras que impliquen llegar a una meta. Por ejemplo:

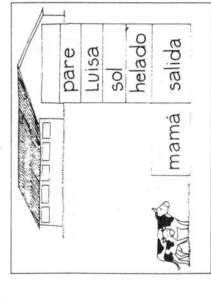

247

Objetivo específico	Habilidades a desarrollar	Actividades sugeridas para la educadora	Actividades de los niños	Material de apoyo
		– Jugar con los niños al cartero. Utilizar las tarjetas pertenecientes al vocabulario visual:	– Recibir la "carta" del cartero sólo si se reconoce la palabra a primera vista.	– Tarjetas de palabras "Vocabulario visual".
		– Jugar con los niños al "bingo" o "lota". Mostrar o decir palabras y pedirles a los niños que las identifiquen.	– Reconocer en el "bingo" la palabra dicha o mostrada por la educadora y colocar sobre ella una tarjeta con la misma palabra o una ficha.	
		– Utilizar "tarjetas relámpago" ("flash cards"), tarjetas y juegos para practicar diariamente el instantáneo de las palabras.	– Reconocer rápidamente las palabras presentadas por la educadora. Hacer competencias ganando la tarjeta reconocida.	– "Bingo", "lota" de palabras. – Lotería de palabras. – Fichas – tarjetas de palabras.
		– Proporcionar "alcancías" de palabras o plegadas para que los alumnos vayan acumulando las palabras conocidas.	– Guardar en la "alcancía" las palabras que se reconocen a primera vista.	– Alcancía para guardar palabras.
		– Enriquecer el vocabulario gráfico sobre la base de las nuevas palabras que pueda reconocer el niño mientras avanza en otras destrezas de reconocimiento.	– Jugar a coleccionar palabras. – Reconocer palabras en contextos de canciones, rimas, poemas, adivinanzas.	– Registros de experiencias: escritura de los contenidos orales de los alumnos transcritos "verbatim".

248

Objetivos	Contenidos	Actividades	Materiales
9) Escribir palabras copiadas, al dictado o en forma espontánea.	– Copiar palabras completas. – Reproducir palabras completas dictadas. – Manejar a nivel elemental la secuencia alfabética. – Escribir palabras en forma espontánea.	– Reconocer palabras en registros de experiencias, canciones, rimas y poemas. – Adivinanzas. Estimular a los niños a hacer lo mismo. – Trabajar junto con los niños en: – recortar una ilustración o dibujar en tamaño grande de una palabra figurativa. – Estimular a los niños a reproducir las palabras sobre la mesa de arena, sobre la pizarra, en hojas de formato grande o en periódicos usados. Para ello tener a su alcance tizas, crayón, lápices gruesos, témpera, acuarela. – No exigir aquí precisión caligráfica. – Estimular la reproducción de las palabras con otros elementos como plasticina, palitos de fósforos o tablillas. – Buscar ilustraciones o dibujar el significado de una palabra en tamaño grande. Escribir la palabra. – Copiar las palabras conocidas en cartulina, papel o pizarra individual. – Pedirle a la educadora o a otros compañeros que "lean" las palabras. Dibujar su significado cuando sea posible. – Copiar palabras con distintos elementos y texturas. Pedirles a los otros niños que las reconozcan. – Con ayuda de la educadora escribir palabras en orden alfabético acom-	– Cartulina y papel pizarra individual, mesa de arena, periódicos usados, lápices de mina gruesos, acuarela, tablillas, palitos de fósforos, letras movibles, tarjetas con letras. – Recortes de revistas con palabras de distintas tipografías.

Objetivo específico	Habilidades a desarrollar	Actividades sugeridas para la educadora	Actividades de los niños	Material de apoyo
		– Formar un diccionario elemental para introducir paulatinamente al niño en las habilidades de alfabetizar o del aprendizaje de la secuencia alfabética. Utilizar palabras figurativas y simples. – Dictar palabras completas conocidas.	pañadas de su correspondiente ilustración. – Reproducir por escrito o con letras movibles u otros elementos las palabras escuchadas. – Escribir caligráficamente, o con otros elementos, palabras sobre la base de un propósito: recados u otros.	– Revistas y "posters" y otros textos tipográficos.
10) Establecer diferencias y semejanzas entre palabras completas a partir de rasgos distintivos visuales.	– Identificar palabras con distintas tipografías. – Identificar palabras completas con diferencias sutiles en sus grafías. – Establecer conjuntos de palabras similares.	– Proporcionarles revistas y materiales gráficos para recortar palabras en distintas tipografías. – Presentar corridas de palabras y que el niño identifique cuál es la similar a la de la izquierda en cada corrida. Por ejemplo: mamá mima mema mamá sol sal las sol los	– Recortar palabras conocidas y parear las palabras de distinta tipografía. – Subrayar o pintar la palabra que es igual a la palabra ubicada a la izquierda.	– Folleto de vocabulario visual con palabras con diferencias sutiles en las grafías.

- Parear palabras con sus respectivas configuraciones.
- Establecer diferencias y semejanzas entre palabras completas, en contextos lúdicos.

- Presentarles a los niños palabras impresas y trazar junto con ellas su configuración y estimular a los niños a que las pareen.
- Presentarles a los niños un texto impreso y pedirles que hagan un círculo o subrayen una determinada palabra, luego otra u otras con una clave diferente. Por ejemplo, subrayar con azul todas las palabras "unas" y con rojo las palabras "un". Presentarles los modelos.
- Presentar situaciones lúdicas que impliquen parear o diferenciar palabras con diferencias y semejanzas sutiles. Por ejemplo: bingo o dominó. Jugar con los alumnos.
- Presentar corridas de palabras similares y hacer que el niño identifique cuál es diferente. Por ejemplo:

casa:	casa	cosa	casa
pipa:	pipa	pipa	pepa

- Trazar líneas sobre la palabra para demarcar su configuración.
- Parear palabras con su r.
- Hacer un círculo o subrayar las palabras que diga o muestre la educadora, en un texto impreso.
- Jugar al dominó o bingo con palabras con semejanzas y diferencias sutiles.
- Subrayar o pintar la palabra diferente dentro de una fila.

- Pequeños textos con tipografía claramente legible.
- Dominó y bingos de palabras con diferencias sutiles.

Objetivo específico	Habilidades a desarrollar	Actividades sugeridas para la educadora	Actividades de los niños	Material de apoyo
11) Discriminar visualmente los rasgos distintivos de las letras.	– Identificar y parear letras similares. – Formar conjuntos de letras semejantes. – Identificar letras diferentes. – Identificar letras con distintas tipografías. – Copiar caligráficamente o reproducir letras. – Parear letras mayúsculas con minúsculas.	– Parear letras de distintos tamaños, tipografías y texturas. Pedirles a los niños que hagan lo mismo. – Presentar a los niños figuras que son pares o impares en forma de letras. Por ejemplo: A A U V E E M M – Pedirles que identifiquen cuál es la forma de letra diferente en cada corrida. – Pedirles que identifiquen cuáles son las formas de letras idénticas en cada corrida. C C G E L E N N N N M	– Parear letras. Formar conjuntos con una misma letra. – Identificar tarjetas con letras pares e impares. Imitar a la educadora. – Identificar cuál es la forma de letra idéntica en cada corrida. Pintarlas, subrayarlas. Pedirle a la educadora o a otro compañero que haga lo mismo en una corrida de letras organizada por el mismo niño.	– Letras de distintos tamaños, tipografías y texturas. – Folleto con ejercicios de discriminación visual de letras.

– Pedirles a los niños que discriminen las diferencias y semejanzas en letras progresivamente más semejantes. Por ejemplo:

d	b	d	q	d

– Pedirles que identifiquen qué letra es similar a la de la izquierda en cada corrida.

– Presentar a los niños grupos de letras semejantes o diferentes y pedirles que pinten de un mismo color las que son iguales y de distinto color las que son diferentes.

– Presentar a los niños breves textos de revistas, re-

– Identificar qué letras son similares a la de la izquierda dentro de varias filas de letras. Pintar, subrayar.

– Tarjetas con letras aisladas y con grupos de letras semejantes y diferentes.

dst	dst
mon	nmo

– Pintar con un color los grupos de letras semejantes y con otro color las diferentes. Poner atención en el orden.

– Pequeños textos de revistas; lecturas predeci-

– Subrayar, hacer un círculo o pintar una le-

Objetivo específico	Habilidades a desarrollar	Actividades sugeridas para la educadora	Actividades de los niños	Material de apoyo
		gistros de experiencias o lecturas predecibles y pedirles que identifiquen una o más letras. – Pedirles a los niños que pareen letras mayúsculas y minúsculas. – Estimular los intentos de copiar caligráficamente o de reproducir las formas de las letras.	tra, a partir del modelo dado por la educadora. – Pintar de un color una letra y de un color diferente la otra. O bien, hacer un círculo a una y un cuadrado a otra. – Parear letras mayúsculas con su equivalente minúscula. – Copiar caligráficamente o reproducir letras.	bles, registro de experiencias. – Lápices de color, marcadores. – Tarjetas de letras, letras movibles mayúsculas y minúsculas. – Lápiz, palitos de helado, mesa de arena, papel.
12) Asociar la forma de la letra con su nombre específico.	– Identificar el nombre de las letras a través de juegos y de cantos. – Asociar gradualmente las letras y las consonantes con su nombre.	– Cantar junto con los niños cantos tradicionales relacionados con las letras, como: "Que todos los niños están muy contentos porque las vocales van a desfilar. Ahí viene la A, con sus dos patitas muy abiertas al andar. La sigue la E", etc.	– Aprender cantos tradicionales de vocales. Acentuar o subir la voz al pronunciarlas. – Mostrar las vocales a medida que se las canta. Seguir los ritmos.	– Cantos tradicionales que incluyan vocales.

– Utilizar mediadores gestuales y hápticos para memorizar la asociación forma y nombre de la letra.

o bien:
"AAA mi gatito mal está, yo no sé si sanará o si no se morirá, AAA. EEE me gusta mucho el café", etc.
– Mostrar o escribir las vocales en la medida que hagan lo mismo.
– Tener varios ejemplares de las mismas letras con caracteres impresos en mayúsculas y minúsculas, en tarjetas individuales letras movibles en madera o material plástico o de madera.
– Hacer distintas actividades, para asociar la forma con el nombre de la letra. Por ejemplo:
– La educadora muestra o escribe la letra en el pizarrón mientras la pronuncia claramente.
– La educadora muestra la letra y los niños la nombran.
– Enseguida, nombra la letra y los niños la muestran o la reproducen.
– Enseñar las otras letras, adaptándose al ritmo de

– Mostrar o escribir las vocales cuando se las nombra al cantar.

– Pronunciar la letra mostrada o escrita por la educadora.
– Reproducir la letra sobre la pizarra, hojas de papeles o mesa de arena, mientras se nombran.
– Nombrar la letra que muestra la educadora u otro niño.

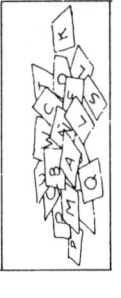

– Letras con caracteres de imprenta mayúsculas y minúsculas en tarjetas separadas, plástico, papel lija, papel engomado con arena o madera.

Objetivo específico	Habilidades a desarrollar	Actividades sugeridas para la educadora	Actividades de los niños	Material de apoyo
		aprendizaje de los niños. Una vez que conozcan tres o más letras: – Hacer ejercicios como los siguientes: – Desordenar las letras, pedirles que junten todas las letras que tengan el mismo nombre y que muestren la letra que sea igual al modelo que presenta la educadora. – Proporcionar apoyo gestual para memorizar el nombre de la letra y asociarla a su forma. – Estimular a los niños a reconocer letras a través del tacto (percepción háptica), letras hechas con papel lija.	– Reproducir o señalar la letra mostrada por la educadora. – Agrupar las distintas formas de una misma letra nombrada. – Mostrar o subrayar la letra similar a la indicada por la educadora. Nombrarla. – Hacer los gestos que imiten la forma de la letra mientras se la nombra: "Tus dedos pulgar, índice y medio apoyados sobre la mesa recuerdan la m". – Reconocer letras con los ojos cerrados. "Jugar a la bolsa mágica". Nombrarlas.	– Letras con papel lija. – Bolsa o caja para guardar letras.

13) Reforzar el aprendizaje del nombre de las letras del alfabeto.	– Automatizar la denominación de las letras presentadas en distintos caracteres, tamaños y textos. – Denominar letras en distintas situaciones lúdicas. – Identificar el nombre de la letra en palabras, oraciones y párrafos impresos. – Escribir o reproducir letras al dictado.	– Repasar todas las letras ya conocidas en sus formas minúsculas y mayúsculas cada vez que se presente una nueva letra. – Mostrar un conjunto de letras o un pequeño párrafo aunque el niño no sea capaz de leerlo y pedirle que tarje con un color o subraye la letra nombrada. También puede marcar con azul una letra y con rojo la otra letra. – Dictar letras y pedirles a los niños que las escriban caligráficamente o que las reproduzcan con distintos elementos. – Presentar juegos tales como el "salto del conejo" sobre el piso: El educador dice el nombre de la letra y el niño salta sobre ella; o bien coloca una ficha en el lugar donde está la letra. – Efectuar juegos con las letras como los descritos en el aprendizaje del vocabu-	– Repetir las letras ya conocidas a través de nombres, mostrarlas o reproducirlas cada vez que la educadora enseñe una nueva letra. – Pintar, hacer un círculo o subrayar en un párrafo la letra nombrada por la educadora. – Diferenciar dos letras utilizando un color diferente para cada una de las letras nombradas. – Escribir caligráficamente las letras dictadas o reproducirla con palitos de fósforo o de helado sobre pizarras, papel o mesa de arena. – Jugar al "salto del conejo" sobre "alfombras de letras". Colocar el pie o poner una fila sobre la letra nombrada por la educadora. A la inversa colocar un pie	– Recortes de revistas con párrafos con letras de imprenta mayúsculas y minúsculas. – Lápices, palitos, mesa de arena. "Alfombras de letras" de género, cartulina o trazadas sobre el suelo con tiza para practicar juegos con "el salto del conejo".

257

Objetivo específico	Habilidades a desarrollar	Actividades sugeridas para la educadora	Actividades de los niños	Material de apoyo
		lario gráfico. Por ejemplo, "la alfombra mágica", "el bingo", "círculos movibles", "dominó" y otros.	o una ficha sobre una letra y pedirle a la educadora o a otro niño que la nombre. – Parear el nombre de la letra con su equivalente gráfico a través de juegos tales como "la alfombra mágica", "el bingo", "dominó" y otros.	
14) Aprender las letras en la secuencia alfabética.	– Automatizar el orden de la secuencia alfabética. – Identificar una letra dentro de una secuencia. – Reproducir caligráficamente o con otros elementos la secuencia alfabética. – Escribir la secuencia alfabética al	– Iniciar al niño en la secuencia alfabética introduciéndola mediante ritmos y cantos. – Ordenar a los niños en fila alfabéticamente. – Enseñar a los niños a contar alfabéticamente. Uno (A), dos (B), tres (C) y así sucesivamente. – Repetir el alfabeto omitiendo letras que deben ser dichas por los niños.	– Reproducir secuencias alfabéticas a través de ritmos y cantos iniciados por la educadora. – Ubicarse en la fila de acuerdo a la letra de su nombre. – Contar a los compañeros, objetos o figuras empleando la secuencia alfabética. – Decir la letra omitida por la educadora.	– Cartel con la secuencia alfabética. – Letras movibles. – Papel pizarra, mesa de arena.

258

dictado o en forma espontánea.
– Utilizar la secuencia alfabética en propósitos específicos.

– Estimular a los niños a escribir la secuencia alfabética. Utilizar la copia y el dictado, si fuera necesario.
– Presentarles a los niños secuencias alfabéticas incompletas y pedirles que escriban las letras que van antes y después.
– Pedirles a los niños que ordenen alfabéticamente las palabras pertenecientes al vocabulario visual.

– Escribir caligráficamente la secuencia alfabética o con letras movibles en copia, dictado o recuerdo espontáneo.
– Completar secuencias alfabéticas incompletas.

– Ordenar las palabras conocidas de acuerdo a la secuencia alfabética.

– Secuencias alfabéticas incompletas. Por ejemplo:
–C–; –H–
– Vocabulario visual.

15) Tomar conciencia de los segmentos fonológicos semejantes a través de la rima y la aliteración.
– Identificar rimas y aliteraciones en contenidos orales tradicionales.
– Poner atención a las rimas y a las aliteraciones en situaciones lúdicas.
– Identificar rimas en objetos concretos o representados gráficamente.

– Recopilar las rimas y las aliteraciones y/o otros juegos lingüísticos que los niños cantan o dicen espontáneamente en sus juegos. Repetirlos o grabarlos.
Por ejemplo: cantar, jugar y decir juegos verbales con palabras que rimen y con aliteraciones.
– Recitar poesías, adivinanzas y otras expresiones rimadas y estimular a los niños a que hagan lo mismo.

– Cantar, jugar y participar en juegos verbales que incluyan palabras que rimen.
– Aprender, repetir, decir adivinanzas u otras expresiones rimadas.

– Lecturas predecibles y "cassettes" con cantos rimados.

– Conjunto de palabras rimadas para uso de la educadora.
Por ejemplo:
gato, zapato, pato; casa, masa, pasa.

259

Objetivo específico	Habilidades a desarrollar	Actividades sugeridas para la educadora	Actividades de los niños	Material de apoyo
	– Parear palabras que riman. – Establecer diferencias y semejanzas entre palabras que riman. – Generar rimas y aliteraciones creativas.	– Acompañar los cantos y juegos verbales con ritmos y música, ojalá con golpes de palma e instrumentos de percusión. – Incluir expresión corporal para acompañar las rimas y las aliteraciones. – Enseñarles a los niños las rimas y las aliteraciones que la educadora recuerda de su propia infancia. Compararlas con las conocidas por los niños. – Recitar poemas cortos, hacer juegos de palabras, imitar avisos televisivos, decir adivinanzas donde aparezcan rimas y aliteraciones. – Estimular a los niños a hacer lo mismo. – Cuando las rimas son muy conocidas, omitir un par. El niño lo adivina y completa oralmente la rima.	– Expresar corporalmente las rimas o aliteraciones dichas o aprendidas. – Escuchar las rimas y aliteraciones expresadas por la educadora, de su propia infancia. – Recordar y expresar poemas, avisos, adivinanzas y otros juegos verbales rimados. Imitar a los lectores y animadores. – Completar la frase de una rima conocida, a la cual le falta una palabra. – Hacer rimas a través del juego "ping–pong de palabras"; un grupo de niños dice una palabra y otro grupo responde con una rima.	– Conjunto de aliteraciones. Por ejemplo: Pedro Pablo Pérez Pereira, pobre pintor portugués, pinta...

– Jugar a un "ping-pong o tenis" de palabras rimadas: Formar dos grupos de dos o cuatro niños. El primero dice la palabra, como "gato", y el otro equipo le responde "pato" o "zapato". El juego continúa hasta que uno no pueda descubrir una palabra que rime. Gana un punto el equipo que dice la última rima. A continuación, el otro comienza el juego.

– Juntar, seleccionar o recortar pares de objetos que rimen entre sí. Pedirles a los niños que ubiquen el dibujo que rima con el modelo situado a la izquierda. Por ejemplo:

– Recortar figuras de objetos que rimen entre sí. Por ejemplo: calceta, bicicleta;

– Certificar el dibujo como nombre rima con el del dibujo modelo ubicado a la izquierda.

– Folleto con figuras que riman.
– Láminas, recortes de revistas.

– Parear tarjetas que muestren dibujos que rimen.

Objetivo específico	Habilidades a desarrollar	Actividades sugeridas para la educadora	Actividades de los niños	Material de apoyo
		manzana, lana. Incluirlas en tarjetas y pedirles a los niños que las pareen entre sí.	– Recortar figuras rimadas.	
		– Representarles dibujos de objetos que rimen entre sí en hoja de papel, en el pizarrón o dibujadas por el niño. Pedirles que identifiquen cuáles riman y cuáles no.	– Identificar dibujos que riman y los que no riman entre sí.	
		– Colocar una columna de dibujos a la izquierda y otra a la derecha. Pedirles a los niños que pareen los dibujos que riman.	– Unir con una línea los dibujos ubicados en dos columnas, pareándolos.	
		– Colocar tarjetas o recortes de objetos que rimen e introducir uno que no rime. Pedirle al niño que lo identifique.	– Reconocer el dibujo que no rima entre otros que lo hacen.	
		– Inventar rimas y aliteraciones creativas: por ejemplo, inventar un zoológico de animales con nombres como un "queso leso" "ja-		

16) Tomar conciencia de las sílabas como unidades fonoarticulatorias dentro de la palabra.	– Segmentar silábicamente breves textos orales tradicionales. – Captar el ritmo en la emisión de la sílaba. – Observar el comportamiento del aparato fonador en la articulación de las sílabas. – Representar gráfica o concretamente las sílabas que componen una palabra. – Clasificar palabras según el número de sílabas.	– Repetir una rima, una ronda, un poema o un "slogan" conocido por los niños, en forma silabeante: a–rroz–con–le–che. Incluir ritmo y música. Pedirles a los niños que hagan lo mismo. – Seleccionar palabras significativas para el niño y repetirlas separando sus sílabas: fe–rro–ca–rril. – Marchar y dar golpes con la mano según sea el número de sílabas. Estimular a los niños a hacer lo mismo.	món de melón", "oso goloso", "león gruñón", "canguú del Perú". – Estimular a los niños a hacer lo mismo. – Inventar rimas y/o aliteraciones con el apoyo de la educadora. – Imitar a la educadora y repetir poemas, rimas y otros juegos verbales, sílaba a sílaba e ir marcando el ritmo de las sílabas con las manos o con un instrumento de percusión. – Decir palabras sílaba a sílaba simultáneamente con la educadora. – Marchar y palmear una palabra según sea el número de sílabas que la conforma; utilizar un instrumento de percusión.	– Textos orales tradicionales breves. – Instrumento de percusión. – Un espejo.

Objetivo específico	Habilidades a desarrollar	Actividades sugeridas para la educadora	Actividades de los niños	Material de apoyo
	– Relacionar palabras según su número de sílabas.	– Hacer que los niños observen el movimiento de la boca en un espejo para constatar que cada sílaba corresponde a una unidad articulatoria y que los labios y la lengua adoptan una posición singular. – Hacer que los niños observen el papel de los labios, los dientes, la lengua, el paladar y la garganta en la producción de los sonidos del habla. – Pedirles a los niños que coloquen la mano en la boca para sentir la salida del aire al hablar. – Coloquen la mano sobre la garganta y las mejillas para sentir la vibración producida al articular las palabras.	– Observar en un espejo los labios, dientes y lengua en la producción de los sonidos del habla. – Poner la mano cerca de la boca para sentir la emisión del aire al hablar. – Poner la mano sobre la garganta y las mejillas para sentir la vibración producida por la articulación de las palabras. – Trazar líneas sobre una superficie según el número de sílabas de una palabra. – Contar o palmear el número de sílabas de las palabras que representan objetos familiares.	– Mesa de arena, periódicos usados, hojas, cartulinas.

- Pedirles a los niños que tracen líneas en el aire, en el pizarrón, en la mesa de arena, en hojas o cartulinas, según sea el número de sílabas.
- Mirar objetos en el ambiente o en láminas y contar cuántas sílabas tiene la palabra que los nombra. Hacer que los niños hagan lo mismo.
- Colocar fichas o semillas correspondientes a cada sílaba de una palabra. Hacer que los niños hagan lo mismo.
- Utilizar cubos, tarjetas o bloques que representen las sílabas que forman una palabra, con el fin de mostrarles a los niños que las sílabas son los constituyentes estructurales de las palabras.
- Hacer que los niños identifiquen un número con la cantidad de sílabas.

- Colocar ante los niños conjuntos de cubos o tarjetas que representen sílabas.

- Contar o palmear el número de sílabas de las palabras que representan objetos familiares.
- Silabear una palabra colocando una semilla o ficha por cada sílaba.
- Hacer lo mismo colocando un cubo, tarjeta o bloque en representación de cada sílaba.

- Marcar o pintar el número que represente la cantidad de sílabas de una palabra.
- Mostrar el conjunto que representa el número de sílabas de la palabra di-

- Vasos plásticos, semillas o fichas.

- Cubos, bloques o tarjetas.
- Dibujos con gráficos cuyos segmentos representen número de sílabas. Por ejemplo:

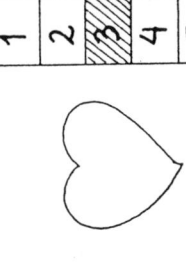

Objetivo específico	Habilidades a desarrollar	Actividades sugeridas para la educadora	Actividades de los niños	Material de apoyo
		Decir una palabra en voz alta o mostrar un dibujo y pedirles que identifiquen el conjunto. Por ejemplo: Cuál grupo de cubos representa "ferrocarril".	cha o mostrada por la educadora. – Imitar a la educadora y jugar a descubrir el conjunto con los otros compañeros.	
17) Tomar conciencia de los fonemas como unidades constitutivas de los sonidos del habla.	– Discriminar fonemas iniciales vocálicos. – Discriminar fonemas iniciales consonánticos. – Agrupar objetos y palabras con los mismos fonemas iniciales. – Discriminar palabras con fonemas semejantes y diferentes.	– Enfatizar el sonido inicial de una palabra: sssol; rrreloj; el sonido medio: ooos–saaaal; el sonido final: bussss, salll. – Juntar a los niños cuyos nombres o apellidos comiencen con el mismo fonema; por ejemplo: María–Marta. – Pedirles a los niños que encuentren otro grupo de compañeros, cuyos nombres comiencen con el mismo fonema.	– Imitar a la educadora en la pronunciación prolongada de un fonema. – Descubrir a los compañeros cuyo nombre o apellido comience con el mismo fonema que el propio. – Hacer lo mismo con los compañeros cuyos nombres o apellidos terminen con el mismo fonema.	– Fónicas. – Tarjetas. – Ilustraciones con recortes o dibujos que comiencen con el mismo sonido consonántico o vocálico.

- Identificar fonemas en posiciones intermedias y finales dentro de la palabra.

- Hacer lo mismo con nombres que terminan: Cecilia–Amelia, Carlos–Marcos, Rosa–Teresa.
- Asociar objetos pequeños con un nombre de la sala de clases que posea el mismo sonido inicial. Por ejemplo, tijeras con Teresa. Estimular a los niños a hacer lo mismo.
- Recortar ilustraciones figurativas y pegarlas en una cartulina cuando comiencen con un mismo fonema.
- Pedirles a los niños que busquen objetos pequeños, recortes o dibujos que comiencen con el mismo fonema.
- Hacer lo mismo con ilustraciones, objetos pequeños o palabras que terminen con el mismo fonema.
- Colocar frente al niño una serie de tarjetas fónicas que representen objetos que comiencen con un mismo so-

- Descubrir objetos que comiencen o terminen con el mismo fonema que el nombre o apellido propio o el de otro compañero de la sala de clases.

- Buscar objetos pequeños, ilustraciones y palabras y agruparlas según tengan el mismo fonema inicial o final.

- Objetos figurativos en miniatura: caballo, auto.

Objetivo específico	Habilidades a desarrollar	Actividades sugeridas para la educadora	Actividades de los niños	Material de apoyo
		nido y ejercicios, como los siguientes: – Agrupar tarjetas con un mismo fonema inicial. – Agrupar tarjetas con un mismo fonema intermedio. – Agrupar tarjetas con un mismo fonema final. – Colocar ante el niño una serie de tarjetas con un mismo fonema e incluir uno distinto. Pedirle que lo identifique. – Colocar una lámina a la izquierda seguida de otras cuatro, una de las cuales comienza con el mismo sonido inicial que la primera. Pedirles a los niños que la identifiquen.	– Utilizar las tarjetas fónicas para formar conjuntos de ilustraciones que comiencen con el mismo fonema o que lo contengan al medio o final. – Identificar cuál tarjeta representa un fonema diferente dentro de una fila de ilustraciones con un mismo fonema inicial. – Identificar la tarjeta que representa el mismo fonema de una ilustración que se encuentre a la izquierda.	– Tarjetas de unos 10 x10 cms. en las cuales se dibuje o pegue una ilustración figurativa; es decir que represente equivocadamente un objeto específico. Por ejemplo: silla, mesa, anillo, reloj, bombero.

18) Reforzar la discriminación de los fonemas dentro de las palabras.	– Discriminar fonemas iniciales, intermedios y finales dentro de situaciones lúdicas. – Utilizar modalidades lingüísticas, gráficas y artísticas para discriminar los fonemas. – Verificar los puntos de articulación en la emisión de los fonemas.	
	– Colocar dos columnas de tarjetas y pedirles a los niños que junten las que tengan un mismo fonema inicial o final. – Decir palabras en voz alta que comiencen con un mismo fonema y pedirles que busquen una tarjeta fónica que complemente la serie.	– Parear las tarjetas fónicas que presenten un mismo sonido inicial a partir de dos columnas. – Encontrar una tarjeta fónica que complemente la serie de palabras dicha por la educadora.
	– Jugar con las tarjetas fónicas al naipe. La educadora aísla un fonema o bien dice una palabra prolongando su fonema inicial; por ejemplo: ttaza. El primero que muestra una tarjeta que ilustre el mismo fonema recolecta las tarjetas fónicas.	– Jugar a los naipes con tarjetas fónicas. – Mostrar una tarjeta que corresponda al fonema específico. Si lo hace primero que los otros compañeros, recoge todas las tarjetas que contengan el mismo fonema.
	– Tarjetas que comiencen con el fonema que tienen sus compañeros. Gana el niño que recolecta más tarjetas. – Ilustrar fonemas iniciales o finales. Utilizar modalidades distintas, como las siguientes:	– Tarjetas fónicas.

Objetivo específico	Habilidades a desarrollar	Actividades sugeridas para la educadora	Actividades de los niños	Material de apoyo
		– Recortar en cartulina una figura. Por ejemplo, un sol. Los niños dibujan o pegan al reverso ilustraciones que comiencen o terminen con el mismo fonema.	– Dibujar, recortar y pegar ilustraciones con el mismo fonema que corresponde a la figura dada por la educadora.	– Figuras en tamaño grande para dibujar o pegar recortes en su anverso.
		– Entregarles distintos modelos con una ilustración central y compartimentos; pedirles a los niños que dibujen o peguen ilustraciones que comiencen o terminen con un mismo fonema.	– Dibujar o pegar recortes dentro de un círculo entregado por la educadora en cuyo centro hay una ilustración que sirve de modelo.	– Círculo con compartimentos y figura central.
		– Jugar a la pelota, disponer a los niños en círculos y colocar a uno en el centro provisto de una pelota. El niño del centro o la educadora dice: Estoy pensando en la palabra "<u>u</u>va". A continuación, tira la pelota al niño que dice otra palabra	– Decir una palabra que comience con el mismo fonema que la palabra dicha por la educadora o por otro niño. Recibir la pelota y lanzarla al niño que acierte con la segunda palabra.	

270

que comienza con el mismo fonema.

Este se la tira a otro que dice otra palabra correcta, y así sucesivamente.

– Jugar al cartero. La educadora en su papel de "cartero" muestra una tarjeta al niño. Si ésta muestra una palabra que comience o termine con el mismo fonema de la figura obtiene la carta.

– Jugar al "buque cargado". La educadora dice: "Ha llegado un buque cargado de..." (muestra una tarjeta que representa una silla, por ejemplo). Los niños muestran tarjetas con el mismo fonema, o bien dicen palabras como: sol – sandía.

– Jugar a "pagar la entrada" al circo o cinematógrafo. Hacer el papel de cobrador mostrando una tarjeta fónica o una palabra y pedirle al niño que muestre otra con el mismo fonema inicial o final.

– Decir una palabra que comience o termine con el mismo fonema que la "carta" mostrada por la educadora o por otro niño.

– Mostrar tarjetas o decir palabras que contengan el mismo fonema que el modelo dado por la educadora en el juego "Ha llegado un buque cargado de...".

– Mostrar una tarjeta o decir una palabra que contenga el mismo fonema que el "boleto" mostrado por la educadora o por otro niño.

– Recortes de pescaditos o tarjetas fónicas o un clip metálico.

Objetivo específico	Habilidades a desarrollar	Actividades sugeridas para la educadora	Actividades de los niños	Material de apoyo
		– Jugar a la "pesca milagrosa". Colocar un "clip" a las tarjetas fónicas y depositarlas en el fondo de un recipiente. Pedirles a los niños que amarren una caña y "pesquen" tarjetas. Para ganar deben decir otra palabra que comience o termine con el mismo fonema. – Jugar con los niños a "la alfombra mágica".	– Pescar tarjetas o pescaditos de cartulina y ganarlos diciendo otra palabra que contenga un fonema específico.	– Cuerda con un imán que imite la caña del pescador.
			– Caminar sobre la "alfombra mágica" y detenerse ante una orden. Para ganar puntos decir una palabra que comience o termine con el mismo fonema donde está el pie derecho, el izquierdo o ambos.	
		– Utilizar el tablero de puntero movible para que el niño diga una palabra que corresponda al mismo fonema inicial, intermedio o final que señale el puntero.	– Jugar a decir las palabras que correspondan al mismo fonema inicial intermedio o final que señale el puntero.	– Dividir un círculo y un cuadrado en secciones. Colocar en el centro un puntero movible. Pegar o dibujar en cada sección una figura.

– Proporcionar en una hoja de papel o cartulina distintos tipos de figuras y pedirle al niño que pegue el recorte, dibuje un objeto que comience con uno similar.	– Dibujar o recortar ilustraciones de objetos que comiencen con un fonema similar al modelo presentado por la educadora.	– Figuras grandes recortadas en cartulina.
– Estimular a los niños a jugar al bingo o lotería remplazando los números por ilustraciones de palabras figurativas e inconfundibles. Mostrar una ilustración o decir una palabra y el o los niños colocan una ficha sobre la figura que contenga el mismo fonema.	– Jugar al bingo o lotería estableciendo las reglas con el educador o con otro compañero. – Colocar una ficha sobre la figura que contenga el mismo fonema que la ilustración o palabra señalada por la educadora.	– Fichas o semillas. – Bingo, lotería, cubos de cartulina, pegando una figura en cada cara.
– Diferenciar operacionalmente vocálicos y consonánticos, no hay necesidad de enseñar a los niños el metalenguaje; es decir, las denominaciones de vocales y consonantes. – Después de pronunciar, cantar y jugar con las vocales, el niño puede llegar, paulatinamente, a captar	– Observar en un espejo el compartimiento del aparato bucal al pronunciar los fonemas vocálicos y los consonánticos. Agrupar "familias de fonemas", como, por ejemplo: m–p–b (labiales); t–d (labidentales); c–g–j (guturales).	– Espejo.

Objetivo específico	Habilidades a desarrollar	Actividades sugeridas para la educadora	Actividades de los niños	Material de apoyo
		que las consonantes, a diferencia de las vocales, requieren del uso de la lengua, los dientes y los labios para su enunciación.	– Cantar y jugar con los fonemas.	
19) Tomar conciencia de que una palabra está constituida por una secuencia de fonemas pronunciados en un orden propio.	– Reforzar la discriminación de los fonemas dentro de la palabra. – Discriminar el orden secuencial de los fonemas dentro de la palabra. – Reconocer si un determinado fonema se ubica al comienzo, al medio o al final de una palabra. – Representarse el orden de los fonemas en forma concreta y en situaciones lúdicas.	– Realizar un juego como el siguiente: Se presentan al niño tres vasos de papel o plástico y un platillo con lentejas o pastillas pequeñas. Cada vaso representa el comienzo, el medio o el final de una palabra. En primer lugar, el educador modela la la actividad en la siguiente forma: – El educador se autointerroga en voz alta: ¿dónde está el sonido "lam", en "lámpara"? Está al comienzo. Por lo tanto colocaré una lenteja en el primer vaso. – Luego dice: ¿dónde está el sonido "l" en "caracol"? El		– Tres vasos de papel plástico y lentejas o pastillas.

274

- Diferenciar los fonemas vocálicos y consonánticos según el orden dentro de la palabra.
- Observar el cambio del significado que ocurre al cambiar el orden de los fonemas.
- Retroalimentar la secuencia fonémica a partir de la observación del comportamiento del aparato fonoarticulatorio.

sonido "l" está al final, por lo tanto colocaré una lenteja en el último vaso. ¿Dónde está el sonido "l" en pelota? El sonido "l" está en el medio. Por lo tanto pondré la lenteja en el vaso del medio. Etc.
- A continuación juega con los niños a adivinar dónde están los sonidos haciéndoles preguntas como las siguientes:
- ¿Dónde está el sonido "b" en botella?
- ¿Dónde está el sonido "r" en pájaro?
- ¿Dónde está el sonido "l" en perejil? Etc.
- Como puede observarse, la actividad requiere la selección de palabras de tres sílabas. Si se juega con palabras con dos sílabas, emplear dos vasos.
- Enfatizar la pronunciación de cada fonema que integra una palabra, alargándolo y exa-

- Tarjetas fónicas.
- Tarjetas en blanco.

- Colocar una ficha o semilla en el vaso que corresponde a la ubicación del fonema señalado por la educadora.

- Tarjetas o cubos.

- Prolongar el fonema indicado por la educadora sin aislarlo de la palabra, alargándolo y exa-

275

Objetivo específico	Habilidades a desarrollar	Actividades sugeridas para la educadora	Actividades de los niños	Material de apoyo
		gerándolo, pero sin aislarlo de la palabra completa. – Representar cada fonema con un cubo o bien con una tarjeta a medida que una palabra se pronuncia. – Hacer que los niños hagan lo mismo. – Pronunciar cada fonema mostrando con un puntero el cubo correspondiente. Por ejemplo, el primer fonema corresponde a la "a" y el educador señala con un puntero la primera tarjeta. Sin cortar la palabra exagera la "l" y muestra la segunda tarjeta y lo mismo hace con el tercer fonema, que corresponde a la última "a". – Colocar junto con los niños una clave de color que diferencie las vocales de las consonantes.	labra completa para verificar su ubicación. – Sobre la base de palabras simples (tres o cuatro letras) y conocidas. Colocar una tarjeta a medida que se pronuncia cada fonema constitutivo. – Utilizar tarjetas con y sin color y colocar tarjetas con color para representar las vocales.	– Palabras simples para pronunciarlas: ala–ola–osa–aro–ojo– pato–casa–pasa–mesa. – Tarjetas con color. – Otras palabras que pueden utilizarse son: sana – asna

rama – arma
rima – irma

– Sonorizar una palabra como asno mostrando con un puntero cada tarjeta que representa cada fonema. Después invertir las dos primeras y sonorizar sano. Hacerlo simultáneamente con los niños.

– Hacer lo mismo con lata-alta; alma _a_a; etc., con el fin de que los niños tomen conciencia de que cuando se cambia el orden de los fonemas también cambia el significado de la palabra.

– Realizar otras representaciones concretas del orden. Por ejemplo: dibujar un tren en el cual cada carro representa un camino segmentado o una escalera.

– Una vez elaborado el modelo de orden de los fonemas de una palabra, pronunciarles a los niños otras palabras que posean el mis-

– Mostrar con un puntero cada tarjeta que representa cada fonema.

– Observar cómo cambia el significado al cambiar el orden de las vocales.

– Efectuar múltiples ejercicios, conjuntamente con la educadora, de cambio de fonemas concretándolo con cambio de las tarjetas.

– Dibujar un tren en el cual cada carro representa un fonema. Lo mismo puede hacerse con un gusano segmentado o hilera de flores.

– Colocar tarjetas con un color para las vocales y con otro color para las consonantes según los patrones de palabras

– Otras palabras útiles pueden ser: arte–onde–Olga (vocal–consonante, consonante–vocal).

Objetivo específico	Habilidades a desarrollar	Actividades sugeridas para la educadora	Actividades de los niños	Material de apoyo
		mo orden de fonemas sobre la base de las vocales y de las consonantes. Por ejemplo: "alta"–"arpa"–"alma"; en las cuales el orden es vocal–consonante–vocal. O bien: "camino"–"pedazo"–"botella", en las cuales el orden es consonante–vocal, consonante–vocal; o bien "cuento", "suerte", "cuesta", en las cuales el orden es consonante–vocal–vocal–consonante–consonante–vocal. – Ilustrar los fonemas con tarjetas con dos colores. – Determinar la secuencia de los fonemas de una palabra contando las tarjetas o los bloques, marcando con las palmas y cantando, tal como se hizo en la silabicación.	modelados por la educadora. – Palmear cada fonema de acuerdo a su secuencia en la palabra.	– maleta–cometa – comida– – sueldo–cuesta – puente–puerta

278

– Un espejo.

– Articular las palabras prolongando los fonemas mientras se observa el comportamiento del aparato bucal en un espejo.
– Observar la articulación de una misma palabra en un compañero.
– Adivinar la palabra que dice la educadora cuando la pronuncia fonema por fonema.

– Retroalimentar visual y kinestésicamente la secuencia de los fonemas sobre la base de la propia articulación. Para ello hacer que los niños observen el comportamiento de la boca ante un espejo mientras articulan los fonemas de una palabra como también la boca del compañero cuando articula los fonemas que forman una palabra.
– Jugar a las adivinanzas con los niños. Pronunciar secuencialmente los fonemas de una palabra y pedirles a los niños que la adivinen.
– Proceder a la inversa. La educadora dice una palabra completa y los niños deben sonorizar cada uno de sus componentes en el orden apropiado.

– Sonorizar cada uno de los fonemas de la palabra ilustrada o dicha por la educadora.

– Jugar con las letras.
– Retomar las tarjetas con palabras claves y poner

– Tarjetas con letras con caracteres de imprenta por un lado y mayúsculas por el otro.

– Presentar las letras utilizadas en el aprendizaje del alfabeto.

20) Asociar fonemas con su correspondiente grafema y su

– Asociar cada fonema con su correspondiente

279

Objetivo específico	Habilidades a desarrollar	Actividades sugeridas para la educadora	Actividades de los niños	Material de apoyo
punto de articulación, utilizando mediadores gestuales hápticos y de color.	símbolo gráfico (grafema). – Retroalimentar la asociación sobre la base de la observación del comportamiento del aparato fonoarticulatorio. – Memorizar la asociación fonema–grafema–articulema a través del grafema. – Memorizar la asociación fonema–grafema–articulema a través de la percepción. – Memorizar la asociación fonema–grafema–articulema a través del color.	– Utilizar las palabras "claves" sugeridas para el desarrollo del vocabulario visual para asociar sonidos con su correspondiente símbolo gráfico. Destacar la letra inicial (grafema). – Presentar la letra o letras que corresponden a cada fonema en forma graduada y con suficiente ejercitación. Al presentar una nueva asociación, repasar las anteriores. – Establecer la asociación sonido–letra y punto de articulación (fonema–grafema–articulema), observando en un espejo de la mano la vibración del aparatofonador. Por ejemplo, en el caso de la letra "r", colocar el dedo del niño sobre el lado de la laringe donde él siente la vibración.	atención a la letra inicial. – Juntar las ilustraciones de las palabras claves con la letra inicial y viceversa. – Repasar las asociaciones ya aprendidas cada vez que se aprende una nueva asociación.	– Letras movibles, recortadas, de plástico, lija u otras texturas. – Tarjetas del vocabulario visual.

- Hacer el gesto cada vez que se presente o repase la letra.
- Seguir los siguientes pasos para establecer las asociaciones.
  - Pedirles a los niños que realicen el gesto y pronuncien el fonema simultáneamente con la educadora mientras miran la letra.
  - Imitar el gesto efectuado por la educadora y pronunciar el fonema simultáneamente mientras se observa la forma de la letra.
  - Pronunciar el fonema que representa a la letra y al gesto de la educadora.
- Realizar el gesto y pedirles que pronuncien el fonema.
  - Realizar el gesto que corresponde al fonema dicho por la educadora.
- Pronunciar el fonema mientras se muestra la letra y pedirles que realicen el gesto.
  - Efectuar el gesto y pronunciar el fonema que corresponde a la letra mostrada por la educadora.
- Mostrar la letra y pedirles a los niños que realicen el gesto y pronuncien el fonema.
- Una graduación de la presentación de las letras puede ser la siguiente: vocales: s–n–p–l–f–n–t–c–d–r–b, j, ll, z, ñ, g, v, ch, y, x, k.

Objetivo específico	Habilidades a desarrollar	Actividades sugeridas para la educadora	Actividades de los niños	Material de apoyo
		– Mediatizar la asociación fonema–grafema realizando un gesto que recuerde la forma de la letra. En el caso de la letra "m" se colocan los dedos índice, mayor y pulgar sobre la mesa para recordar que la letra tiene tres apoyos. El gesto se realiza mirando la letra, mientras se articula oralmente; el gesto se abandona en cuanto el niño deja de necesitarlo. – Continuar estableciendo las asociaciones fonema–grafema–articulema mediatizadas a través de gestos que recuerden el punto de articulación o la forma de la letra.	– Imitar el gesto que corresponde a la forma de la letra en estudio. – Continuar asociando la forma de las letras a su fonema y a su punto de articulación siguiente.	

Establecer asociaciones a través de otros mediadores. Por ejemplo: – Asociar letras o grupos de letras a determinados colores. – Asociar una letra a un dibujo integrado a ella. Por ejemplo: la letra "f" puede servir de tallo de una flor y la "l" de base a una lámpara. – Estimular a los niños a reconocer letras en papel lija o recortadas y asociarlas al fonema que representan.	– Apoyarse en los colores para recordar la letra que corresponde a un determinado fonema. – Apoyarse en un dibujo para recordar la asociación fonema–grafema–articulema. – Tocar letras de lija o recortadas sin verlas y pronunciar su sonido o mostrar el modelo impreso que la representa.	– Tarjetas cuyo color recuerde el sonido inicial. Por ejemplo, a en un fondo amarillo o azul; la y en un fondo verde; n en naranja. – Tarjetas con letras con dibujo integrado que le sirva para recordar su sonido.
21) Reforzar la asociación grafema-fonema-articulema. – Automatizar la asociación fonema–grafema a través de situaciones lúdicas. – Discriminar el ítem diferente de un conjunto dado.	– Sobre la base de tarjetas sugeridas en las actividades de discriminación de sonidos iniciales y de tarjetas con letras o letras movibles hacer ejercicios como los siguientes: Por ejemplo: – Parear una letra con una ilustración que comience con ella. – Seleccionar la letra que corresponde a un conjunto de ilustraciones.	– Tarjetas fónicas y tarjetas con letras.

Objetivo específico	Habilidades a desarrollar	Actividades sugeridas para la educadora	Actividades de los niños	Material de apoyo
	– Parear fonemas con grafemas. – Establecer semejanzas y diferencias. – Clasificar y agrupar sobre la base de la asociación fonema–grafema. – Descubrir asociaciones fonema–grafema. – Asociar los grafemas que corresponden a secuencias simples de fonemas.	– Colocar una letra y seleccionar las tarjetas con ilustraciones que comiencen con ella. Comenzar con las vocales y continuar con letras consonantes y fácilmente identificables, como m–s–p–l–r. – Colocar una ilustración seguida de dos o más letras. El niño debe seleccionar la letra que corresponde al sonido inicial. Por ejemplo: – Colocar una letra seguida de dos o más ilustraciones. Seleccionar la que corresponde a la letra. – Hacer una columna de letras y otra de ilustraciones. Pedirles a los niños que las pareen. – Proporcionarles a los alumnos sobres con letras escritas en su anverso. Pedirles a los niños que ordenen sus	– Seleccionar la letra que corresponde al fonema inicial de la ilustración mostrada por la educadora. – Seleccionar la ilustración que corresponde a la letra inicial. – Parear letras con ilustraciones. – Clasificar recortes o tarjetas fónicas dentro del sobre que les corresponde.	– Sobre para guardar tarjetas fónicas con el nombre de la letra en el anverso.

– Cartulinas con letras que representen situaciones lúdicas. Por ejemplo:

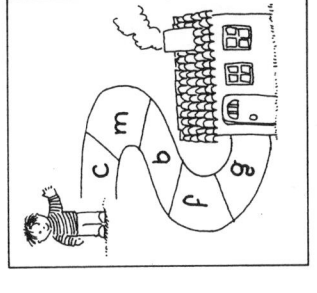

– Pintar cada compartimento si se reconoce el fonema representado por cada letra.

– Jugar al "buque cargado", al "cartero" y otros juegos señalados anteriormente, reemplazando las ilustraciones por letras.

tarjetas, dentro del sobre que les corresponde.

– Presentar estímulos que impliquen reconocer el fonema a través de las letras presentadas en distintos compartimentos.

– Estimular a los niños a discriminar dos o más, asociándolos a las letras que les representan.

– Retomar los juegos sugeridos para la discriminación de los sonidos iniciales incluyendo las letras. Por ejemplo:
"El buque cargado", "pagar la entrada", "jugar a los naipes", al "cartero", a "la pesca milagrosa", "bingo", "lotería" o "la alfombra mágica".

– Proporcionar a los alumnos letras, tarjetas con letras movibles y tiempo para que descubran combinaciones entre fonemas vocálicos y consonánticos. Reforzar, positivamente, sus descu-

Objetivo específico	Habilidades a desarrollar	Actividades sugeridas para la educadora	Actividades de los niños	Material de apoyo
		brimientos de palabras con sentido. – Sobre la base de dos círculos sobrepuestos y unidos en el centro pedirles a los niños que junten las ilustraciones con la letra que representa su sonido inicial o final. – Pedir lo mismo a través de círculo con un puntero movible. – Dictarles a los niños secuencias simples de fonemas de palabras utilizadas en el objetivo N.° 19, u otras palabras familiares. Estimular todos los intentos de escritura caligráfica o con letras movibles.	– Juntar la letra con la ilustración que comienza con su fonema en los distintos juegos de tableros presentados por la educadora. – Reproducir por escrito o seleccionando letras movibles la secuencia de fonemas dada por la educadora. Copiar o escribir espontáneamente.	– Dos círculos sobrepuestos y unidos en el centro. Uno de ellos más pequeño. En el círculo exterior se colocan letras y en el más pequeño objetos figurativos. – Pizarras, mesa de arena, papel, lápices, letras movibles.

| 22) Codificar y decodificar palabras completas en términos de sus segmentos fonografémicos y silábicos. | – Ligar fonografemas vocálicos formando palabras significativas.
– Ligar fonografemas en una secuencia vocal–consonante–vocal, formando palabras significativas.
– Utilizar dos mediadores gestuales y hápticos.
– Sustituir vocales y consonantes a partir de una palabra base ("familias fónicas de palabras"). | – Modelar ante los alumnos la acción de ligar los sonidos.
– Comenzar a unir fonemas vocálicos por su facilidad para ser aprendidos. Por ejemplo: ¡of–oía–ea! Asociar las palabras formadas con una acción. Por ejemplo, tocarse la oreja cuando se forman las dos primeras palabras. Realizar mímica con palabras como huí–huía.
– Pedirles a los niños que hagan lo mismo.
– Apoyarse en el gesto para ligar los fonemas.
– Continuar con fonemas consonánticos fáciles de ligar: "m", "s", "p", "f", "l". Primero presentar los fonemas aislados, como a–m–a, y hacer que los niños los repitan como un ejercicio auditorio. Luego se le pide al niño que los repita más y más. | – Ligar vocales para formar palabras simples.
– Dibujar el significado de oí–huía y/o realizar la mímica.
– Trazar las letras en la mesa de arena, pizarra individual o cartulina a medida que se pronuncia cada vocal.
– Realizar los gestos que correspondan a cada vocal de la palabra (por ejemplo: día) en forma simultánea con la pronunciación).
Ligar los fonemas presentados por la educadora, pronunciándolos primero en forma aislada y luego repitiéndolos en forma progresivamente más rápida.
Hacer lo mismo cambiando los fonemas vocálicos iniciales y finales. | – Tarjetas de letras.
– Letras movibles.
– Mesa de arena, pizarra individual, cartulina o periódicos. |

Objetivo específico	Habilidades a desarrollar	Actividades sugeridas para la educadora	Actividades de los niños	Material de apoyo
		– Rápidamente para estimular la idea de "ligar" los fonemas. – Una vez que el niño logra decir <u>ama</u> y capta su significado, seguir con <u>Ema–ame–eme</u>. – Continuar uniendo fonemas vocálicos y consonantes y vocales para codificar palabras significativas. – Proporcionar retroalimentación gestual, visual y articulatoria en el proceso de ligar los fonemas representados por letras. – Sustituir vocales y consonantes en las palabras para formar "familias" de palabras significativas. – Descubrir palabras a través de las combinaciones de fonemas. Leerlas. Incluirlas dentro de oraciones significativas.	– Ligar los patrones de fonema–grafema presentados por la educadora apoyándose en el medidor gestual. – Reemplazar las vocales y luego las consonantes de una palabra base y descubrir las nuevas palabras significativas formadas. Deslizar sobre la vocal o consonante una tira de papel. – Integrar las nuevas palabras dentro de oraciones significativas.	– Familias fónicas de palabras sobre la base de una tira de cartulina con vocales y consonantes, que se desliza sobre una palabra base. Por ejemplo: c a s a m l t

- Proporcionar refuerzo kinestésico a las primeras asociaciones, utilizando ya sea la representación gestual de cada letra, trazando las letras con el dedo, escribiéndolas en la mesa de arena o sobre la pizarra o papel.

- Continuar ligando las letras apoyándose en sus gestos, trazando las letras siguiendo su forma con el dedo o escribiéndolas sobre la mesa de arena, pizarra individual o cartulina.

- Proporcionar a los niños retroalimentación visual y articulatoria del proceso de juntar las letras. Por ejemplo, si el niño tiene que juntar las letras "i", "u", "i", "a", se le muestra ante un espejo la articulación de cada una; luego, después de pronunciar la "i", prepare sus labios y su lengua para la letra siguiente, en este caso la "u".

- Observar en un espejo el comportamiento del aparato bucal cuando se ligan las letras. Mirar a un compañero mientras pronuncia una palabra.

    – Espejo.

- Pronunciar una consonante preparando los labios para enunciar la letra que viene a continuación.

- Seguir utilizando las palabras simples con sílaba directa (consonante-vocal), especialmente las que el niño reconoce a primera vista, o sustituciones de letras iniciales, intermedias o

- Continuar la actividad de deslizar una tira de papel con vocales o consonantes y así descubrir otras palabras.

- Explorar la formación de nuevas palabras significativas jugando con "familias fónicas".

    – Familias fónicas.

289

Objetivo específico	Habilidades a desarrollar	Actividades sugeridas para la educadora	Actividades de los niños	Material de apoyo
		finales para formar nuevas palabras (familias de palabras). La sustitución de letras ayuda a los niños a ver y oír las relaciones letra–fonema y a unirlas. Constituye una de las técnicas que más facilitan el proceso de codificación.		
		– Proporcionar palabras simples formadas por vocal–consonante–vocal. Agregar luego una consonante frente a la primera letra; ligar las letras y pronunciar la nueva palabra formada. Por ejemplo: (m) isa (m) asa (m) esa	– Agregar una consonante a una palabra simple y decir la nueva palabra formada. – Leer los modelos presentados por la educadora. – Jugar con los compañeros a hacer lo mismo.	– Pueden ser útiles: ata – oca – ama – apa. – Cubos o bloques con sílabas en sus caras.
		– Sobre la base de las palabras conocidas por el niño, juntar sonidos silábicos. Para ello presentarle tarjetas o cubos con sílabas y	– Jugar con las sílabas de una palabra conocida y descubrir nuevas palabras juntando (recombinando) sus partes.	– Tarjetas con sílabas. – Pueden ser útiles palabras como: camisa (saca; misa) (casa–mica);

	estimular la exploración y el descubrimiento. – Por ejemplo, a partir de las sílabas que forman las palabras "cama y osa", pueden formarse "oca – masa", "casa", "saca". – Estimular a los niños a integrar las nuevas palabras dentro de oraciones; reconocerlas dentro de pequeños párrafos, dibujarlas; imaginarlas. – Repasar diariamente las palabras que el niño reconoce a primera vista (vocabulario visual).	– Decir oraciones donde aparezcan las nuevas palabras. – Dibujarlas, imaginarlas, dramatizarlas mediante mímica; subrayarlas cuando aparecen dentro de un texto. – Reconocer las palabras rápidamente a medida que las expone la educadora.	paloma (loma, mapa, malo); pelota (pelo – lota – Peta): mariposa (sapo–risa–masa).
23) Codificar y decodificar palabras en términos de sus morfemas.	– Identificar raíces de las palabras en sus formas inflectadas y compuestas. – Reconocer la forma y el significado de los prefijos y sufijos.	– Enseñar finales inflexionables; por ejemplo, a las tarjetas con palabras conocidas agregar "s". Concretar el significado con dibujos. Por ejemplo: sapo / sapos / sapo	– Agregar "s" a palabras conocidas. – Dibujar el significado. Incluir ambas palabras en oraciones significativas. – Captar la "s" en los plurales de las lecturas predecibles. – Tarjetas con s-en-an. – Letreros indicativos de singular y plural. Por ejemplo: 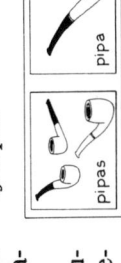

Objetivo específico	Habilidades a desarrollar	Actividades sugeridas para la educadora	Actividades de los niños	Material de apoyo
	– Aplicar los principios de la silabicación y reconocer el cambio experimentado por la palabra según el acento de la sílaba.	– Efectuar lo mismo con la "n".	– Agregar "n" a acciones simples. – Dibujar el cambio de significado. – Incluir las palabras en oraciones significativas. – Captar la "n" en textos simples.	
	– Traducir los cambios de significado en expresiones artísticas.			
	– Integrar los nuevos significados de las palabras en contextos lingüísticos significativos.			
	– Componer y descomponer palabras completas.			
	– Observar los cambios de género y número en palabras familiares.	– Proporcionar a los alumnos una lista de palabras, como <u>pan</u>, <u>sol</u>, y colocarlas en	– Observar los cambios que se producen en las	– Tarjetas con prefijos.

oraciones donde se observen los cambios dados por prefijos. Por ejemplo: Hay sol; él se asoleó.
- A partir de una palabra raíz ver cuántas otras palabras pueden formarse. Por ejemplo: Una silla café; ensillar el caballo, un sillón café.
- Escribir oraciones sobre el pizarrón, como por ejemplo: A ese niño no le gusta la sopa. Anteponer a la palabra "gusta" el prefijo dis y escribir: "A ese niño le disgusta la sopa
Escribir otras oraciones similares para desarrollar destreza en el uso de los prefijos.
- Realizar una tira movible de prefijos y deslizarla ante una palabra, como "poner", "tener".
- Estimular a los niños a descubrir nuevos significados. Hacer lo mismo con un círculo de prefijos.

palabras al anteponer prefijos.
- Formar oraciones significativas a partir de las nuevas palabras formadas con prefijos.
- Leer oraciones con palabras con y sin prefijos.
- Descubrir otros significados explorando con palabras raíces y con tarjetas de afijos.
- Leer las nuevas palabras que se van formando al deslizar una tira de prefijos o al mover el círculo.
- Incluir las nuevas palabras en contextos significativos.

- Pizarra – papel – mesa de arena – lápices – tiza.
- Tarjetas de afijos.
- Tira movible con prefijos como

| re |
| dis |
| ex |
| com |
| im |
| pro |

Objetivo específico	Habilidades a desarrollar	Actividades sugeridas para la educadora	Actividades de los niños	Material de apoyo
		– Destacar las raíces de las palabras a través de actividades como las siguientes: – Colocar sobre el pizarrón una lista de palabras con prefijos. Pedirle al niño que cubra con una tarjeta el prefijo y observe la palabra "raíz". Pedirle que la subraye, la lea. – Imprimir o escribir palabras raíces en tarjetas. Proporcionar otras tarjetas con prefijos y agregarlos a la palabra raíz. Por ejemplo: "agregar" "re", "pos", "com", "dis", "su" a la palabra poner y formar reponer, poner, componer, suponer. – Anteponer una tarjeta con el prefijo con ante palabras como mover, vivir, tener, seguir, o bien dis ante palabras como gustar, poner,	– Cubrir con una tarjeta el prefijo de la palabra. Subrayar la palabra raíz y leer el significado. – Combinar tarjetas con palabras raíces y prefijos y leer los nuevos significados.	– Círculos de prefijos.

parar. Leer las nuevas palabras que se forman.

- Estimular a los niños a leer los nuevos significados, a descubrir otras palabras e integrarlos en contextos significativos.

- Desarrollar la comprensión de la función significativa de algunos prefijos. Por ejemplo, la repetición o fuerza que aporta el prefijo re o la carencia u oposición que implican in o dis en el caso de "inválidos" o "disconforme".

- Formar "familias de palabras" sobre la base de derivaciones. Por ejemplo: pan, panera, panadero, apanado.

```
            era
pan      adero
         adería
         cito
         ado
```

- Hacer los mismos ejercicios con los sufijos que los realizados con los prefijos.

- Integrar las nuevas palabras en contextos significativos.

- Poner atención en el significado de los prefijos re como repetición y dis como carencia u oposición.

- Colocar tarjetas con "era", "cito" a continuación de una palabra raíz y leer y dibujar las nuevas palabras formadas.

- Tarjetas con sufijos: como "ble", "ero", "mente", "endo", "eza".

Objetivo específico	Habilidades a desarrollar	Actividades sugeridas para la educadora	Actividades de los niños	Material de apoyo
		– Agregar el sufijo "ble" a palabras como ama, canta, imagina y formar: amable, cantable, imaginable. Pedirles a los niños que lean el nuevo significado. Componer dos palabras. Observar. espanta + pájaro = espantapájaros – Efectuar el ejercicio inverso: a partir de una palabra compuesta pedirle al niño que separe sus palabras componentes; por ejemplo: limpia/para/brisas – Presentarles a los niños columnas de palabras y pedirles que unan con una lí-	– Leer las palabras formadas al agregar el sufijo "ble". Incluir las nuevas palabras dentro de contextos significativos. – Juntar dos palabras para formar una nueva palabra. Dibujar su significado. – Separar con una línea o cortar las palabras componentes en palabras compuestas. – Unir con una línea las palabras ubicadas en dos columnas para formar palabras compuestas. – Juntar tarjetas y componer palabras. – Dibujar los nuevos significados. – Hacer oraciones.	– Tarjetas con palabras compuestas. – Láminas o dibujos de palabras compuestas.

nea las palabras para componer otro significado. Hacer lo mismo con tarjetas.
- Descubrir junto con los niños nuevos significados variando los finales inflexionales de las palabras.
- Descubrir junto con los niños nuevos significados variando las formas de inflexión y movibles y tarjetas.

- Comparar listas de palabras elaboradas en formas singulares y plurales, femeninas y masculinas. Pedir a los niños que las identifiquen y separen en columnas.
- Utilizar dibujos figurativos y evitar el metalenguaje en lo posible.

- Formar palabras agregando desinencias a los lexemas de base.
- Incluir las palabras en contextos significativos.
- Mover las aspas del círculo y descubrir nuevas formas de inflexión en las acciones comunes.
- Poner atención a las desinencias clasificando las palabras en singulares, plurales, femeninas y masculinas, dentro de la clave mostrada por la educadora.

- Tarjetas con círculo con flechas movibles definales inflexionales.

- Tabla para clasificar palabras femenina y masculina.

297

Objetivo específico	Habilidades a desarrollar	Actividades sugeridas para la educadora	Actividades de los niños	Material de apoyo
24) Decodificar palabras en términos de las claves dadas por el texto impreso.	– Utilizar las claves dadas por las ilustraciones para decodificar palabras aisladas o en textos breves y significativos. – Utilizar claves lingüísticas dadas por las palabras concomitantes para decodificar palabras desconocidas. – Utilizar las claves dadas por la sinonimia para decodificar palabras desconocidas. – Utilizar las claves dadas por la comparación y el contraste para decodificar palabras desconocidas.	– Presentar nombres de animales, personas y cosas junto con ilustraciones, que los identifiquen claramente. También pueden ilustrarse algunas acciones como jugar, saltar, correr. Algunas comparaciones como grande–chico, colores e incluso sentimientos como pena, rabia, alegría. Las ilustraciones que acompañan al texto ayudan al niño a reconocer las palabras desconocidas. – Presentar palabras nuevas dentro de un contexto que corresponda a las experiencias previas del lector con el lenguaje. Por ejemplo: Si la oración dice: Pepe dio un .... al perro, la mayoría de los niños pensaría que la palabra omitida es "hueso";	– Reconocer palabras desconocidas apoyándose en las ilustraciones del texto. – Enviar mensajes dibujando las palabras desconocidas. – Completar la palabra que falta en oraciones incompletas.	– Textos breves con ilustraciones. – Textos cortos con fácil legibilidad física y lingüística y conceptual e interesantes para los niños. – Lecturas predecibles. – Registros de experiencias. – Comunicaciones, instrucciones y otras instancias comunicativas impresas.

- Utilizar las claves dadas por la síntesis de las ideas para decodificar palabras desconocidas.
- Utilizar las claves dadas por la definición para identificar palabras desconocidas.
- Anticipar, predecir y confirmar el significado de las palabras desconocidas a partir de la utilización de las distintas claves contextuales.
- Traducir la captación del significado en distintas modalidades lingüísticas y artísticas.
- Completar textos "cloze" sobre la base de los esquemas del autor y de

lo mismo pensarán si la palabra "hueso" está escrita aunque no la hayan visto previamente.
- Presentar textos cuyas claves verbales permitan al niño decodificar fácilmente la palabra desconocida. Las palabras y oraciones que van antes o después de la palabra desconocida o difícil proporcionan alguna indicación sobre su posible naturaleza y significado. Por ejemplo, en la oración: Pepe tomó un vaso de agua, si el niño no conoce la palabra vaso hay tres claves verbales provenientes de las palabras concomitantes: "tomó" y "agua" proporcionan claves semánticas (orientan hacia el significado de la palabra desconocida); "un" proporciona una clave gramatical (indica el género gramatical de la palabra, excluyendo palabras femeninas como "copa").

- Subrayar en el texto las claves verbales que permiten adivinar, predecir y reconocer la palabra desconocida y acertar su género y número.

- Textos breves, legibles e interesantes en los cuales las palabras desconocidas pueden ser decodificadas a partir de claves verbales concomitantes; comparación y contraste, sinónimos, síntesis y definición.

Objetivo específico	Habilidades a desarrollar	Actividades sugeridas para la educadora	Actividades de los niños	Material de apoyo
	las claves semánticas y sintácticas dadas por el texto.	– Presentar a los niños textos que les permiten reconocer las palabras desconocidas sobre la base de la comparación y el contraste. Uno o varios elementos del texto que el niño conoce le pueden indicar que una palabra desconocida para él se opone a otra palabra del texto o es el término de una comparación. Ejemplo: "Tito estaba contento, pero yo estaba <u>triste</u>". "El avión de papel volaba como un pájaro" (clave de comparación y/o contraste). – Presentar pequeños textos en los cuales la lectura de una palabra desconocida se facilite porque uno o varios elementos del texto indican que su significado es simi-	– Adivinar, predecir, reconocer la palabra desconocida sobre la base de la comparación y el contraste. – Adivinar, predecir, reconocer palabras desconocidas, basándose en una palabra sinónima conocida incluida en el texto.	

lar a una palabra ya aparecida.
Ejemplo: "Tú estás feliz y contento" (clave de sinónimo).

– Presentar pequeños textos en los cuales la palabra desconocida representa una síntesis, es decir, constituye una expresión genérica de las palabras que la preceden o la siguen. Por ejemplo: la uva, las peras y las manzanas son frutas (claves de sinónimo).

– Presentar pequeños textos en los cuales la palabra desconocida aparezca definida por el autor. Por ejemplo: "vimos el dique, el muro que sujetaba las aguas del río".

– Estimular la expresión del significado de las nuevas palabras a través del dibujo de escenas, tiras cómicas, dramatizaciones y otras instancias comunicativas.

– Adivinar, predecir, reconocer palabras desconocidas a partir de la síntesis de las ideas o elementos expuestos en el texto.

– Subrayar la oración que define la palabra desconocida. Leería. Aplicar su significado en distintos contextos orales.

– Dibujar escenas, tiras cómicas del significado de los textos decodificados.

– Papel, pizarras individuales, lápices negros y de colores.
– Textos "cloze" breves y entretenidos. Por ejemplo:
¿De qué lugar se trata?

Objetivo específico	Habilidades a desarrollar	Actividades sugeridas para la educadora	Actividades de los niños	Material de apoyo
		– Presentar textos breves interesantes y fácilmente legibles con omisiones sistemáticas de palabras reemplazadas por líneas de extensión constante, con o sin claves de apoyo. – Estimular los intentos de escritura formal o creativa.	– Dramatizar los significados de los textos escritos. – Restituir las palabras nítidas en el texto, en forma oral o escrita.	– Adivina en qué lugar pasan todas estas cosas: Hay mucho hielo y ____. Hace mucho frío. En ____ el mar se congela ____ verano, el hielo del ____ se derrite y se ____ témpanos. En ese lugar ____ pingüinos y focas. En ____ las noches son muy ____ y hay grandes tempestades ____ viento y nieve. Muy pocos hombres viven en esa parte del mundo.
25) Automatizar las destrezas de reconocimiento de las palabras a través de la práctica de la lectura comprensiva.	– Leer oralmente en situaciones comunicativas. – Leer comprensivamente textos predecibles.	– Leerles a los niños en voz alta con propósitos definidos. Dar un modelo de lectura entusiasta, con clara articulación, y adecuada entonación y expresión. Es-	– Escuchar con atención. – Leer en voz alta imitando el modelo dado por la educadora.	

lectura comprensiva.	– Leer comprensivamente registros de experiencia. – Leer comprensivamente cuentos con estructuras narrativas progresivamente más complejas. – Leer comprensivamente leyendas, chistes, fábulas y otras expresiones literarias. – Leer comprensivamente las producciones escritas propias y de los otros. – Reforzar los hábitos lectores y las actitudes positivas frente a la lectura. – Leer materiales escritos variados que satisfagan diversos propósitos.	timularlos a hacer lo mismo. – Retomar los textos impresos utilizados en el desarrollo de los objetos (1) (2) (4) (5) y (6) y estimular a los niños a que los lean comprensivamente. – Presentarles a los niños textos breves, legibles, interesantes y representativos de distintas expresiones literarias y leerlos junto con ellos con variables modalidades. Por ejemplo: – Leer en voz alta conjuntamente con el o los niños. Al comienzo predomina la voz de la educadora y luego la del niño.	– Leer comprensivamente en forma oral y silenciosa las lecturas predecibles, los registros de experiencia, las comunicaciones y otros textos con los cuales se "jugaba a leer" de corrido. – Leer en voz alta. Simultáneamente con la educadora primero siguiéndola y luego siendo seguida por ella.

Objetivo específico	Habilidades a desarrollar	Actividades sugeridas para la educadora	Actividades de los niños	Material de apoyo
		– Leer en voz alta junto con el niño. Omitir palabras que el niño debe leer solo. – Pedirle al niño que lea solo en voz alta y proporcionarle apoyo si una palabra le parece difícil. – Pedirles a los niños que lean en forma silenciosa y repetida un texto con un propósito específico hasta que puedan hacerlo con fluidez. – Elaborar un vocabulario visual con las palabras desconocidas de un texto. Mostrárselo rápidamente al niño y cuando reconozca instantáneamente todas las palabras pedirle que lea el texto completo. – Pedirles a los niños que lean registros de experiencias.	– Leer simultáneamente en voz alta con la educadora y pronunciar las palabras que ella omite. – Leer un texto varias veces hasta poder hacerlo en forma fluida y con la expresión adecuada. – Decir en voz progresivamente más rápida las palabras presentadas por la educadora (tarjetas "flash"). Leer luego el texto en forma fluida. – Leer registros de experiencias propios, de los compañeros o colectivos.	

304

Establecer un programa de lectura silenciosa sostenida con materiales elegidos por los niños con un tiempo fijo y dando un modelo de lectura.
– Presentar instancias para que los niños lean con propósitos variados. Por ejemplo:
– Leer instrucciones de juegos (función instrumental).
– Leer para informarse (función informativa).
– Leer para entretenerse (función recreativa).
– Leer cartas, invitaciones, saludos (función comunicativa).
– Leer las producciones escritas propias (función personal).
– Leer para responder cuestionarios (función heurística).
– Leer dramatizaciones, libretos (función dramática).
– Leer normas, reglamentos (función normativa).

– Imitar la lectura silenciosa de la educadora. Elegir libremente los materiales impresos y leer durante un tiempo fijo.
– Leer comprensivamente y con una velocidad adecuada al propósito: instrucciones, textos informativos y recreativos, cartas, cuestionarios, dramatizaciones, normas y reglamentos.

BIBLIOGRAFIA

— A —

ABARCA, S. (1965), *Adaptación y análisis estadísticos de Metropolitan Readiness Test.* Santiago de Chile; Pontificia Universidad Católica. Memoria para optar al título de Psicólogo (mimeografiado).

ACKERMAN, P.D. (1976), *Final report for story repetition and early language development.* Department of Psychology Wichita: Wichita State University.

ADAMS, J.A. (1967) *Human memory,* New York McGraw-Hill.

ADAMS, J.A. y DIJKSTRA, S. (1966), *"Short-term memory for motor responses",* Journal Experimental Psychology, 71, pp. 314-318.

ALMY, M.C. (1974), *Your children thinking and the teaching of reading.* En: Ruddell, R.B.; Ahern, E.J.; Harstson, E.M. y Taylor, J. (eds.). *Resources in reading-language instruction.* Englewood Cliffs. N.J.: Prentice Hall.

ALTWELL, M. (1980), "The evolution of text: The interrelations of reading and writing in the composing process." Disertación Doctoral. Indiana University.

ALLEN, R. (1959) *The relationship of readiness factors to January fist grade. Reading Achievement.* Boston, Boston University Press: Master Group Thesis.

ALLEN, R.A.; N. BORAKS (1978), "Peer tutoring: Puttinq it to the test". The Reading Teacher, vol. 32; No 3, pp. 274-78.

ALLIENDE, F. (1980), "La técnica de la línea controlada". Revista Latinoamericana de Lectura, Lectura y Vida 3, pp. 20-26.

ALLIENDE, F.; CONDEMARIN, M.; CHADWICK, M. (1976), *Dame la mano, método gestual,* Santiago, Chile, Editorial Zig-Zag.

ALLIENDE, F.; CONDEMARIN, M.; MILICIC, N. (1982), *Manual de la prueba de comprensión lectora de complejidad lingüística progresiva,* Santiago de Chile: Ediciones de la Universidad Católica.

ALLIENDE, F.; CONDEMARIN, M.; CHADWICK, M.; MILICIC, N. (1986), *Comprensión de la lectura 1,* Santiago de Chile: Andrés Bello.

ALLIENDE, F.; CONDEMARIN, M. (1982), *La lectura: teoría, evaluación y desarrollo,* Santiago de Chile: Andrés Bello.

ALLIENDE, F.; CONDEMARIN, M.; MILICIC N. (1987). *Prueba C.L.P.: Formas Paralelas.* Santiago de Chile: Ediciones de la Universidad Católica.

ANDERSON, R.; REYNOLDS, R.; SCHALLERT, D.; GOETZ, E. "Framework for

307

comprehending discourse", Technical Report N° 12. Urbana, Illinois, University of Illinois.

ASHTON-WARNER, S. (1963), *Teacher,* New York: Simon and Schuster.

AULLS, M.W. (1983), *Relating reading and other language arts: A need for reasoned decisions.* En Hardt, U.H. (Eds). *Teaching reading with the other language arts.* Newark, Delaware: International Reading Association.

AUSTIN, M.C. (1973), *United States.* En Downing, E. *Comparative reading: Cross-national studies of behavior and process in reading and writing.* New York: MacMillan.

AVENDAÑO, M.C. et al. (1975), *Estandarización del test exploración de dislexia específica de Condemarín-Blomquist.* Seminario para optar al título de profesor de educación especial y diferencial. Facultad de Educación: Pontificia Universidad Católica de Chile.

– B –

BACKMAN, J. (1983), "The role of psycholinguistic skills in reading acquisition: A look at early readers". Reading Research Quarterly. Vol. XVIII, 4, pp. 466-79.

BAGHBAN, M. (1984), *Our daughter learns to read and write.* Newark, Delaware: International Reading Association.

BAKER, J.; DURDECK, F.; ROWELL, E.; SCHMITT, M. (1975), "Children's literature at home base". The Reading Teacher, vol. 28, pp. 770-72.

BAKHNER-RENES, H.; JOEFHAGHE-HOLE, M. (1974), *"Situatie verschillen in toolgebruck".* University of Amsterdam, Tesis de Magister.

BANNATYNE, A. (1971), *Language, reading and learning disabilities,* Springfield: Charles C. Thomas, Publisher.

BARRET, T.C. (1965), "The relationship between measures of prereading visual discrimination and first-grade reading achievement. A review of literature". Reading Research Quarterly, 1, pp. 51-78.

BELLER, E.K. (1969), *The evaluation of effects of early educational intervention on intellectual and social development of lower class disadvantaged children.* En: E. Grotberg (Eds) *Critical issues in research related to disadvantaged children.* Princeton, N.J. Educational Testing Service.

BERDICEWSKI, O.; MILICIC, N. (1978) *Manual del Test de Funciones Básicas.* Santiago de Chile: Galdoc.

BERDICEWSKI, O.; MILICIC, N.; ORELLANA. E. (1983), *Elaboración de normas para la prueba de dislexia específica de Condemarín-Blomquist,* Pontificia Universidad Católica de Chile, Doc. 47 (mimeografiado).

BEREITER, C.; ENGELMANN, S. (1966), *Teaching disadvantaged children in the preschool.* Englewood Cliffs N.J.: Prentice Hall, Edición española: *Enseñanza especial preescolar,* Barcelona, Fontecilla, 1977.

BETTS, E.A. (1946), *Foundations of reading instruction.* New York: American Book Co.

BILKA, L.P. (1978), *An evaluation of the predictive value of certain readiness measures.* En Hakerman, R.C. (Eds). *Some persistent questions on beginning reading,* Newark, Delaware: International Reading Association.

BISSEX, L.G. (1980), *Gnys at work: A child learns to write and read.* Cambridge: Harvard University Press.

BLAKELY, P.; SCANDLE, E. (1961), "A study of two readiness for reading". Elementary English, 38.

BLACHOWICZ, C. (1977), "Cloze Activities for Primary Readers". The Reading Teacher, Vol. 31, pp. 300-02.

BLOOM, B. (1965), *Compensatory education for cultural deprivation,* New York: Holt, Rinehart and Winston.

BLOOMFIELD, L.; BARNHART, C.L. (1961), *"Let's read".* Detroit: Wayne State University Press.

BLUTH, A.M. et al. (1974), *Aplicación del método gestual "Dame la mano" en primer año básico.* Tesis para optar al título de sicólogo. Universidad de Chile, Departamento de Psicología (mimeografiado).

BOND, G.L.; DYKSTRA, S. (1967), *"The cooperative research program in firts grade reading instruction".* Reading Research Quarter, 2. pp. 5-142.

BOREL MAISSONNY, S. (1966), *Language oral et écrit,* Edit. Delachaux et Niestle, Suisse.

BOYD, G.S. (1969), *Reading achievement and personal adjustment: A study of the effect of participation as a tutorial program.* Doctoral dissertation, University of Alabama.

BRADLEY, L.; BRYANT, P. (1985), *"Rhyme and reason in reading and spelling".* Ann Arbor: The University of Michigan Press.

BRAVO, L.; BERMEOSOLO, J.; CESPEDES, A. y PINTO, A. (1986), "Retardo lector inicial: características diferenciales en el proceso de decodificación", Revista Latinoamericana de Psicología, Vol. 18, 1, pp. 73-86.

BREMMER, B.L. (1972), *Students helping students program,* Eric Document (1972) (Ed), 074473.

BRIGGS, C.; ELKIND, D. (1972), "Cognitive development in early readers". Developmental Psychology, pp. 279-80.

BROWN, A. (1975), "Recognition, reconstruction and recall of narrative secuences of preoperational children". Child Development, Vol. 46, Marzo, pp. 155-66.

BROWN, B. (1978), *Found: Long—term goals from early intervention.* Boulder, Colorado: Westview Press.

BRUNER, J.S. (1960), *The process of education.* Cambridge Mass: Harvard University Press.

BRUNER, J.S. (1968), *Toward a theory of instruction.* New York: Norton & Co., Inc.

BRZEINSKI, J.E. (1964), "Beginning Reading in Denver", The Reading Teacher, Vol. 18, octubre, pp. 16-21.

BURGESS, J. (1982), "The effects of a training program for parents of preschool on the children's school readiness", Reading Improvement, Vol. 19, pp. 313-16.

309

– C –

CALFEE, R.C. (1977), *Assesment of independent reading skills: Basic research and practical aplications.* En Reber, A.S. y Scarborough, D.L. (eds) *Towards a psychology of reading.* Hillside, N.J.: Erlbaum Associates.

CAMPBELL, D.T., STANLEY, J.C. (1966), *Experimental and quasi experimental designs for research.* Chicago: Rand McNally and Co.

CANE, B., SMITHERS, J. (1971) *The roots of reading. Slough:* National Foundation for Educational Research.

CANELLA, G.S. (1985), "Providing exploration activities in beginning reading instruction", The Reading Teacher, Vol. 39, 3, pp. 284-289.

CASSIDY, J. (1975), *"Reporting Pupil Programm in Reading Parents versus Teachers".* The Reading Teacher, 31, pp. 638-641.

CLARK, M.M. (1976), *Young fluent readers.* Londres, Heinemann Educational Books.

CLAY, M. (1972), *Reading: The patterning of complex bahavior.* Auckland, Nueva Zelanda: Heinemann Educational Books.

CLAY, M.M. (1977) "Exploring with a pencil". Theory into Practice, 16, pp. 334-41.

COHEN, D.M. (1968), "The effect of literature on vocabulary and reading achievement" Elementary English, Vol. 45, pp. 209-213.

COLLINS, C. (1986), "Is the cart before the horse? Effects of preschool reading instruction on 4 years old". The Reading Teacher, Vol. 40, N° 3, pp. 332-39.

CONDEMARIN, M. (1984), *Estructuras narrativas y gramáticas de cuentos.* Trabajo presentado en la Quinta Jornada de la Sociedad de Dislexia del Uruguay. (Mimeografiado).

CONDEMARIN, M. (1984), *El programa de lectura silenciosa sostenida,* Santiago de Chile, Editorial Andrés Bello.

CONDEMARIN, M.; BLOMQUIST, M. (1970), *La dislexia: manual de lectura correctiva,* Santiago de Chile, Editorial Universitaria.

CONDEMARIN, M.; CHADWICK, M. (1985), *La escritura creativa y formal,* Santiago de Chile, Editorial Andrés Bello.

CONDEMARIN, M.; CHADWICK, M.; MILICIC, N. (1985), *Madurez escolar,* Madrid: C.E.P.E.

CONDEMARIN, M.; MILICIC, N. (1988), *El procedimiento "cloze",* Santiago de Chile, Editorial Andrés Bello.

COODY, B.; NELSON, D. (1982), *Teaching elementary language arts.* Belmont, California: Wadsworth Publishing, Co.

COOGAN, D. (1963), *Reporting pupil progress: An analysis of the relationship between the administrative methods used for change and the degree of parental understanding.* Disertación doctoral University of Southern California.

CRAIK, F.; LOCKHART, P. (1972), "Levels of processing: A framework for memory research. Journal of Verbal Learning and Verbal Behavior 11, pp. 671-684.

CRISCUOLO, N. (1974), "Activities that help involve parent in reading". The Reading Teacher, Vol. 32, pp. 417.

CRISCUOLO, N. (1980), *Questions parents ask about reading.* Mercerville N.J.: Avanti Publishers.

310

– CH –

CHALL, J.S. (1967), *Learning to read: The great debate,* New York, N.Y., McGraw-Hill.

CHOMSKY, C. (1972), "Stages in language development and reading exposure". Harvard Educational Review. 1.22.

CHOMSKY, N. (1972), *Studies on semantics in generative grammar.* The Hague: Mouton.

– D –

DAVINSON (1931), "An experimental study of bright, average and dull children at the four year mental level". Genetic Psychology Monograpy 9, pp. 119-289.

DEUTSCH, D.; DEUTSCH, J. (1975), *Short-term memory.* New York: Academic Press.

DIACK, H. (1963), *Reading and the psychology of perception:* Nottingham: Ray Palmer.

DI LORENZO, L.J.; SALTER, R. (1968), "An evaluative study of prekindergarten program for educationally disadvantaged children: Follow-up and replication", Exceptional Children, Vol. 35.

DOMAN, G. (1978) *¿Cómo enseñar a leer a su bebé?,* Madrid: Aguilar (Edición original: 1963).

DONACHY, W. (1974), "Parent participation in preschool education, British Journal of Educational Psychology, Vol. 46, pp. 31-39.

DOWNING, J. (1963), "Is a 'mental age of six' essential for 'reading' readiness? " Educational Research. 6, pp. 16-28.

DOWNING, J. (1967), *Evaluating the initial teaching alphabet.* Londres: Casell.

DOWNING, J. (1970), "Children's concept of language in learning to read. Educational Research, 12 pp. 106-112.

DOWNING, J.; THACKRAY, D.V. (1974), *Madurez para la lectura.* Buenos Aires: Kapelusz.

DURKIN, D. (1959), "A study of children who learned to read prior to first grade". California Journal of Educational Research. 10, pp. 109-113.

DURKIN, D. (1963), "Children who read before grade 1: a second study". Elementary School Journal, 64, pp. 143-148.

DURKIN, D. (1966), *Children who read early.* New York: Columbia University: Teacher College Press.

DURKIN, D. (1970), "A language arts program for pre-first grade children: two years achievement report". Reading Research Quarterly. Vol. 4, pp. 534-565.

DURKIN, D. (1970), *Teaching them to read.* Boston, Mass: Allyn & Bacon.

DURKIN, D. (1976), *Teaching young children to read.* Boston: Allyn & Bacon.

DURRELL, D.P.; MURPHY, H.A. (1953), "Auditory discrimination factor in reading readiness and reading disability". Education, 73 pp. 556.

– E –

EAMES, H.T. (1962), "Physical factors in reading". The Reading Teacher. 15: pp. 427-32.

EHRI, L.C. (1975), "Word consciousness in reader and pre-readers. Journal of Educational Psychology, 67, pp. 204-212.

EHRI, L.C. (1978), *Beginning Reading from a Psycholinguistic Perspective.* En: Ehri, L.C. (Eds.). *The recognition of words.* Newark, Delaware: International Reading Association.

EHRI, L.C.; DEFFNER, N.D.; WILCE, L.S. (1984), "Pictorial mnemonics for phonics". Journal of Educational Psychology. Vol. 76, 5, pp. 880-893.

EHRI, L.C. (1983), *"A critique of five studies related to letter-lame knowledge and learning to read".* En: Gentile, L.M.; Kamil, M.L. y Blanchard, J.S. (Eds.). *Reading Research Revised.* Columbus, Ohio, Charles E. Merril.

ELSTER, CH.; SIMONS, D.H. (1985), "How important are illustrations in children's readers? The Reading Teacher, Vol. 39, pp. 148-52.

ENGELMANN, S.; OSBORN, J.; ENGELMANN, T. (1969). *Distar T.M. Language 1.* Science Research Associates Inc.

ENGELMANN, S.; BRUNER, E.C. (1969), *Distar T.M. Reading.* Science Research Associated, Inc.

ENGIN, A.W.; WALLBROWN, J.D.; WALLBROWN, F.H. (1974), "The relative importance of mental age and selected assessors of auditory and visual perception in the M.R.T.". Psychology in the School, 11, pp. 136-143.

ESWORTHY, H.F. (1974), "Parents attend reading clinic, too". The Reading Teacher, Vol. 32, pp. 831-34.

EVANS, J.R.; SMITH, L.J. (1976), "Psycholinguistic skills of early readers". The Reading Teacher, 30, pp. 39-43.

– F –

FERNALD, G. (1943), *Remedial Techniques Basic School Subjects.* New York: McGraw-Hill.

FILHO, L. (1960), *Los tests A.B.C.,* Buenos Aires, Kapelusz.

FLOOD, J.E. (1977), "Parental styles in reading episodes with young children. The Reading Teacher, Vol 30, pp. 864-67.

FORESTER, D.A. (1977), "What teachers can learn from 'natural readers' " The Reading Teacher, 2, pp. 100-66.

FOSS, D.J.; HAKES, D.T. (1978), *Psycholinguistic: As introduction to the Psychology of Language.* Englewood Cliffs: N.Y.: Prentice Hall.

FOX, P. (1981), "La lectura: función del cerebro en su totalidad". Revista Latinoamericana de Lectura: Lectura y Vida, 3, pp. 12-17.

FRIES, CH. C. (1963), *Linguistics and reading.* New York Holt, Rinehart & Winston, Inc.

FRY, B. (1977), *Elementary Reading Instruction:* New York, N.Y. McGraw-Hill.

312

FURTH, H.G. (1970), *Piaget for Teachers:* Englewood Cliffs, N. Jersey. Prentice Hall.

– G –

GALIFRET, G.N.; SANTUCCI, H. (1963), *Test adaptado de Kohs-Goldstein.* En Zazzo, R. *Manual para el examen psicológico del niño.* Buenos Aires, Kapelusz.

GARTNER, A.; KOHLER, M.; REISSMAN, C. (1971), *Children teach children: Learning by teaching,* New York, N.Y. Harper and Row. En Raim, J. (o.c.).

GATTENGO, C. (1962), *Words in colors.* Berkeley: Educational Explorers.

GAZZANIGA, M.S. (1970), *The bisected brain,* N.Y. Appleton Century Crofts.

GESSELL, A. (1924), *The mental growth of the preschool child.* New York: Mac-Millan.

GESSELL, A. (1952). *Infant development,* New York: Harper & Row.

GESSELL, A.; THOMPSON, H. (1934), *Infant behavior: Its genesis and growth.* New York: McGraw-Hill.

GESSELL, A. (1963), *El niño de 1 a 5 años.* Buenos Aires, Paidós.

GETMAN, G.M. (1964), *How to develop your child's intelligence.* Luverne, Minn: Announcer Press.

GOETZ, E. (1979), "Early reading: A developmental approach". Young Children, julio, pp. 4-11.

GOLDSTEIN, B.S. (1977), *A guide for successful parents and reading.* Conferences. New York Reading Association.

GOOD, C.Y. (1973), *Dictionary of Education,* 3rd ed. New York. McGraw-Hill Book Company.

GOODMAN, K.S. (1969), "Analysis of reading miscues: applied psycholinguistics". Reading Research Quarterly, 5, pp. 9-30.

GOODMAN, K.S. (1967), "Reading: A psycholinguistic guessing game". Journal of the Reading Specialist. 4: 126-135.

GOODMAN, K.S. (1979), "The knowmore and the know-nothing movements in reading: A personal response". Language Arts. 56, 657-663.

GOODMAN, Y.M.; BURKE, C. (1980), *Reading strategies: Focus on comprehension.* New York: Holt. Rinehart and Winston.

GOODMAN, K.S.; GOODMAN, Y.M. (1977), "Learning about psycholinguistic processes by analyzing oral reading". Harvard Educational Review. 47, 317-333.

GOODMAN, M.Y. (1985), *Beginning reading development: Strategies and principles.* En Parker, P.R. y Davis, A.I. (Eds.). Developing literacy. Newark, Delaware: International Reading Association.

GOUGH, P. (1972), *One second of reading.* En Kavanaugh J.; Mattingly, I. (Eds.). Language by ear and by eye. Cambridge. Massachusetts: MIT Press.

GRABE, M.; GRABE C. (1985), "The microcompute and the language experience appoach." The Reading Teacher, Vol. 38, 6, pp. 508-511.

GRIMES, J. (1975), *The Thread of discourse.* The Hague: Mouton.

GROFF, P.J. (1984), "Resolving the letter, name controversy". The Reading Teacher, Vol. 37, 4, pp. 384-88.

GUSZAK, F. (1978), *Diagnostic reading instruction in the elementary school.* New York: Harper & Row.

– H –

HABER, R.N. (1969), *Information-processing approaches to visual perception,* New York: Holt, Rinehart & Winston.

HALL, M. (1976), "Prereading instruction: Teach for the task". The Reading Teacher, Vol. 30, pp. 7-9.

HALLIDAY, M.A.K. (1975), "Learning how to mean". En: Lennenberg, E.H. (Ed.). Vol. 1. Foundation of Language Development, N.Y.: Academic Press.

HALLIDAY, M.; HASAN, R. (1976), *Cohesion in English.* London: Longman.

HARBER, J R. (1980), Effects of illustrations on reading performance, implications for further research". Learning Disabilities Quarterly, Vol. 3, pp. 60-70.

HARRIS, A.J.; SIPAY, E.R. (1979), *How to teach reading.* New York: Longman.

HARRISON, L. (1964), *Instant reading: The story of the i/t/a.* London: Pitman.

HARSTE, J. (1980), Language as social event. Presentación en A.E.R.A. Annual Meeting, Boston.

HARSTE, J.; WOODWARD, V.; BURKE, C. (1984), *Language stories and literacy lessons.* Exeter, N.H.: Heinemann.

HEALD-TAYLOR, G. (1987), "How to use predictable books for K-Z language arts instruction". The Reading Teacher, Vol. 40, 3. pp. 656-661.

HEILMAN, A.W. (1972), *Principles and practices of teaching* reading. Columbus, Ohio: Charles Merrill Publishing.

HICKS, J. (1977), "Parent's Day", Early Years, 8, pp. 53-54.

HILDRETH, G.; GRIFFITHS, N.L. (1978), *Metropolitan Readiness Test.* New York: Harcourt.

HOHMANN, M.; BANET, B.; WEIKART, D.P. (1978), *Young children in action: A manual for preschool educators.* Ypsilanti, Michigan: High/Scope Educational Research Foundation.

HOLDAWAY, D. (1979), *The foundations of literacy.* Auckland, New Zealand: Heinemann Books.

HONG, L.R. (1981), "Modifying SSR for beginning readers". The Reading Teacher, Vol. 34, Nº 8, pp. 888-91.

HUEY, (1968), *The psychology and teaching of reading.* Cambridge, Mass: M.I.T. Press (La publicación original data de 1908).

HUNT, J. Mc.V. (1961), *Intelligence and experience,* New York: The Ronald Press.

HYMES, J.L. (1973), *Teahing reading to the under six age: A child development point of view:* En Karlin C. (ed.). *Perspectives on Elementary Reading.* New York: Harcourt, Brace & Jovanovich.

– I –

INDRISANO, R. (1980), *"Once upon a time..."* En: Foley, J.W. *"Parents and Reading"*. New Haven, Conn: Foley J.W., pp. 337-45.

INIZAN, A. (1976), *¿Cuándo enseñar a leer?* : *Batería predictiva*. Madrid: Pablo del Río Editor.

IRWIN, O.C. (1960), "Infant speech: Effects of systematic reading of stories". Journal of Speech and Hearin Disorders, 3, pp. 187-190.

– J –

JAGGAR, A.; SMITH-BURKE, M.T. (1985), *"Observing the language learner"*. Newark, Delaware: International Reading Association.

JANSKY, J.; DE HIRSCH, K. (1972), *Preventing reading failure – rediction, diagnosis, intervention*. New York: Harper & Row.

JEFFREY, W.E.; SAMUELS, S.J. (1967), "Effects of method of reading training on initial learning and transfer". Journal of Verbal Learning and Verbal Behavior, 6, pp. 354-358.

– K –

KARLIN, R. (1960), "Research in reading". Elementary English, 37, pp. 177-183.

KARNES, M.B. et al. (1968), "Evaluation of two preschool programs for disadavantaged children: a traditional and a highly structured experimental preschool". Exceptional Children. Vol. 34, pp. 667-676.

KARNES, M.B. (1969), *Research and development program on preschod disadvantaged children: Investigations of classroom at home intervention* (Vol. 1). Urbana: University of Illinois, Institute of Research for Exceptional Children.

KARNES, M.B. (1973), *Evaluation and implications of research with young handicapped and low-income children*. En Staley J.C. *Compensatory education for children ages 2 to 8*. Baltimore, Md.: Johns Hopkins University Press.

KAUFFMAN, J.; HALLAHAN, D.; BALL, D. (1973), "Parents Predictions of their children's perceptions of family relations". Journal or Personality Assesment. Vol. 39.

KELLEY, M.L.; CHEN, M.K. (1967), "An Experimental study of formal reading instruction at the kindergarten level". The Journal of Educational Research. Vol. 50, Nº 5, pp. 224-29.

KIMURA, D. (1973), "The Asymetry of the Human Brain", Scientific American, Vol. 226, pp. 70-78.

KING, E.M.; FRIESEN, D.T. (1972), "Children who read in kindergarten". Alberta Journal of Educational Research, 18. pp. 147-161.

KING, E.M. (1978) "Prereading programs: Direct versus incidental teaching". The Reading Teacher. 31, pp. 504-510.

KIRK, S.; KLIEBAHN, J.M.; LERNER, J. (1978), *Teaching reading to slow and disabled learners*. Boston, Mass. Houghton Mifflin.

315

KLEIMAN, G.M. (1975), "Speech recoding in reading", Journal of Verbal Learning and Verbal Behavior. 14, pp. 323-339.

KRIPPENER S. (1963), "The boy who read at 18 months". Exceptional Children. Vol. 30 (October) pp. 105-109.

– L –

LASS, B. (1982), "Portrait of my son as early reader". The Reading Teacher. 36, 1.pp. 20-28.

LEONTIEV, A.N. (1978), *Activity, consciousness and personality.* Englewood Cliff N. Jersey: Prentice-Hall.

LIBERMAN, A.M. (1962), *A motor theory of speech perception.* Estocolmo: Seminario sobre Comunicación R.I.T.

LIBERMAN, I.Y.; SHANKWEILER, D.; FOULER, C.; FISCHER, E.W. (1977). *Phonetic segmentation and recoding in the beginning reader.* En Reber, A.S.; Scarborough, D.L. (Eds.). *Toward a psychology of reading.* Hillsdale. New Jersey: Erlbaum.

LIBERMAN, I.Y.; SHANKWEILER, D. (1978), *Speech, the alphabet and teaching to read.* En: Resnick, L. y Weaver, P. (Eds.). *Theory and practice of early reading.* New York: Wiley.

LILLIARD, P.F. (1978), *Un enfoque moderno al método Montessori.* México: Editorial Diana.

LOBAN, W. (1963), *The language of elementary school children.* Urbana, Illinois: National Council of Teachers of English.

LURIA, A.R. (1973), *The working brain,* Londres: Penguin Books.

LYNN, R. (1963), "Reading-readiness and the perceptual abilities of young children". Educational Research VI. I.

– M –

MAC GINITIE, W.H. (1969), "Evaluating readiness for learning to read: A critical review and evaluation of research". Reading Research Quarterly, 4: pp. 396-410.

MALMQUIST, E. (1981), *"Beginning reading in Sweden".* En: Ollila, Ll. D. *Beginning reading instruction in diferent countries.* Newark, Delaware: International Reading Association.

MALONE, J.R. (1965), *"The Unifon system".* Wilson Library Bulletin, 40, pp. 63-65.

MANDLER, J.M.; JOHNSON, N.S. (1977), "Remembrance of things parsed. Story structure and recall". Cognitive Psychology, Vol. 9. pp. 111-151.

MANNING, M.M.; MANNING, G.L. (1968), "Early readers and nonreaders from low socioeconomic enviroments: What their parents report". The Reading Teacher, 1. pp. 33-35.

MASSARO, D.W. (1975), *Understanding language: A information processing analysis of speech perception, reading and psicolinguistics.* New York: Academic Press.

316

MATTINGLY, I.G. (1972), *Reading the linguistic process and linguistic awareness*. En Kavanagh, J.F.; Mattingly, I.G. Eds. *Language by ear and by eye*. Cambridge, Mass: The M.I.T. Press.

McCLELLAND, D.; SMITH, S.; KLUGE, J.; HUDSON, A.; TAYLOR, C. (1970), *The cognitive curriculum*, Ypsilanti, Michigan: Hig/Scope Educational Research Foundation.

McDONALD, F.M. 1976), "Report en phase U of the beginning teacher evaluation study", Journal of Teacher Education 27, pp. 39-42.

McKEE, P.M.; HARRISON, L.; STROUD, J. (1962), *A prereading inventory of skills basic to beginning Reading. Part I*. Boston, Mass: Houghton Mifflin.

McKINNEY, J.A. (1976), *The development and implementation of a tutorial program for parents to improve the reading and mathematics achievement of their children*. Eric Document Ed. 113703.

McMANUS, A. (1964), "The Denver prereading project conducted by WENH-TV". The Reading Teacher, Vol. 18, pp. 22-26.

McWHORTERS, K.T.; LEVY, J. (1971),"The influence of tutorial program upon tutors", Journal of Reading. Vol. 14, pp. 221-224.

MEDLEY, D.M.; SCHLUCK, C.G.; AMES, N.P. (1968), *Recording individual pupil experiences in the class room: A manual for prose recorders*. Princeton, N.J.: Educational Testing Service.

MERLIN, SH. B.; ROGERS, S.F. "Direct teaching strategies". The Reading Teacher, 35, 3, pp. 292-297.

MILICIC, N. (1983), Un programa de tutoría para la enseñanza de la lectura inicial". Lectura y Vida, Año 4, Nᵁ 4, diciembre, pp. 15-24.

MILICIC, N. (1985), *"Enseñando a leer"*, Santiago de Chile: Ediciones de la Universidad Católica.

MILLER, D.A. (1965), "The magical number seven. Plus or minus two: Some limits on our capacity for processing information", en Psychol. Review 63, pp. 81-97.

MILLER, R. (1981), *Public primary reading instruction*. En Ollila, O. LL. (o.c.).

MITNER, E.A. (1951), "A study of the relationships between reading-readiness in grade one and patterns of parentchild interaction". Child Development, 22, pp. 95-112.

MOFFET, J. (1968), *Teaching the universe of discourse*. Boston. Houghton Mifflin.

MOFFET, J.; WARNER, B.J. (1976), *Student – centers language arts and reading K-13*. New York: Houghton Mifflin.

MOLINA GARCIA, S. (1984), *Batería diagnóstica de la madurez lectora*. Madrid, España: Ciencias de la Educación Preescolar y Especial.

MOORE, O.K. (1963), *"Autotelic responsive enviroment and exceptional children"* Hamden: Responsive Enviroments Foundation.

MORITA, H. (1972), *"The effects of cross-age tutoring on the reading achievement and behavior of selected elementary arade children.* Doctoral dissertation University of Southern Los Angeles, California, 1972.

MORPHETT, M. y WASHBURNE, C. (1931), "When should children begin to read?" Elementary School Journal. 31. pp. 496-503.

– N –

NEISSER, A. (1967), *Cognitive psychology*. New York: Appleton.

NELSON, T.M.; NILSSON, T.H.; FRASCARA, J. (1981), "Information in letter backgrounds and adquisition of reading skills". Reading Improvement, Vol. 18-4, pp. 287-294.

NESSEL, D.D. (1985), "Storytelling in the reading program". The Reading Teacher, Vol. 38, 4. pp. 378-391.

NICHOLSON, T. (1980), "Why we need to talk to parents about reading". The Reading Teacher, Vol. 34, N° 1, pp. 19-21.

NIEDERMEYER, F. (1970), "Parents teach kindergarten reading at home". Elementary School Journal, 70, pp. 438-445.

NILA, S.M. (1953), "Foundations of a succesful reading program" Education, 7, pp. 543-555.

NORRIE, J.E. (1960), "Word blidness in Denmark its neurological and educational aspects". The Independent School. Bulletin, 3, pp. 8-12.

– O –

O'DONNELL, C., RAYMOND, D. (1972), "Developing reading-readiness in Kindergarten". Elementary English, Vol. 44, N° 5, pp. 768-771.

OLLILA, LL.O. (1981), *Beginning reading instruction in different countries*. Newark. Delaware: International Reading Association.

OLLILA, LL.O. (1981), *¿Enseñar a leer en preescolar?* Madrid: Narcea Ediciones.

OLLILA, LL.O. y NURSS, R.J. (1981), *Beginning reading in North America*. En Ollila, O.LL. (o.c.).

OSTERLIND, S.J. (1980-1981), "Preschool impact on children: Its sustaining effects into Kindergarten". Educational Research Quarterly, Vol. 5, pp. 21-30.

– P –

PARADIS, E.E. (1974), "The appropriateness of visual discrimination exercises in reading-readiness materials". Journal of Educational Research, Vol. 67, pp. 276-278.

PARADIS, E.E.; PETERSON, J. (1975), "Readiness training implications from Research". The Reading Teacher, Vol. 28, pp. 445-448.

PIAGET, J. (1962), *The language and thought of the child*. New York, N.Y.: Harcourt Jovanovich.

PIAGET, J. (1952), *The origins of intelligence in children*. New York: W.W. Norton and Co.

PINES, M. (1969), *De la naissance a six ans. Une révolution dans les apprentissages*. Paris: Delagrave.

PITMAN, I.J. (1961) "Learning to read: An experiment" Journal of the Royal Society of Arts. 109, pp. 149-180.

318

PLESSAS, G.P.; OAKES, C.R. (1964), "Prereading experiences of selected early readers". The Reading Teacher 17, pp. 241-45.

PLOGHOFF, M. (1959), "Do reading readiness workbooks promote readiness?" Elementary English, 36.

PLOWDEN REPORT THE (1967), *Children and their primary schools.* Vol. 1, Londres: The Report HMSO.

POSTMAN, L.A.; COGGIN, J. (1964), "Whole vs. part learning of serial list as a function of meaningfulness and intralist similarity". En: Journal Experimental Psychology Nº 68, pp. 808-822.

PREMAK, D. (1971) *"Language in chimpanzee",* Science, Vol. 192.

PRENDERGAST, R. (1969), "Pre-reading skills developed in Montessori and conventional nursery schools". Elementary School Journal. Vol. 70. pp. 135-41.

PRIBRAM, K.H. (1971), "The four R's of remembering" en Pribram, K.H. (Ed.). *On the Biology of Learning,* N.Y., Harcourt, Brace & World.

— R —

RAIM, J. (1980), "Who learns when parents teach children", The Reading Teacher, Vol. 34, pp. 15-55.

RAVEN, R.J.; SALZER, R.T. (1974), *Piaget and reading instruction.* En: Ruddell, R.B. et al. (Eds.). *Resources in reading instructions.* Englewood Cliffs, N.J. Prentice-Hall.

RHODES, L.K. (1981), "I can read! Predictable books as resources for reading and writing instruction". The Reading Teacher, 34, 5, pp. 511-518.

ROBINSON, F.P.; HALL, W.E. (1942), "Concerning reading readiness". Test Bulletin of the Ohio Conference on Reading, 3.

RODRIGUEZ, BOU, I. (1952), "Las mil quinientas palabras más frecuentes del idioma español" en *Recuento de vocabulario español.* O.E.A.: UNESCO: Universidad de Puerto Rico.

RUMELHART, D.E. (1977), *Toward a interactive model of reading.* En Dormic, S. (Ed.). *Attention and performance.* Hillsdale, New Jersey: Erlbaum.

RUMELHART, D.E. (1981), *Schemata: The building block of cognition.* En Guthrie, J.T. (Ed.). *Comprehension and teaching: Research Reviews.* Newark, Delaware: International Reading Asociations.

— S —

SAKAMOTO, T. (1981), *Beginning reading in Japan.* En Olilla D.LL. (o.c.).

SAMUELS, S.J. (1972), "The effect of letter names knowledge on learning to read". American Educational Research Journal, 1, pp. 65-74.

SANTA, M. (1975), "Visual discrimination and word recognition". Reading improvement. Vol. 12, pp. 245-50.

SATZ, P.; TAYLOR, H.G.; FRIEL, J.; FLETCHER, J.M. (1978), *Some developmental and predictive precursors of reading disabilities: A six year follow-up.* En Benton, A.L. y Pearl, D. (Eds.). *Dyslexia: An appraisal of current knowledge.* New York: Oxford University Press.

SCHOEPHOERSTER, H.; BARNHART, R.; LOOMER, W. (1966), "The teaching of prereading skills in kindergarten". The Reading Teacher. Vol. 19, N° 5, pp. 352-57.

SEARS, P.S.; DOWLEY, E.M. (1963), *Research on teaching in the nursery school*. En N.L. Gage: *Handbook of research on teaching*. Chicago: Rand McNally.

SHAPIRO, B.J.; WILLFORD, R.E. (1969), "i/t/a kindergarten on first grade?" The Reading Teacher, 18, pp. 33-36.

SHRERTZ, D. (1970), Ontario, *Montclair school district evaluation, Summary: Cross age tutoring,* Ontario, California.

SIMON, H. (1972), *On the development of the processor*. En: Farnham-Diggory, S. (Ed.). *Information processing in children,* New York: Academic Press.

SKINNER, B.F. (1957), *Verbal behavior*. New York: Appleton-Century-Crafts.

SMITH, F. (1971), *Understanding reading,* New York: Holt. Rinerhart & Winston.

SMITH, F. (1979), *Reading without nonsense*. New York, N.Y.: Holt, Rinehart and Winston.

SNOW, C.E.; FERGUSON, C.A. (1977), *Talking to children: Language input and adquisition*. Cambridge. Cambridge University Press.

SOMMERS, R.K. (1961), "Effects of speech therapy and speech improvement upon articulation and reading". Journal Speech & Hearing, 26, pp. 27-37.

(1972), *Beginning reading*. London: University of London Press.

SOUTHGATE, V. (1981), *Beginning reading in England*. En: Ollila, O.LL. (o.c.).

SPACHE, G.D. y SPACHE, E.B. (1970), *Reading in the elementary school*. Boston: Allyn & Bacon.

SPERRY, R.W. (1964), "The great cerebral commisure", en Scientific American, 210, pp. 45-52.

STAMBACK, M. (1963), *Tres pruebas de ritmo*. En Zazzo, R. *Manual para el examen psicológico del niño.* Buenos Aires: Kapelusz.

STANCHFIELD, J.M. (1971), "The development of prereading skills". The Elementary School Journal. Vol. 71, N° 8, pp. 438-47.

STANLEY, C.J. (1972), *Preschool programs for the disadvantaged: five experienced approaches to early childhood education*. Baltimore: John Hopkins University Press.

STENOVICH, K.E. (1980-1981), "Toward an interactive compensatory model of individual differences in the development of reading fluency". Reading Research Quarterly. 16, pp. 32-65.

STEVENSON, H.W.; PARKER, T.; WILKINSON, A.; HEGION, A.; FISH, E. (1976), "Longitudinal study of individual differences in cognitive development and scholastic achievement", Journal of Educational Psychology, 68, pp. 377-400.

STRICKLAND, D. (1982), *Utilizando lo que hemos aprendido sobre comprensión de la lectura*. En Strickland, D. y otros. En: *Teorías y técnicas para la comprensión del lenguaje escrito,* Santiago de Chile: Ediciones de la Universidad Católica.

SUTTON, H.M. (1969), "Children who learned to read in kindergarten: a longitudinal study". The Reading Teacher, 22, pp. 595-602.

SUZUKI, E.; VILLALON, M.; LAVANCHY, S. (1985), *La influencia del alfabeto patrón texturado en la adquisición de la habilidad lectora*. Programa de Educación Parvularia y Escuela de Diseño, P. Universidad Católica de Chile (mimeografiado).

SWIFT, J. (1964), *Effects of early group experiences: The nursery school and day nursery*. En N. Hoffman & L. Hoffman. (Eds.).: *Review of child development research*. New York: Russell Sage.

– T –

TANYZER, H. y KARL J. (1972), *Reading, children's books and our pluralistic society*. Newark, Delaware: International Reading Association.

TAYLOR, E.N. y CONNOR, U. (1987), "Silent vs. oral reading: The rational instructional use of both processes". The Reading Teacher. Vol. 35, 4, pp. 490-443.

TEALE, W. (1978), "Positive enviroments for learning to read: what studies of early readers tell us", Language Arts, Vol. 55, pp. 922-32.

THACKRAY, D.V. (1965), "A study of the relationship between some specific evidence of reading readiness and reading progress in the infant school". British Journal of Educational Psychology Nº 35, pp. 252-7.

TORREY, J. (1969), "Learning to read without teacher" Elementary English (Mayo) pp. 550-56.

TREZISE, J. (1975), "Parent read aloud to children". Language Arts. Vol. 52, pp. 881-82.

TULVING, E. (1972), *Episodic and semantic memory*. En: Tulving, E. y Donalson, W. (Eds.). *Organization of memory*. New York: Academic Press.

TURNER, R. y DEFORD, E. (1970), "Follow up study of pupils with differing preschool experiences". Ed. 042819. Arlington, Va.: ERIC Document Reproduction Service.

– V –

VAN DIJK, T. (1973). *Some aspects of text grammar*. The Hague: Mouton.

VELLUTINO, R.F.; BENTLEY, V.; PHILLIPS, F. (1978), "Inter vs. intra-hermispheric learning in dislexic and normal readers", Development Medicine and Child Neurology, Vol. 20, 1, pp. 71-80.

VENEZKY, R.L. (1975), "The curious role of letter names in reading instruction". Visible Language, Vol. 9, pp. 7-23.

VERNON, P.E. (1965), "Environmental handicaps and intellectual development".

VERNON, M.C., Coley, J.D. (1978), "The sign language of the deaf and reading language development". The Reading Teacher, Vol. 32, Nº 3, December, pp. 297-301.

VUKELICH, C. (1978), "Parents are teachers: A beginning reading program", The Reading Teacher, Vol. 31, pp. 534-27.

VUKELICH, C. y McADAM, J.A. (1978), "Mother's ability to predict their children's reading readiness skills". The Reading Teacher, Vol. 32, pp. 524-527.

VYGOTSKY, L. (1962), *Thought and Language*. Cambridge, Mass: The M.I.T. Press.

– W –

WADE, S. (1967), "Parent participation as an aid to the childs learning". School Science and Mathematics, Vol. 67, pp. 695-702.

WATERHOUSE, L.H.; FISCHER, K.M.; RYAN, E.B. (1980), *Language awareness and reading*. Newark, Delaware: International Reading Association.

WEAVER, P. (1978), *Research within reach*. Washington. D.C.: Department of Health, Education and Welfare.

WEIKART, D. (1971), "Learning through parents: Lesson for Teacher's". Chilhood Education, Vol. 48, diciembre, pp. 132-135.

WEIKART, D.P. (1972), *Relationship of curriculum teaching and learning in preschool education*. En C. Stanley, (o.c.).

WEIKART, D.P.; EPSTEIN, A.S.; SCHWEINHART, L. y BOND, J.T. (1978), *The Ypsilanti: Preschool curriculum demostration Project*. Ipsilanti Michigan: High/Scope Educational Research Foundation.

WEIKART, D.P.; ROGERS, L.; ADCOCK, C.; McCLELLAND, D. (1971), *The cognitivily oriented curriculum: A framework for preschool teacher's*. Washington D.C.: National Association for the Education of Young Children.

WINGERT, C. (1969), "Evaluation of a readiness training program". The Reading Teacher, Vol. 22, pp. 325-28.

WISEMAN, D.L. (1984), "Helping children take early steps toward reading and writing". The Reading Teacher. Vol. 37, pp. 340-44.

– Z –

ZIRKELBACH, T. (1984), "A personal view of early reading". The Reading Teacher, Vol. 37, 6, pp. 468-471.

El vocabulario especializado utilizado en este libro puede ser consultado en: *Un diccionario de lectura y términos relacionados,* de Theodore L. Harris y Richard E. Hodges.
Asociación Internacional de Lectura y
Fundación Ruipérez.
Newark, Delaware: 1985.

INDICE DE AUTORES

Coggin, J. - 171
Collins, C. - 23 - 58
Connor, U. - 174
Coody, B. - 97
Coogan, O. - 187
Craik, F. - 85
Criscuolo, N. - 193 - 194

— CH —

Chadwick, M. - 60 - 61 - 86 - 98 - 127 -
    135 - 169
Chall, J.S. - 70 - 125 - 132
Chen, M.K. - 55
Chomsky, C. - 105 - 177

— D —

Davison, R.L. - 10
De Hirsch, K. - 202
Deffner, N.D. - 157
Deford, E. - 25
Deutsch, D. - 85
Deutsch, J. - 85
Diak, H. - 10
Dijkstra, S. - 86 - 125
Di Lorenzo, L.J. - 54
Doman, G. - 10
Donachy, W. - 104 - 187
Dowley, E.M. - 39
Downing, J. - 10 - 13 - 62 - 70 - 73 - 131
Durdeck, F. - 194
Durkin, D. - 7 - 10 - 11 - 13 - 14 - 15 -
    16 - 17 - 25 - 34 - 36 - 44 - 58 - 59
    - 62 - 67 - 92 - 104 - 125 - 167 -
    178 - 181 - 187
Durrell, D.D. - 60

— E —

Eames, H.T. - 10
Ehri, L.C. - 62 - 109 - 127 - 157
Elkind, D. - 15
Elster, Ch. - 184
Epstein, A.S. - 48 - 49 - 52
Engelmann, T. - 27 - 29
Engelmann, S. - 25 - 27 - 28 - 29 - 46 -
    47 - 48 - 49 - 52 - 78
Engin, A.W. - 201
Esworthy, H.F. - 194
Evans, J.R. - 14

— F —

Fergunson, C.A. - 104
Fernald, G. - 86
Filho, L. - 204 - 205
Fish, E. - 202
Fischer, K.M. - 79
Fletcher, J.M. - 202
Flood, J.E. - 194
Forester, D.A. - 40 - 41 - 42
Foss, D.J. - 78
Fox, P. - 92
Frascara, J. - 126
Friel, J. - 202
Fries, Ch. - 71 - 126
Friesen, D.T. - 7 - 12 - 13 - 14 - 15 - 16 -
    58
Fry, E.B. - 125
Furth, H.G. - 132

— G —

Galifret-Granjon, N. - 207 - 208
Gattegno, C. - 126
Gazzaniga, M.S. - 86
Gessel, A. - 7
Getman, G.N. - 10
Goetz, E. - 7 - 40 - 44 - 59 - 60
Goldstein, B.S. - 195
Good, C.Y. - 76 - 181
Goodman, K.S. - 78 - 178 - 179 - 223
Goodman, M.Y. - 59 - 78
Gough, P. - 78
Grabe, C. - 43
Grabe, M. - 43
Griffiths, N.L. - 204 - 205
Grimes, J. - 81
Groff, P.J. - 84 - 127
Guszak, F. - 174

— H —

Haber, R.N. - 85
Hakes, D.T. - 78
Hall, M. - 60
Hall, W.E. - 201
Hallahan, D. - 187
Halliday, M.A.K. - 80 - 81
Harber, J.R. - 184
Harstes, J. - 80 - 82
Harris, A.J. - 60 - 126
Harrison, L. - 10 - 54
Hasan, R. - 80 - 81
Heald-Taylor, G. - 181
Hegion, A. - 202

INDICE DE TESTS

Arthur Point Scale of Performance Tests. The Psychological Corporation. 757 Third Avenue. New York, N.Y. 10017.

Batería Diagnóstica de la Madurez Lectora (Badimale). Ciencias de la Educación Preescolar y Especial. General Pardiñas 95. Madrid-6.

Batería Predictiva de André Inizan. Pablo del Río Editor. Eloy Gonzalo 19, Madrid, 20, España.

Bender Visual Motor Gestalt Test. The Psychological Corporation, 757 Third Avenue, New York, N.Y. 10017.

California Achievement Test. California Test Bureau/MacGraw Hill. Del Monte Research Park, Monterrey, California, 93940.

Detroit Test of Learning Aptitudes. Bobbs-Merril C. 4300 West 62 Street. Indiana 46268.

Frostig Developmental Test of Visual Perception. Follet Educational Corporation. 1010 West Washington Boulevard, Chicago, Illinois, 60607.

Goldstein Kohs-Goldstein. Consultar Bibliografía: Califret-Granjon N. 1963.

Goodenough-Harris Drawing Test. Harcourt Brace Jovanevich. 457 Third Avenue. New York, N.Y. 10017.

Gray Oral Reading Tests. Formas A.B.C.D.: Bobbs-Merril Co. 4300 West 62 Street. Indianapolis, Indiana, 46268.

Illinois Test of Psycholinguistic Abilities. University of Illinois Press, Urbana, Illinois, 61801.

Metropolitan Achievement Tests. Harcourt Brace Jovanevich. 757 Third Avenue, New York, N.Y. 10017.

Metropolitan Readiness Tests: Harcourt Brace Jovanevich. 757 Third Avenue, New York, N.Y. 10017.

Murphy-Durrell Reading Readiness Analysis. Harcourt Brace Jovanevich. 757 Third Avenue, New York, N.Y. 10017.

Peabody Picture Vocabulary Test. American Guidance Service Inc. Publishers Building, Circle Pine, Minneapolis, 55014.

Pintner Cunningham Primary Test. Harcourt Brace Jovanevich. 757 Third Avenue. New York, N.Y. 10017.

Prueba de comprensión lectora de complejidad lingüística progresiva, Ediciones de la Universidad Católica, Alameda 340, Santiago de Chile.

Prueba C.L.P. Formas paralelas. Ediciones de la Universidad Católica. Alameda 340, Santiago de Chile.

Prueba de funciones básicas (P.F.B.) Editorial Galdoc. Antonio Varas 1641, Santiago de Chile.

Prueba de precálculo, Editorial Galdoc, Antonio Varas 1641, Santiago de Chile.

Pruebas de ritmo de M. Stamback. Consultar Bibliografía Stamback, M. (1963).

Stanford-Binet Intelligence Scale. Houghton Mifflin Co., Pennington-Hopewell Road. Hopewell, N. Jersey 08525.

Test ABC de Filho, Editorial Kapelusz. Corrientes 999-1043, Buenos Aires, Argentina.

Test exploratorio de dislexia específica, Documento Nº 47, Pontificia Universidad Católica, Battle y Ordóñez 3300, Santiago de Chile.

Wechsler Intelligence Scale for Children (WISC-R). The Psychological Corp. 757 Third Avenue. New York, N.Y. 10017.

Wepman Auditory Discrimination Test. Language Research Associates, 175 East Delaware Place, Chicago, Illinois, 60611.